Anja Kirig | Eike Wenzel

LOHAS

Bewusst grün – alles über die neuen Lebenswelten

REDLINE | VERLAG

Bibliografische Information der Deutschen Nationalbibliothek

Die Deutsche Nationalbibliothek verzeichnet diese Publikation in der Deutschen Nationalbibliografie. Detaillierte bibliografische Daten sind im Internet über http://dnb.d-nb.de abrufbar.

ISBN 978-3-86881-023-3

Unsere Web-Adresse:
www.redline-verlag.de

Redaktion: Ulrike Kroneck, Melle-Buer
Umschlaggestaltung: Jarzina Kommunikations-Design
Umschlagabbildung: Thomas Jarzina, www.istockphoto.com
Satz: Jürgen Echter, Landsberg am Lech
Printed in Austria

Inhalt

Vorwort

Im vergangenen Jahr habe ich vier Diplom- und Bachelor-Arbeiten betreut, die sich mit dem Thema LOHAS beschäftigten. Unzählige Interviews, Interviewanfragen und Fragebögenaktionen (die zu unserer Überraschung fast alle aus wirtschaftlichen bzw. touristischen Studiengängen kamen) waren ebenfalls dabei. Nach Feuilleton und Marketing hat jetzt auch die Universität den Lifestyle of Health and Sustainability, kurz LOHAS genannt, entdeckt. Von einem künstlich erzeugten Hype kann schon lange keine Rede mehr sein. In den wichtigsten Branchen, bei den namhaftesten Unternehmen bekamen wir Gelegenheit, über das schillernde LOHAS-Phänomen zu sprechen (und selbst über den Lifestyle hinzuzulernen). Alle namhaften Marktforscher, allen voran AC Nielsen, GfK und Allensbach, haben ihre Umfragesystematik auf die LOHAS, die wir gern auch moralische Hedonisten nennen, ausgerichtet. Wichtige Meinungsbildner wie der „Spiegel" oder die „Brigitte" preisen sich gegenüber der Anzeigenkundschaft als LOHAS-Medien an.

Gerhard Matzig hat die Aufregung um die LOHAS im November 2006 in der „Süddeutschen Zeitung", zu dem Zeitpunkt also, als sich die großen nationalen Medien immer stärker für das Thema interessierten, mit folgenden Worten kommentiert:

> „Hollywood fährt Hybrid, Angela Merkel katalysiert Europa, Heidi Klum trägt Birkenstock, Yello-Gründer Dieter Meyer züchtet in Argentinien Bio-Rinder, Star-Architekt Wolfram Sobek baut in Stuttgart einen Öko-Glas-Palast, die Generation Golf stürmt die Bio-Märkte. Tatsächlich tauchen auf Architekturkongressen, in Designschauen und auf den Automobilmessen Leute auf, die aussehen, als ob sie die Zeitschrift Hedonism Quarterly herausgeben – in Wahrheit interessieren sie sich für energieeffiziente Häuser, stromsparende Haushaltsgeräte, hybridgetriebene Autos und das Kyoto-Protokoll."

Menschen verlassen die eingetretenen Pfade, es tritt eine Irritation im Sinngerüst unserer Welt ein, neue Verbindungen entstehen, Veränderungen, Widersprüche und unausgegoren Neues schießen zu einer verdichteten, semantisch aufgeladenen Situation zusammen, die wir einen Trend nennen. Und davon soll in diesem Buch die Rede sein: Von Trends, die unseren Lebensstil zu verändern beginnen und dies – unserer Einschätzung zufolge – auch noch in den nächsten zehn bis 15 Jahren tun werden. Was uns bei dem vorliegenden LOHAS-Buch wichtig war: Es geht um die gesellschaftlichen Voraussetzungen eines Trends, den wir im Zukunftsinstitut in den Jahren 2002/2003 als Erste für den europäischen Markt identifiziert haben und der seitdem eine ungeahnte Dynamik entwickelt hat (siehe den Beleg bei Wikipedia unter http://de.wikipedia.org/wiki/LOHAS).

In dem Buch *Greenomics*, das bei getAbstract mittlerweile als Bestseller geführt wird, ging es uns um die wirtschaftlichen Konsequenzen der Megatrends Neo-Ökologie. In dem vorliegenden LOHAS-Buch stehen kulturelle Hintergründe, sozialpsychologische Befunde, alltagsethnologische Beobachtungen und – wie sich das für Trendforscher gehört – Einblicke in Märkte und Marketing im Vordergrund.

Während wir den Lesern von *Greenomics* mithin eine Gebrauchsanweisung liefern wollten, wie sie mit dem Neo-Ökologie-Trend in ihrer Branche umgehen können, möchten wir mit dem LOHAS-Buch über die soziokulturellen Motive und Tiefenstrukturen dieses wirkungsmächtigen Trends informieren. Nach unserer Meinung ist das nicht weniger wichtig für denjenigen, der sich professionell und umfassend mit den LOHAS beschäftigen möchte. Allerdings ist der Gebrauchswert ein anderer. In *Greenomics* erhalten unsere Leser einen Überblick darüber, wo sich der Megatrend Neo-Ökologie bereits auf den weltweiten Märkten manifestiert hat. Wer sich indes intensiver mit dem Werte- und Mentalitätswandel auseinandersetzen möchte, der zweifellos in dem LOHAS-Trend enthalten ist, der sollte sich in das vorliegende Buch hineinknien.

Denn eines ist klar, und das haben wir bereits in *Greenomics* angedeutet: LOHAS-Lifestyle ist nicht der nächste Zielgruppen-Hype, der uns von aufgekratzten Marktforschern angedient wird. LOHAS sind eine gesellschaftliche Veränderungsbewegung, die mindestens bis 2030 unsere Märkte fundamental verändern wird. Als Trendanalytiker befassen wir uns in erster Linie mit gesellschaftlichen Veränderungsprozessen.

Was wir als Trend beschreiben, ist häufig nichts anderes als ein solcher Veränderungsprozess, der in der Gegenwart in Spuren und Fragmenten zu beobachten ist und dessen weitere Entfaltung – das versuchen wir stets anhand von Daten und Fakten zu belegen – das Leben (und das ökonomische Handeln) in der Zukunft signifikant beeinflussen wird. Wir unterscheiden Megatrends (Neo-Ökologie, Gesundheit, Alterung, neue Geschlechterbeziehungen, Digitalisierung, Globalisierung ...), deren Halbwertzeit zwischen 30 und 50 Jahren liegen. Aus diesen Megatrends leiten sich gleichzeitig die meisten der Gesellschafts- und Konsumtrends ab, ihre Halbwertzeit liegt bei maximal zehn bis 15 Jahren. Mit dem LOHAS-Buch stellen wir Ihnen also einen einflussreichen Gesellschaftstrend vor, der einen fundamentalen Mentalitätswandel in der globalen Welt zur Folge hat und der ohne den Megatrend Neo-Ökologie schlechterdings nicht vorstellbar ist.

Megatrends sowie Konsum- und Gesellschaftstrends sind in der Welt des 21. Jahrhunderts entscheidend dafür verantwortlich, wie wir unser Leben in den nächsten Jahren gestalten. Mit unserem LOHAS-Buch legen wir Ihnen gewissermaßen die Geschichte der aktuellen und relevantesten Lebensstilveränderungen vor. Der Lebensstil der LOHAS, das ist unsere Überzeugung, beschreibt den Wertewandel, der unser Leben in den nächsten zehn bis 20 Jahren am einschneidendsten prägen wird. Unser Anspruch bei der Lebensstilanalyse der LOHAS war es, in die Tiefenschichten dieses Mindsets vorzustoßen.

Und da sich LOHAS gern in paradoxale Konstellationen begeben, oder besser: in Konstellationen, die sich aus dem Blickwinkel der Lebensstilforschung des 20. Jahrhunderts überhaupt nicht zu einem stimmigen Lebensentwurf „zusammenzwingen" lassen, setzt unsere Recherche an den unterschiedlichsten Stellen unserer Wirklichkeit an. Dass diese „Stellen" jedoch signifikante Orte sind, die den Lebensstil der Zukunft authentisch beschreiben, das sei hier kurz angedeutet.

1. Authentisch sein: Die Geburt eines neuen Lebensstils

Wir beginnen unsere Analyse mit einem Begriff, der ebenso schillernd ist wie das Kürzel LOHAS selbst. Authentizität ist das, was die LOHAS in ihrem Leben, in ihrem Beziehungsleben und im Konsum suchen. Die Lebensstil-Revolution basiert unter anderem darauf, dass die moralischen Hedonisten nach Glaubwürdigkeit und Ursprünglichkeit suchen. Authentizität heißt aber auch, Produkte an die Hand zu bekommen, die die eigene Kreativität steigern und – wir werden das unter anderem am Beispiel von Apple zeigen – einen neuen Zugang zu neuen „Infrastrukturen des Genusses" eröffnen.

2. Die acht Grundkoordinaten der LOHAS-Kultur

Im Anschluss daran erläutern wir Ihnen, wie die Grundkoordinaten der neuen LOHAS-Kultur schon heute aussehen und wie sie sich in Zukunft noch stärker in unsere zeitgenössischen Lebenswelten einschreiben werden. Wir erzählen Ihnen von acht Aufbrüchen in eine neue kulturelle Lebenswelt, die Regionales und Lokales wieder attraktiv findet, die sich nach dem Puren und Einfachen sehnt. LOHAS-Kultur heißt aber auch Abschied von der Comedy- und Ironiegesellschaft, die in den 1990er-Jahren unsere Weltsicht geprägt hat. Es heißt auch, dass damit eine neue Mikropolitik und ein neues Modell der Teilhabe in politischen Prozessen gesucht wird. Wie sehen diese Prozesse aus, wie stellen sich die LOHAS den politischen Prozess in der Zukunft vor?

3. Die Philosophie des Sowohl-als-auch

Dass zu dieser neuen Kultur- und Wertewelt auch ein neues Verständnis von Ideologie und Parteilichkeit gehört, versteht sich eigentlich von selbst. Ein grundlegend neues Mindset der LOHAS haben wir bei unseren Erkundungen in der Alltagskultur der moralischen Hedonisten in der Denkfigur des Sowohl-als-auch gefunden. Viele der LOHAS kennen soziale Bewegungen, haben sich dort engagiert, viele der älteren LOHAS (beziehungsweise die Eltern der LOHAS) haben ihre Erfahrungen mit der bundesrepublikanischen Ökologiebewegung der 1980er-Jahre gemacht. Die Frühphase dieser Ökologiebewegung war durch ein strenges Lagerdenken gekennzeichnet – wer gegen die Startbahn West demonstrierte und das Waldsterben beklagte, der konnte kein CDUler sein (obwohl einige der GRÜNEN-Gründer aus dem Christdemokratischen Spektrum kamen, ein feiner Unterschied, der zur damaligen Zeit zugunsten der Frontgenauigkeit jedoch kaum jemandem bewusst wurde). Und wer sich dem wertkonservativen bis rechten Spektrum zugehörig fühlte, der ging mit Schalenkoffer zur Uni und freute sich an Atomraketen vor der Haustür: „Lieber ’ne Pershing im Garten als ’ne SS 20 aufm Dach", wie der zeitgenössische Reim darauf lautete. Die LOHAS entwickeln ihren Lebensstil konträr zu diesem Entweder-oder. Sie haben gelernt, dass nur im Sowohl-als-auch Entwicklung und Selbstbestimmung möglich ist und das Entweder-oder in den Kalten Krieg der Ideologien zurückführt.

4. Die Genusswelten der LOHAS

Schließlich charakterisiert die LOHAS nichts so treffend wie ihr Umgang mit Lebensmitteln, Essen, Genuss. Hier entfaltet sich ihr Sowohl-als-auch-Mantra: Genussvoll und gesund soll es sein, Essen und Genießen soll von Verantwortung gekennzeichnet sein und zugleich Vergnügen bereiten. Damit verabschieden sich die LOHAS auch von einem fragwürdigen Ökobewusstsein, das gesunde Ernährung (in den 1980er-Jahren) mit Kritik an Kapitalismus und Konsumgesellschaft kurzschloss. Die modernen Genusswelten der LOHAS flüchten nicht in ideologischen Selbstbestätigungsnischen, um eine Identität zu entwickeln. Für sie beginnt die „global-lokale" Genussrealität auf dem platten Lande direkt hinter den arroganten Hochhaustürmen in Frankfurt am Main. Hier gedeihen (wieder) Berliner Schafsnase und Bohnapfel – eine neue Genusskultur mit neuen Werten, die für Banker und Sozialpädagogin gleichermaßen zustimmungsfähig sind. Und: Die neue Genusskultur der LOHAS hat nichts mehr mit der Generalabsage an die Gesellschaft zu tun, LOHAS begreifen sich auch nicht mehr als „Verbraucher", sie gestalten diese neue weltoffene und traditionsgesättigte Food-Kultur aktiv mit: „Think global, eat local!"

5. LOHAS und der Neue Luxus

Kein Zweifel, dass die LOHAS damit eine neue Genusskultur anstreben. Aber ihre Sehnsucht reicht noch weiter. Sie prägen einen Neuen Luxus, der sich vom klassischen Prestige- und Status-Luxus in vielerlei Hinsicht unterscheidet. Um diesen Neuen Luxus lebendig werden zu lassen, erzählen wir Ihnen von Hotels, die mit einem völlig neuen Leitbild ihren Gästen gegenübertreten. Der neue Hotel-Luxus lässt seine Gäste ankommen, es gibt keine Lobby mehr im traditionellen Sinne, keine nervige Rezeption – der Gast betritt ein Wohnzimmer, ein Stück Zuhause. Modernes Design ist Social-Design und Social-Design ist LOHAS-Design: Der Neue Luxus holt die Gäste aus ihrer Vereinzelung heraus – aber nur, wenn sie wollen, er verbindet sich via WLAN mit der Welt – aber nur, wenn das ausdrücklich gewünscht wird. In diesen Hotelkonzepten, so unser Eindruck, wird der Neue Luxus der Zukunft definiert: Ökologisch, Community-driven, ohne muffigen 5-Sterne-Pomp und immer auf die individuellen Bedürfnisse des Gastes zugeschnitten. Natürlich bleibt dieser Neue Luxus nicht auf das Hotelgewerbe beschränkt. Ausgerechnet in aktuellen Fastfood-Konzepten und in der Tiroler Supermarkt-Architektur fanden wir weitere Belege für den LOHAS-Luxus.

6. Frauen: Die Hauptantriebskraft der LOHAS-Bewegung

Paul Ray, der amerikanische Soziologe, der unter dem Schlagwort der „Cultural Creatives" die Anatomie der LOHAS akribisch herausgearbeitet hat, hat vor allem die Frauen zu den Protagonisten dieser gesellschaftlichen Veränderungsbewegung erklärt. Ray sieht in der Mehrzahl Frauen an der Spitze der LOHAS-Bewegung. Eigenschaften wie vorausschauendes Denken, ganzheitliche Herangehensweise an Dinge, hohe Aufmerksamkeit für Gesundheit und das „Große und Ganze des täglichen Lebens" machen sie zu LOHAS par excellence. Diese Frauen, das haben wir beobachtet, haben das Kriegsbeil des Geschlechterkampfs längst begraben. Was sie suchen, ist eine neue Verabredung der Geschlechter. Es geht ihnen weniger darum, endlich erhört zu werden, das haben die meisten von ihnen nicht mehr nötig, LOHAS-Frauen brauchen keinen Artenschutz. Sie suchen nach Identität mit sich selbst und den gesteckten Zielen, sie streben nach Erfolg, der sich gern auch monetär zeigen darf, aber nicht die oberste Priorität genießt.

7. LOHAS und der lange Abschied von den Massenmedien

Keine Frage, dass LOHAS-Frauen und LOHAS-Männer auch ein zentrales Sinnsystem unserer Gesellschaft mit neuen Ansprüchen konfrontieren – gemeint ist das System der Medien. LOHAS sind extrem informationsorientiert – bei der Frage, wie sie zu ihren Informationen kommen, allerdings sehr medienkritisch. Für LOHAS ist es selbstverständlich, die Botschaften der herrschenden Medien in Zweifel zu ziehen. LOHAS haben sich als aktive und eingreifende Medien-Prosumenten verstanden, noch bevor Begriff wie Social Media und Web 2.0 das Licht der Welt erblickten. In den neuen Medien entdecken die LOHAS potenziell neue Formen des Gemeinsinns und eine neue Öffentlichkeit der mündigen und bewussten Konsumenten. Für LOHAS ist das Internet das unangefochtene Leitmedium, aber auch aus einer eher paradoxen Begründung heraus: Das Fernsehen hat vor unseren Augen eine eigene Welt ausgebreitet, der wir lange Zeit eine hohe Glaubwürdigkeit beigemessen haben, während das Medium selbst uns zu passiven Zaungästen gegenüber einer Medieninszenierung gemacht hat. Das soziale Internet hat diese überredende Wirkung nicht. Deshalb ist es das Leib-und-Magen-Medium der LOHAS – eben weil es keine geschlossene Welt vorgaukelt, sondern uns in die Offline-Welt verweist. Und: Weil es die Individualisierung der Nutzung von Medien bedingungslos vorantreibt.

8. LOHAS und Spiritualität

Individualisierung ist auch das Stichwort für unser abschließendes Kapitel, last but not least, denn es geht noch einmal ans Eingemachte. Wie halten es die LOHAS mit dem Glauben und der Religion? LOHAS wollen in der Regel nicht mehr glauben müssen. Aber sie „wissen", dass es zwischen Himmel und Erde noch mehr gibt als nur materielle Ansprüche. In dem abschließenden Kapitel zeigen wir Ihnen, wie die neuen Kathedralen der LOHAS aussehen: Es kann der Klosterurlaub ebenso sein wie der Wellnesstempel für jedermann um die Ecke. LOHAS-Sein findet – gerade was die spirituelle Dimension dieses Lebensstils angeht – in selbst gewählten Situationen und Szenarien statt, ist mithin vor allem eine Frage, die die LOHAS mit sich ausmachen. Als Richtschnur gilt am ehesten noch das Statement des Dalai Lama: „Ichkultur ohne Egoismus, Gemeinschaft ohne Sektiererei." Entwicklung statt Bekenntnis, Erfahren statt Glauben – wir zeigen Ihnen, wo die spirituellen Orte der Zukunft liegen: in der Natur, im eigenen Körper, auf der (neu entdeckten) Konzertbühne etc.

Doch bei aller Aufmerksamkeit für das Spirituelle: LOHAS sind die neue Verantwortungs- und Genusselite. LOHAS sind pragmatische Idealisten, sie wenden sich ab von Heilsprophezeiungen im Jenseits, sie möchten sofort, im Hier-und-Jetzt anfangen, etwas zu verändern. Sie sind ins Gelingen verliebt, definieren sich darüber hinaus aber gerne als zukunftsoffene Pragmatiker. Weil Utopien (ganz gleich, ob politischer oder religiöser Natur) Nicht-Orte sind und sich damit dem Verdacht der Scharlatanerie aussetzen, sind sie für die LOHAS kein verlässliches Rüstzeug für die Zukunft.

Was uns an den LOHAS fasziniert ist ihre euphorische Diesseitigkeit. Ein Text der Band Blumfeld von ihrer letzten Platte beschreibt die Verfassung der LOHAS an einem entscheidenden Punkt. Blumfeld hat sich nach der Platte „Verbotene Früchte" aufgelöst, die faszinierende Platte hat noch einmal das Feuilleton-Establishment nachdrücklich irritiert, weil sie sich unter anderem in Naturlyrik und Kinderreimen erging. Vom politischen Diskursrock zur Renaissance der Romantik, auch eine sehr LOHAS-gemäße Entwicklung. Bandleader und Textgenie Jochen Distelmeyer textet in dem Song „Atem und Fleisch":

> „Es gibt kein nächstes Mal, es gibt nur diese Welt. Alles ist grundlos da, wir sind auf uns gestellt... Und es ist sonderbar, wir sind einfach. Was wir tun und lassen, liegt in unserer Hand."

Vergnügen und Verantwortung, Ethik ohne moralischen Zeigefinger, Optimismus ohne Utopiegläubigkeit, Idealismus UND Pragmatismus, Spiritualität ohne Glaubenmüssen, politisches Bewusstsein ohne ideologisches Lagerdenken, neue Natursehnsucht ohne dogmatische Überformung.

Willkommen in der Welt der LOHAS!

Dr. Eike Wenzel   Heidelberg im Januar 2009

Einleitung

Wir sitzen in einer Burgerbar unweit der Frankfurter Zeil – Deutschlands umsatzstärkster Einkaufsmeile. Die Burgerbar trägt den wunderbar verspielten Namen „Die Kuh die lacht". Und auch sonst ist hier alles anders als wir es von den üblichen Hamburger-Buden gewohnt sind. Schräg gegenüber der edlen Schillerpassage gelegen, mit der sich einst der Frankfurter Baulöwe Jürgen Schneider so gigantisch verspekulierte, lockt das helle Lokal mit puristisch-edlem Ambiente. Eine große Glasfront lässt unseren Blick in die Küche fallen, während wir an der großzügigen Theke bestellen. Dahinter steht Appolinaris neben Bionade und Chianti neben Bio-Bier.

Die Burger von „Die Kuh die lacht" sind sozusagen paradoxe Burger. Sie machen aus der Trash-Ikone des Fastfoods eine moderne Delikatesse, Bioqualität inbegriffen. Diese Burger werden nicht in Bratfett ertränkt, sondern auf einem Grill frisch und fettfrei gebraten. Das Fleisch kommt von nebenan, aus dem Vogelsberg, von frei laufenden, naturbelassenen Angus-Rindern. Die Brötchen werden eigens von „Krögers Brötchen", dem gesund-genussvollen Lokalmatador unter den Frankfurter Bäckern, gefertigt, der noch ohne Fertigbackmischungen, chemischen Backhilfsmittel und Zusätze wie Emulgatoren, Farb- und Konservierungsstoffe backt. „Die Kuh die lacht" ist lecker und ethisch korrekt, deftig und bio.

Restaurants mit einer gesunden Bio-Philosophie gehörten in den 1980- und 1990er-Jahren eindeutig in die Ecke der ideologisierten Gesundheitseiferer, die mit „ökologisch" und „gesund" kurzschlüssig die Absage an Gesellschaft und Lebensmittelindustrie verbanden. Restaurants mit Cheeseburgern, Pommes und Barbecuesoßen auf der Karte haben wir bis vor Kurzem noch in die grell-bunte und ungesunde Plastikwelt der Fastfood- und Junk-Generation verbannt. Jetzt sitzen hier Banker neben Studenten, Werbetexter neben IT-Experten und genießen moderne Esskultur auf hohem Niveau. Fast Food, Gesundheit, Genuss und Design sind keine Widersprüche mehr.

Die neue Genusselite: Im Burger-Lokal auf der Zeil

Hamburger, die viel mehr sind als Buletten und Brötchen, das passt wunderbar zu dieser Stadt. Frankfurt hat überhaupt ein gutes Fluidum für ein Buch, das den Titel *LOHAS. Bewusst grün – alles über die neuen Lebenswelten* trägt und nach unseren Lebensentwürfen und Lebensstilen von morgen fragt. Frankfurt ist eine Stadt, die sich ständig im Umbruch befindet, von Veränderungen lebt und immer wieder Bühne für historische Zäsuren und gesellschaftliche Konflikte war (ob sie es wollte oder nicht). Dazu braucht man von der Burgerbar nur ein paar Straßenzüge weiterzugehen. Ins Westend zum Beispiel, wo Anfang der 1970er-Jahre der Häuserkampf begann und die Spontis gegen Grundstücksspekulationen und Wohnraumzweckentfremdung kämpften. Von hier aus starteten Joschka Fischer und Dani Cohn-Bendit ihren langen Marsch aus der außerparlamentarischen Opposition in die Parlamente und auf die Regierungsbänke dieser Republik.

Frankfurt war schon immer ein Brennglas gesellschaftlicher Konflikte: Hier auf der Zeil brannten am 2. April 1968 die Kaufhäuser Schneider und Kaufhof. Hier wurde der erste Anschlag verübt von den RAFlern der ersten Generation, der den Beginn des mörderischen deutschen Herbstes markierte und neun Jahre später in Mogadischu, mit den Selbstmorden in Stammheim und der Schleyer-Ermordeung seinen deprimierenden Höhepunkt erlebte. Die Brandanschläge auf die Kaufhäuser sollten ein Fanal sein gegen die Konsumgesellschaft und den satten Wohlstandsdeutschen den Terror in Vietnam vor Augen führen. Nur wenige Jahre später, am 1. Juni 1972 um 5:50 Uhr, nahm die Polizei hier am Dornbusch, in unmittelbarer Nähe des Hessischen Rundfunks, Andreas Baader, Holger Meins und Jan Carl Raspe fest. Sie waren mit einem aubergineroten Porsche Carrera, wie sie es öfters zu tun pflegten, in eine Einbahnstraße hineingerast. Gerade Andreas Baader hatte eine Schwäche für schnelle Autos. Auch die ökosoziale Bewegung nahm von hier aus ihren Ausgang: Die Hüttendörfer, die die Gegner der Startbahn 18 West im Jahr 1980 vor den Toren Frankfurts errichteten, markierten ihren Beginn und führten schließlich zur Gründung der Grünen. Ökologisches Denken und die Zuspitzung gesellschaftlicher Trends – Frankfurt war immer ein Treibhaus für politische Zäsuren und die Zuspitzung von Konflikten. In den 1980ern und 1990ern konnte man besonders hier in der Banken-, Verlags- und Agenturenstadt die Yuppies beobachten, Karrieristen und Ehrgeizlinge, die in der Woche die Ellbogen einsetzten und am Wochenende ultimativen Spaß haben wollten in der Erlebnisgesellschaft, in der deutschen Filmkomödien-Harmlosigkeit des Kinos und dem aufgekratzten Comedy-Hype des Fernsehens.

Rechts am Tisch neben uns hat ein Banker Platz genommen, grauer Brioni-Anzug, Krawattennadel, zusammen mit seiner Lebensabschnittspartnerin. Sie reden über den Urlaub, Alltagsprobleme, Belanglosigkeiten. Gegenüber von uns sitzen ein paar jüngere Leute; wir tippen Agentur-, Werbungs-, Medienszene. Direkt am Eingang hat sich ein Studentenpärchen in ein atemloses Gespräch verstrickt, sie reden über WG, Beziehung und Klausurenstress. Eine bunt gemischte Zusammensetzung individueller Lebensstile. Vieles passt in der neuen Welt der Bio-Burger nebeneinander. Hier wird niemand mehr taxiert (hat er die richtige Hose an, stimmt die Krawattenfarbe, trägt er Turnschuhe, ist er ein Mod oder ein Ted, ein Hippie oder ein Punk?). Wir leben im 21. Jahrhundert, es gibt keine Milieus mehr und keine Trend-Schablonen.

Der Wandel, den wir in diesem Buch beschreiben möchten, erklärt sich über das Individuum, über uns selbst. Lebensstile haben sich in den vergangenen Jahren in derart rasantem Tempo verändert, dass Milieus keine Zeit mehr haben, sich vereinheitlichend über unser Verhalten auszubreiten. Was wir hier als wichtige Veränderung beschreiben, läuft jedoch keineswegs auf eine neue Ego-Kultur oder ein Revival der Narzissten und Ichlinge hinaus. Ganz im Gegenteil. Was wir hier beschreiben, ist eine neue Sehnsuchtswelt, die Individualität und Welt, Ich und Gesellschaft, Innen- und Außenwelt auf neue Weise in Schwingung versetzen möchte.

LOHAS-Lifestyle – die Richtung unserer zukünftigen Sehnsüchte

Fastfood wird grün, und die Bestandteile des *global snack* kommen aus dem Vogelsberg. So wie Banker und Studentenpärchen plötzlich Gefallen an gesundem Schnellessen finden, so haben sich in den vergangenen knapp zehn Jahren überall in unserem Leben neue Allianzen gebildet. Vieles findet plötzlich zueinander und ergibt einen Sinn, wo wir noch vor Kurzem keinerlei Verbindung erkennen konnten. Gesundheit und Genuss schließen sich nicht mehr aus, die *New York Times* sprach deshalb kürzlich von *health-hedonism*. Wir sind LOHAS geworden, wir leben den Lifestyle of Health and Sustainability. Das vorliegende Buch beschreibt die Zukunftswelt des 21. Jahrhunderts nach dem Ende der Ideologien. Die LOHAS (in der Presse gehen sie mittlerweile auch leicht despektierlich als „Ökoschickis" oder „Neogreens" „Greenglamour" durch), leben in einer Kultur des Sowohl-als-auch: Realitätstauglichkeit UND die Lust auf blumige Zukunftsszenarien, maximale Unabhängigkeit UND möglichst große Verbindlichkeit im Zusammenleben, Urlaub, der luxuriös UND ethisch korrekt ist, Kind UND Karriere, individuelles Lebensglück UND Engagement für das große Ganze, Familienglück UND individualisierter Lifestyle. LOHAS (bleiben wir ruhig bei dieser Abkürzung, sie hat sich mittlerweile in den Medien etabliert) sind ins Gelingen verliebt. Es sind pragmatische Idealisten, sie haben konkrete Vorstellungen von einem glücklichen und genussvollen Leben in der Zukunft, wissen aber auch, dass dabei die Mühen der Ebene (von der Kinderbetreuung bis zur Steuererklärung) bewältigt werden müssen. Die meisten von ihnen haben bewusst die Gräben des politischen und subkulturellen Bekennertums und der Entweder-oder-Logik verlassen und Folgendes für sich entdeckt:

➤ Es macht Sinn, Zukunft konstruktiv und mit Optimismus zu planen. Wer sich im 21. Jahrhundert über die Zukunft des Planeten sorgt, der schlurft nicht mehr durch die Welt mit Trauermiene, als ob der Jüngste Tag gekommen wäre. Umweltbewusstsein geht nicht mehr mit Verzicht und Selbstbeschränkung einher.

➤ Es ist keineswegs esoterisch, zunächst über die eigene Befindlichkeit nachzudenken und sich selbstreflektiert zu verhalten. Das bewahrt davor, die neurotischen Projektionen vieler Subkulturen der 1980er- und 1990er-Jahre zu wiederholen, die dadurch eine fragwürdige Identität entwickelten, indem sie immer die anderen für schuldig erklärten.

➤ Es kann genussvoll sein (manchmal ist es aber auch einfach nur schmerzhaft), sich mit der Realität einzulassen und die ideologischen Welterklärungsprogramme hinter sich zu lassen. Der pragmatische Idealismus der LOHAS zeichnet sich durch eine neue Lust am Konkreten und Naheliegenden aus. Motto: Es sind die kleinen Dinge im Alltag, die die Welt verändern.

➤ Mit der Wiederentdeckung der Realität geht bei den LOHAS gleichzeitig eine verschärfte Skepsis gegenüber Utopien und politischen Heilsversprechen einher. Utopien entlarven sie als das, was sie in ihrer griechischen Grundbedeutung sind, nämlich „Nicht-Orte", verschwommene Erlösungsmetaphern mit starker Jenseitsdynamik. LOHAS wollen aber keine Nicht-Orte, sie lieben gerade das konkrete In-der-Welt-sein. Konkrete Orte, Räume und Identitäten sind für sie besonders wichtig – und das im Hier-und-Jetzt.

➤ Authentizität, die tiefe Sehnsucht nach dem Wahrhaftigen und Wirklichen, das kennzeichnet den Lebensentwurf der LOHAS. Und das beschreibt im Kern auch ihren inneren Antrieb. Sie sind auf der Suche nach einer neuen Lebenskunst.

Wir haben uns bereits im Jahr 2003 mit den ersten zarten Anzeichen dieses Trends beschäftigt. Der Begriff LOHAS kommt aus der amerikanischen Sozialforschung und wurde just zu Beginn des 21. Jahrhunderts entwickelt. Paul Ray hat im Jahr 2000 zusammen mit seiner Frau Ruth Anderson das Buch „Cultural Creatives. How 50 Million People Are Changing the World" veröffentlicht. Ray und Anderson führten in ihrer Studie die umfangreichsten aktuellen Umfragen zum Wertewandel in den USA für die letzten 20 Jahre durch. Die Ergebnisse der Untersuchung legten den Grundstein für die „Kulturell Kreativen", eine neue Gesellschaftsformation, aus kreativen, verantwortungsbewussten, gesundheitsorientierten und Genuss suchenden Menschen. Ein Drittel der Menschen in den USA und ein Drittel der Menschen hierzulande müssen diesem neuen Lebensstil zugerechnet werden. Das Bizarre hierbei: Was Paul Ray in seinen Befragungen immer wieder erlebte, ist auch uns bei unseren Recherchen mehrmals passiert: Man redet mit Menschen über den LOHAS-Lebensstil, die meisten können sich sofort damit identifizieren. Allerdings können sich die meisten von ihnen absolut nicht vorstellen, dass es noch andere Menschen gibt, die einen ähnlichen oder gar den gleichen Lebensentwurf pflegen. LOHAS, so mussten wir lernen, sind sicherlich keine asozialen Narzissten, aber sie sehen sich in hohem Maße als genießende Individualisten.

Der Grund dafür: Wir definieren uns heute mehr oder weniger alle als Individualisten, keiner möchte mehr zu einer Klasse gehören. Die gibt es auch nicht mehr. LOHAS ist ein Lebensstil, der einen Sehnsuchtsraum entwirft, aber nicht auf bestimmte Verhaltensweisen einengt. LOHAS, das ist eine neue Avantgarde des grünen und gesunden Genießens. LOHAS durchschauen die simplen Überredungstricks der Werbung, sie bevorzugen ethisch einwandfreie und biologische Produkte. LOHAS sind selbstbewusste Konsumenten. Verwandt mit ihnen ist ein Phänomen, das die Amerikaner *conscious consumerism* nennen, bewussten Konsum. Wir Konsumenten haben dank des Internets in den vergangenen zehn Jahren auf den weltweiten Märkten die Macht übernommen. Bewusstes Konsumieren, das heißt: Wir achten auf die Qualität der Produkte, die wir kaufen. Es heißt aber auch: Wir überlegen uns sehr genau, warum wir kaufen, was wir kaufen und wem wir unser Geld geben.

Wir, die Autoren dieses Buches, sind natürlich ebenfalls LOHAS. Gleichzeitig stehen wir jedoch drinnen und draußen: Wir beobachten eine gesellschaftliche Entwicklung und sind gleichzeitig Teil dieser Entwicklung. In unserem Buch bekennen wir uns bewusst zu den Paradoxien eines solchen Unterfangens: Ohne eine affirmative Nähe zu diesem Lebensstil können wir ihn nicht von der Wurzel aus begreifen. Zugleich brauchen wir jedoch eine ausreichende Distanz, um diesen neuen Sehnsuchtskosmos nachvollziehbar beschreiben zu können. Eine wissenschaftlich neutrale Analyse des Phänomens würde uns jedoch keinesfalls zufriedenstellen, denn wir möchten, dass Sie, liebe Leserinnen und Leser, mit uns in diesen neuen Sehnsuchtsraum eintauchen. Wir sind überzeugt: Ohne Emotionen und Herzblut lassen sich gesellschaftliche Trends schlechterdings nicht erhellend beschreiben.

Wir sind Trendforscher und arbeiten seit mehreren Jahren daran, was Menschen wirklich wollen, wonach sich Menschen sehnen, was Menschen interessiert und antreibt. Aber auch, welche Ängste und Befürchtungen immer wieder unser Streben nach Glück, Balance und Wohlbefinden stören. Unsere Leser können uns gerne als Ethnologen des Alltags sehen, als neugierige, unruhige „Zeitgeister", die in der täglichen Kleinarbeit des Recherchierens, Redens, Zuhörens und Suchens die Veränderungen in den Mikroorganismen unserer Gefühle und Wunschwelten begreifbar machen wollen.

„Sehnsucht Grün" – wie ein Mentalitätswandel unsere Wunschwelten umgestaltet

Seit rund fünf Jahren durchmessen wir gemeinsam die Sehnsüchte und Befindlichkeiten, Märkte und Branchen dieser Welt. Das Zukunftsinstitut, für das wir als Trendforscher tätig sind, verkauft sein Trendwissen in Form von Studien, Reden, Workshops und anderen Auftritten in Öffentlichkeit und Medien. Unsere veröffentlichten Erkenntnisse werden in unserem hauseigenen Verlag im Direktmarketing (oder über den Buchhandel) verkauft. Wir legen großen Wert darauf, dass wir bei unseren Trendrecherchen und -expertisen unvoreingenommen, und ohne Rücksicht auf Dritte nehmen zu müssen, denken und schreiben können. Nur so – und das bestätigen uns unsere Kunden immer wieder – lässt sich das erfassen, was an tatsächlich Neuem in unsere Welt kommt. Und nur so lässt sich substanziell darüber reden, wie Zukunft zu planen ist. Deshalb sind wir auch keine Wissenschaftler, wollen das auch nicht sein. Wir haben intensive Erfahrungen mit den universitären Institutionen in Deutschland gemacht. Und diese Erfahrungen waren ein wichtiger Grund dafür, aus dem akademischen Forschungsbetrieb auszubrechen, der nach wie vor Barrieren zwischen gesellschaftlichen, ökonomischen und naturwissenschaftlichen Themen aufrechterhält statt Brücken zu bauen. Der

LOHAS-Lifestyle lässt sich jedoch nur dann verstehen, wenn man Querverbindungen zieht und Fächergrenzen hinter sich lässt.

Bei einigen Stationen unserer Reise in die neugrünen Sehnsuchtswelten sind wir – in guter LOHAS-Manier – als Individualisten unterwegs gewesen. Andere Abschnitte haben wir gemeinsam bewältigt. Wir werden Ihnen, liebe Leserinnen und Leser, stets signalisieren, mit wem Sie es gerade zu tun haben. Die Erkundungen in die neue Welt der weiblichen Health-Hedonisten hat beispielsweise Anja Kirig allein vorgenommen. Die neue Medien-Community-Welt wurde von Eike Wenzel in Augenschein genommen. Es gehört fraglos zu den Kulturfortschritten des LOHAS-Lebensstils, dass wir weder aus der individuellen Autorschaft noch aus der Co-Autorschaft einen Mythos machen wollen. Allein wäre diese lange Reise in die neuen Welten des Wünschens und Begehrens überhaupt nicht möglich gewesen und hätte auch nicht die vielen Facetten des LOHAS-Lebensstils zutage fördern können. In permanentem Zwiegespräch, quasi als schreibende siamesische Zwillinge, so unsere Erfahrungen, lassen sich viele Denkwege aber auch nicht beschreiten. Allein in der Mixtur aus individueller Recherche und forscherischem Kleinkollektiv hat unsere Recherche erst ihre Dichte und Prägnanz bekommen. Selbst wenn wir selbst viele LOHAS-Aspekte leben, möchten wir nicht die Gurus dieses neuen Lebensstils sein. LOHAS sind zu selbstreflektiert und zu selbstbewusst, als dass sie sich mal eben schnell einer Gehirnwäsche unterziehen lassen.

Wir schreiben dieses Buch, weil wir auf einen grundsätzlichen Mentalitätswandel aufmerksam machen möchten. Die Ausgangsdiagnose über die Befindlichkeit der Deutschen lautet: Unser Denken und Fühlen und unsere Wahrnehmung der Wirklichkeit hat sich deutlich verändert. Wie wir als Individuen in der Gesellschaft und in unseren Familien leben, wie wir unser Verhältnis zu Umwelt und Natur, Wirtschaft und Arbeit definieren – diese Beziehungen, so unser Eindruck, durchleben gerade einen fundamentalen Wandel. Die LOHAS stehen im Zentrum dieser Veränderung, sie sind die Avantgarde (jedoch kein Elite), die diesen Wandel verkörpert. Der LOHAS-Lifestyle, das werden wir hier zeigen, ist eine gesellschaftliche Bewegung, die Begriffen wie Individualität und Gemeinschaft, Ich und Community einen neuen Sinn gibt. Wir werden Belege dafür liefern, dass wir in Deutschland dabei sind, die Beschränkungen des bipolaren Entweder-oder-Denkens hinter uns zu lassen. Ich ODER Gesellschaft, Selbst ODER Kollektiv, das ist zu Beginn des 21. Jahrhunderts nicht mehr die Frage. Die Zeiten, als der „Spiegel", wie in den 1990er-Jahren häufig geschehen, die Ego-, Ich- oder Narzissten-Gesellschaft ausrufen konnte, sind vorbei. Stattdessen lesen wir immer häufiger vom neuen „Wir-Gefühl", von lebendigen Internet-Communitys und der neuen Sehnsucht nach Gemeinsinn, denken wir nur an die Fußballweltmeisterschaft 2006 und den Papstbesuch im gleichen Jahr. LOHAS definieren sich nicht über gute Taten, denn sie sind nicht die Pfadfinder-Abteilung eines vorübergehenden Hypes. Sie definieren sich auch nicht über ein dickes Portemonnaie, denn sie sind keine grün-gewendeten Neureichen.

Auch ohne den globalen Schock des 11. September können wir sagen, dass in den ersten Jahren des neuen Jahrhunderts und unmittelbar davor, etwa zwischen 1998 und dem Jahr 2004 ein fundamentaler Wertewandel stattgefunden hat. Eine Epoche ist zu Ende gegangen: Der Massenkonsum geht zu Ende, er stößt uns ab. „Geiz-ist-geil"-Gedröhne ist wie der Phantomschmerz einer Massenmarktkultur, mit der sich keiner mehr abgeben möchte. Längst haben sich die Aldis, Lidls und Pennys auf den Weg zu grünen Discountern gemacht, musste die Coffeeshop-Kette dem Organic-Cosmetic-Shop weichen, wurde der Ein-Euro-Laden durch eine Tee-Bar ersetzt. Wir sehnen uns nach individuellen und authentischen Dingen, Lebensmitteln, die wirklich aus der Natur und nicht aus Food-Laboren kommen. Produkten, die unseren Schönheitssinn ansprechen und uns zuverlässig in unserem Alltag begleiten. Was helfen uns pseudoglamouröse Marken, die uns nur von ihrer eigenen Großartigkeit überzeugen wollen?

Nach dem Ende der Ideologien und des Massenkonsums werden wir endlich zu genießenden Individuen. Erst jetzt können wir Querverbindungen zulassen, Paradoxien und Widersprüche aushalten, mit einem Wort: uns den Lebensstil des So-wohl-als-auch zu eigen machen. Wir entwickeln uns zu moralischen Hedonisten, wir streben nach intensivem Genuss, ohne in willenlosen Konsum zu verfallen. Die meisten von uns möchten lieber im Zeitwohlstand leben, anstatt sich mit noch einem Fernseher, noch einer Stereoanlage oder noch einem größeren Wagen zu belasten. Das Immer-mehr war der Lebensstil der logisch aus der Massenkonsumkultur des 20. Jahrhunderts resultierte, einer aggressiven Angebotskultur: „Kaufen, kaufen, kaufen!" Wir freuten uns über den Wohlstand auf breiter Front und machten mit. Jetzt verlangen wir von den Märkten, dass sie auf unsere Nachfrage, auf unsere Wünsche und Sehnsüchte reagieren. Das Immer-mehr des 20. Jahrhunderts reagierte auf die erlebte Knappheit des Lebensnotwendigen im 2. Weltkrieg. Heute gibt es nur noch eine Knappheit. Und das ist unsere persönliche Knappheit an Aufmerksamkeit. Als Menschen des beginnenden 21. Jahrhunderts wissen wir, was uns wirklich wichtig ist. Und das sind eher immaterielle Dinge (und nicht das pure Habenwollen), Werte (und keine Rabatte), Sehnsüchte (und keine Seifenopern), Selbst-Erleben (und nicht Teil eines touristischen Massenkonzepts), authentische Erfahrungen (und nicht die Secondhand-Emotionen des sterbenden Massenmediums Fernsehen). Wenn die zweite Hälfte des 20. Jahrhunderts die Epoche der Bedürfnisbefriedigung war, dann werden die ersten Dekaden das 21. Jahrhunderts eine Epoche der neuen Sehnsüchte sein.

Wir erzählen in diesem Buch von den neuen Sehnsüchten, die unser Leben zu Beginn des 21. Jahrhunderts bestimmen. Sehnsüchte sind nicht das Gleiche wie Bedürfnisse, die sich immer irgendwie „befriedigen" lassen. Sehnsüchte lassen sich niemals befriedigen, sie lassen sich nicht in einem finalen Akt erlösen. Sehnsüchte treten immer wieder auf und verlangen nach Aufmerksamkeit und Stimulation. Ohne Sehnsüchte können wir uns unser Leben schlechterdings nicht vorstellen. Den Sehnsüchten, die uns in diesem Land, in Europa und innerhalb der globalen Welt in den nächsten Jahren umtreiben werden, möchten wir in diesem Buch auf die Spur kommen.

Eine neue Lebenskunst – und eine neue Ethik

Sehnsüchte sind häufig der Treibstoff von Veränderungen. Und Veränderungen, die wir im Hier-und-Jetzt aufspüren und die eine starke Strahlkraft in die Zukunft haben, nennen wir Trends. Trends sind eigentlich etwas sehr Konkretes: Überall dort, wo Widersprüche deutlich werden, wo es knirscht, wo Ungekanntes auf den Plan tritt und wo Routinen plötzlich ins Leere greifen, überall dort entstehen Trends. Trends können sich in unserer Gesellschaft an vielen Orten bilden, im Straßencafé um die Ecke oder im Strategie-Meeting eines Lebensmittelkonzerns, in den Debatten einer Internet-Community oder in den Schnittmustern einer Modemacherin, auf dem Bildschirm eines Grafik-Designers oder in den vermischten Rubriken eines Stadtmagazins. Wirklich wichtige Trends entstehen in der unmittelbaren Gegenwart, vor unseren Augen und verbreiten sich wie eine Epidemie in ausnahmslos allen Bereichen der Welt von morgen. „Sehnsucht Grün" ist ein solcher Trend. Die Sehnsucht der LOHAS nach Gesundheit UND Genuss, Verantwortung UND Vergnügen, Individualität UND Gemeinsinn wird unsere Lebensentwürfe heute und in der Zukunft nachhaltig verändern.

Was an dieser Stelle wichtig ist: Wir sind keine Marktforscher. Marktforscher kleben an der Gegenwart und am Einkaufsverhalten der Menschen. Sie versorgen zahlengläubige Menschen mit Daten, die immer nur einen Ist-Zustand beleuchten. Dabei berufen sie sich auf höchst fiktive und spekulative Konstruktionen. Marktforscher gehen davon aus, dass sich Lebensformen und Konsumstile sorgfältig unterteilt nach Alter, Einkommen und Schichtzugehörigkeit der Menschen schubladisieren lassen. Die LOHAS sind das beste Beispiel dafür, dass diese fantasielose Zahlenarithmetik für die Wünsche und Sehnsüchte der Menschen im 21. Jahrhundert kein Sensorium besitzt. LOHAS, das werden wir anhand vieler Beispiele und eigener Erfahrungen zeigen, sind keine Zielgruppe. Sie sind eine neue gesellschaftliche Bewegung und prägen einen neuen Lebensstil, der alters-, einkommens- und schichtübergreifend funktioniert. LOHAS sind keine neue Zielgruppe, die man den Marketingexperten zur schnellen und gründlichen Ausweidung vorwerfen kann.

Um das zu erkennen, muss man sich mit seinem Beobachtungsinstrumentarium allerdings anders positionieren und nicht mit sturem Blick auf die Gegenwart starren. Wir untersuchen Phänomene, die jetzt im Moment aufblitzen und deren Auftauchen Konsequenzen für die Zukunft hat. Wir sind Trendforscher, und deshalb interessieren wir uns für Orte, Szenen und Gelegenheiten, an denen Widersprüchen aufeinanderprallen. Dann und wann hatten wir in den letzten Jahren das Gefühl, wir säßen in einer Zeitmaschine, die in uns zurückversetzt in die 1960er- und 1970er-Jahre. Auf den Covern einer schicken und zeitgeistigen Modefachzeitschrift wie der „Textilwirtschaft" prangte im Frühjahr 2007 ein junger Mann. Sein Outfit: lange Haare, Fusselbart, Wollsocken und Jesussandalen an den Füßen, Palästinensertuch um den Hals, kragenloses Hemd und ausgewaschene Jeans. Erleben wir jetzt etwa die Rückkehr der „Müslis", der „Alternativen"? Mitnichten! Die LOHAS verkörpern vielleicht den ersten Lebensstil, in dem Glaubensbekenntnisse und Abgrenzungsmechanismen keine Rolle mehr spielen.

Unser Buch zeichnet die Konturen einer neuen Genusskultur und einer neuen Lebenskunst. Und diese Lebenskunst der LOHAS beinhaltet auch eine neue Ethik. Wir leben in einer globalisierten Welt und haben die bürgerliche Pflichtkultur, die uns vorschrieb, wie wir lieben und leben sollen, wie und was wir glauben sollen, glücklicherweise hinter uns gelassen. Wir brauchen keine moralischen und religiösen Leitplanken mehr für unser Leben. Doch am Ende der Gewissheiten beginnt die Verantwortung. Verantwortung für uns selbst, für unsere Innenwelt, aber vor allem für unsere Mitwelt und für unsere Umwelt. Das klingt vielleicht moralinsauer. Aber wir wollen es so. Den Preis des Verlustes der Gewissheiten zahlen wir zugunsten eines höheren Maßes an Selbstbestimmung und Selbstverwirklichung. Wir LOHAS wissen aber auch genau, dass diese hinzugewonnenen Freiheitsgrade von einer zeitgemäßen und nichtautoritären Ethik gestützt werden müssen. Der Selbstverwirklichungstrip der LOHAS geht also einher mit einem gesteigerten Verantwortungsgefühl für die Welt draußen: Familie, Freunde, Stadtteil, Gesellschaft, Umwelt usw. In einer europaweiten Umfrage, wurde kürzlich der Beweis erbracht, wie stark wir mittlerweile unsere persönliche Befindlichkeit mit einer intakten Umwelt in Verbindung bringen. Europaweit bestätigten 72 Prozent der Befragten, dass der Zustand der Umwelt ihre Lebensqualität „sehr stark" oder zumindest „ziemlich stark" beeinflusse. In Griechenland wurde diese Ansicht sogar von 94 Prozent der Befragten bestätigt. In Deutschland (60 Prozent) und Österreich (63 Prozent) war das immerhin bei weit mehr als der Hälfte der Fall. Was den neuen Lebensstil für uns so faszinierend macht, ist, dass er auch hier alte Gegensätze wie Moral vs. Hedonismus, Individualität vs. Gemeinschaft, Verantwortung vs. Vergnügen souverän überbrückt.

Fast immer, wenn schwergewichtige Begriffe wie Gesellschaft und Moral, Individualität und Verantwortung aufgerufen werden, steht uns ein grundlegender Wandel bevor. Und immer, wenn diese Begriffe ins Wanken geraten (und neu gefüllt oder gänzlich über Bord geworfen werden müssen), zeichnet sich ab, dass Menschen sich verändern und verändern wollen, Lebenskonzepte neu entwickelt und Wertesysteme einer Runderneuerung unterzogen werden.

Diesen Wandel, der uns ebenso ergriffen hat wie unsere Leser, werden wir hier beschreiben. Die Frage, auf die wir bei unserer Reise in diese neugrüne Sehnsuchtswelt ebenfalls eine Antwort geben wollen: Was kommt nach der Spaßgesellschaft, wie werden wir morgen leben? Wir suchen verstärkt nach Ursprünglichem und Authentischem, was uns jedoch keineswegs zu Zivilisationsflüchtlingen macht. Ganz im Gegenteil. Wir sind LOHAS, gesunde Genießer und moralische Hedonisten und setzen uns in ein neues Verhältnis zur Natur, zur Realität und zu uns selbst. LOHAS sind definitiv keine Technikfeinde und auch keine Gegner von Modernität – ganz im Gegenteil, wie wir noch sehen werden.

Willkommen in der Welt der neugrünen Sehnsucht!

1. LOHAS, Neo-Ökos und moralische Hedonisten – Die Geburt einer neuen Lebensform

Die Lebensstil-Revolution: Wie wir uns in unserem neuen Leben einrichten

Ein Freund, der uns regelmäßig vom ultimativen Genuss zu überzeugen versucht, hielt uns kürzlich wieder einmal eine luftgetrocknete Salami unter die Nase. Erwartungsvoll lächelte er uns an. Und? Ja, nicht unlecker. Jahrelang hat er uns mit Essigproben zu überzeugen versucht. Dieses Mal war es eine Edelsalami. Und sie kam nicht aus der Toskana, auch nicht aus den Apenninen oder aus der Provence. Sie kam aus Oberhessen. „Kannst du kaum besser machen, ist außerdem eine Bio-Salami, und sie hat gerade einmal fünfzig Kilometer zu uns zurückgelegt", schloss er seine Genießerpräsentation ab. Wir waren überzeugt.

Überhaupt ist in letzter Zeit viel vom Genießen die Rede. In den Daily-Soaps ebenso wie beim Wochenend-Smalltalk auf dem Wochenmarkt oder mit dem Kollegen beim Mittagessen gehört es zum guten Ton, wenn man sein Wochenende, den Spaziergang mit dem Hund, den Ausflug in den Biergarten, die Massage (oder vielleicht auch nur die Fahrt zum Altglascontainer) „unheimlich genossen" hat. Und immer häufiger verbinden wir Genuss mit authentischen Momenten, das Ausflugslokal, das vermeintlich noch keiner kennt, der Italiener in der Innenstadt, der nur zwei Tische zur Verfügung hat, wir kennen es alle. Authentizität bedeutet für uns Einzigartigkeit, Exklusivität, Unverwechselbarkeit, und das suchen wir längst nicht mehr im Supermarkt oder im Kaufhaus, sondern in den Nischen, der halböffentlichen Restaurants, den Hotels, die von einem Ehepaar mit Herzblut und 14-Stunden-Arbeitstag geführt werden.

Volvic schmeckt nach Südfrankreich, Ferien, Sonnenöl und Klassenfahrt. Volvic symbolisierte in den 1980er-Jahren für uns die Ablösung vom Elternhaus und die Befreiung aus der „Selterswasser"-Kultur. Sprudel trank man, um den Durst zu bekämpfen, Volvic war ein Stück mediterranen Lebensgefühls. Purem Wasser traute man hierzulande nicht: Wieso etwas verkaufen, was in mehr oder weniger identischer Qualität auch aus dem Wasserhahn floss. Und außerdem: Wer kauft schon banales Wasser, erst die Kohlensäure macht es zu einem akzeptablen Produkt. Volvic (oder Evian oder Vitell) dagegen stand für Fernweh und Weltentdeckung, die Gegenwelt zur Wohlstands-Bundesrepublik, eine Trinkkultur, der man sich jedoch auch nur in den Ferien voller Überzeugung hingab, und das auch aus dem Grunde, weil man Volvic in den meisten deutschen Supermärkten damals vergeblich suchte. Vor allem Frauen kultivierten mit Volvic die Sehnsucht nach einer anderen Genuss- und Wohlfühlwelt. An den Stränden und Zeltplätzen des südfranzösischen Sommers, den Eindruck konnte man bekommen, ernährten sie sich fast ausschließlich von diesem minimalistischen Zaubertrank, der nach so viel mehr schmeckte. „Sekt oder Selters" war die falsche Alternative: Sprudel in den uniformen braunen Kästen, das war gutbürgerlich-bundesdeutsche Durstbekämpfungsindustrie. Volvic im martimen Blau und Weiß und in nonchalanter (und garantiert umweltschädlicher) 1-Liter- oder 1,5-Liter-Größe, das war die Verheißung mediterraner Genussfähigkeit. Bis heute habe ich mir die Sehnsuchtsmarke Volvic bewahrt, die großen schweren Plastikflaschen kommen mir nicht ins Haus – sie gehören in die Provence, nach Avignon, Aix und Sanary-sur-Mer.

Sekt, Selters oder Bionade: Es geht um Ursprünglichkeit

Die Selterswasser-Kultur haben wir spätestens mit dem Ende des 20. Jahrhunderts hinter uns gelassen. Es gibt jetzt viele Volvics, viel Sehnsuchts-Wasser. Wasser, das erfrischende Nichts, geschmacklos und doch das Grundelement unseres Lebens, wird von den gesunden Genießern mittlerweile zum Luxusartikel gemacht. Reduktion auf das Wesentliche, die Getränkehersteller haben verstanden: Das Edelwasser „Paris Pink" von bling-h2o gibt es für 480 US-Dollar à 12 Flaschen, womit es wohl das exklusivste Wasser der Welt sein dürfte. Ein anderes exklusives Wasser kommt vom fernen Fujiyama. Das Wasser aus dem höchsten Berg Japans ist Ursprünglichkeit pur: Es brauchte 1000 Jahre, um durch das Vulkangestein emporzuquellen. Renommierte Privatkliniken polieren ihr Image, indem sie eigene Mineralwasser-Editionen herausbringen; die Wiesbadener Horst-Schmidt-Kliniken verkaufen ihr eigenes Markenmineralwasser, das aus den Schlangenbader Quellen gewonnen wird.

Die gesunden Hedonisten in Deutschland sind im Wasserrausch. Im Jahr 2006 ist der Absatz von Mineral- und Heilwasser um 7,1 Prozent gestiegen, was einem Pro-Kopf-Verbrauch von 132,2 Liter entspricht. Gleichzeitig sinkt der Bierverbrauch seit 30 Jahren um exakt ein Prozent. Für das Jahr 2010 wird den Deutschen ein Pro-Kopf-Verbrauch an Heil- und Mineralwasser von mehr als 150 Liter vorausgesagt. Einem alkoholfreien Oktoberfest im Jahr 2020 scheint nichts mehr im Weg zu stehen. Coca-Cola weiß in der Regel sehr genau, wo Zukunftsmärkte liegen und hat den Hype um das Elementargetränk erkannt: Im Mai 2006 kaufte die berühmteste Marke der Welt den deutschen Mineralwasserhersteller Apollinaris. Es tobt ein weltweiter Kampf um den Konsumenten, der die Authentizität des Wassers schätzt, Nestlé (rund 20 Prozent weltweiter Anteil am Wassergeschäft), Danone etc. führen einen erbitterten Wettbewerb. In Deutschland reüssieren sogar die Discounter mit dem „geschmacklosen" Wasser, 46 Prozent des abgefüllten Wassers wird bei Aldi etc. verkauft. Besonders stilles Wasser erreicht die Deutschen mit ihrem Wunsch nach Frische und Ursprünglichkeit: Um 17 Prozent stieg im Jahr 2006 die Nachfrage nach stillem Wasser.

Wasser-Sommeliers werden in immer mehr Hotels zum Standard. Nichts ist minimaler, nichts ist basaler auf unserer Welt und elementarer als das Wasser. Der neue Gaumenluxus ist zuallererst elementar. Beim Stanglwirt in Going wird das Wasser neuerdings zelebriert, statt einfach eingegossen: Neben einer Wasserbar und einer Wasserkarte mit 21 Sorten hochwertigen Mineralwässern aus aller Welt, wird den Gästen mit dem ersten Tiroler Wassersommelier künftig auch eine neue Art von „Genussmanager" angeboten. Das neue Riz Charlton in Manhattan beschäftigt den ersten Wasser-Sommelier in den USA, er heißt Philip Retman und kommt aus Schweden. „Chateldon 1650" ist das erste Wasser, das am Hofe des Sonnenkönigs Ludwig XIV. in Flaschen serviert wurde, Deutschlands Wasser-Sommelier, Arno Steguweit, aus dem Berliner Regent-Hotel, hat es zu seinem Lieblingswasser erklärt. Der postmaterielle Hedonismsus funktioniert auch so: Im neuen Monopoly ist die Spielfigur ein Toyota Prius. In Holland hat jüngst der „Sustainable Dance Club" eröffnet: Im Off Corso in Rotterdam werden die Toiletten mit Regenwasser betrieben, die Elektrizität speist sich aus einem in die Tanzfläche integrierten Generator usw. usf.

Bionade: Design-Brause aus dem Labor der Natur

Rügen ist für LOHAS Verlockung und Prüfung zugleich. Unterwegs auf den Spuren eines neuen gesund-hedonistischen Lebensstils im vereinten Deutschland, kommen wir an der wunderschönen Insel nicht vorbei. Wir wandern am Jasmund entlang und nähern uns den berühmten Kreidefelsen, die der Romantiker Caspar David Friedrich mit seinem Bild „Kreidefelsen auf Rügen" im Jahr 1818 unauslöschlich in das kollektive Gedächtnis der Deutschen eingeschrieben hat. Rügen ist ein atemberaubendes Naturschauspiel aufgrund seiner über Jahrtausende gewachsenen Natur; archaische Landschaften, die hier seit ewigen Zeiten wild und ungebärdig wachsen durften. Auch Nationalsozialismus und real existierender Sozialismus haben daran nichts geändert.

Obwohl es schon seit Tagen auf uns einregnet, lässt es sich gut durch die uralten Wälder der Insel spazieren. Kulinarisch trifft auf Rügen aber wohl eher das zu, was Bismarck über ganz Mecklenburg-Vorpommern sagte: Hier geschieht alles 50 Jahre später. Tatsächlich befindet sich Deutschlands größte Insel noch im gastronomischen Dornröschenschlaf. Fischbuden gibt es an jeder Ecke. Kohl ist die andere Spezialität der Region. Aber jeden Tag Heringsbrötchen auf die Faust oder die typisch deutsche und gutbürgerliche Variante des Backfischs macht mürbe. Alles nicht dazu angetan, den LOHAS-Gourmet in uns zu wecken. Aber ausgerechnet am Jasmund nimmt uns nach langer Wanderung ein nettes Café auf, das auf gesunde Genießer als Kunden spekuliert. Es gibt selbst gebackenen Kuchen, frischen Kaffee (natürlich fair gehandelt) und Bionade. Die Kinder bestellen das hübsch in zeitgeistige Ästhetik verpackte Gesundgetränk mittlerweile ganz selbstverständlich zu jeder Gelegenheit. Aber auch für die meisten Erwachsenen an den Tischen um uns herum gehört Bionade offenbar zum neuen Wohlfühlen: Lecker soll es sein, aber es soll auch gesund sein. Wie „Harry Potter" – und fast schon mit dem gleichen Erfolg – ist auch die Bionade ein Kultprodukt für alle Altersklassen. Limonade ist seitdem nicht mehr nur Limonade.

Ähnlich unwirklich wie der Jasmund selbst und wie Caspar David Friedrichs kitschig-feenhaftes Naturidyll mutet auch die Geschichte der Bionade an. Romantisch ist an dem modernen Bionade-Mythos besonders der Ausgangspunkt in einer schier ausweglosen Situation.

Ein tapferer Bierbrauer (ein Mittelständler, mitten aus dem Volk, kein Getränkegigant) aus dem Rhön-Städtchen Ostheim droht an dem Strukturwandel, den die neue Zeit gebracht hat, zu zerbrechen. Die Menschen des 21. Jahrhunderts (besonders die jungen unter ihnen) trinken immer weniger Bier, weil sie gesünder und balancierter leben möchten. Ein glasklarer Trend. Weil der wackere Bierbrauer mit seinem Handwerk kein Geld mehr verdienen konnte, entwickelte er eine gesunde Limonade, verkaufte sie in hübschen Flaschen mit schicken Etiketten und traf damit den Zeitgeist, wie es in der Getränkebranche schon seit Jahrzehnten nicht mehr passiert war. Genuss und Gesundheit, davon sind wir überzeugt, ist künftig nicht mehr voneinander zu trennen. Bionade hat genau auf dieses Argument seinen sensationellen Erfolg gegründet. Die Bionade-Brauerei lehnte jüngst ein Übernahmeangebot von Coca-Cola ab. Der Erfolg ist atemberaubend: Zwischen 2003 und 2006 stieg der Jahresausstoß von zwei Millionen auf 73 Millionen Flaschen. Aus einer dümpelnden Kleinbrauerei wurde *die* Marke für die LOHAS. Und Bionade gelang der Erfolg, ohne viel Geld in Fernsehspots und Zeitungsanzeigen zu investieren. Die Kultbrause etablierte sich über die neu-schicken Ökoläden und die Mundpropaganda in Szenevierteln und -kneipen. Deutschlands kriselnde Großbrauereien reagieren. Mitte 2007 kündigte Becks an, mit einer ähnlichen „Biobrause" an den Start zu gehen.

Gesund, zeitgemäß und lecker soll es sein. Bionade ist wohldesignter grüner Lebensstil. Deswegen ist die Marke so erfolgreich. Bionade hat den Sprung heraus aus der alten Genusswelt der Bierbrauer gewagt und ist in der neuen Realität der gesunden Genießer angekommen. Die Öko-Limonade hat die Reformhaus-Aura anderer Ökoprodukte hinter sich gelassen und liefert ein gesundes, nachhaltiges und naturnahes Produkt. Gesunder Genuss ist in unserer Gegenwartskultur zu einer zentralen Sehnsuchtsmetapher geworden (die Amerikaner haben dafür den schönen Begriff des „health-hedonism" erfunden).

Bis vor Kurzem gehörte Limonade in den Kosmos von zuckerschwangeren Kindergeburtstagen und kalorienträchtigen Familienfeiern. Limonade, Bluna, Mirinda, Fanta, Bizzl oder von den lokalen XY-Quellen, das war der Sieg der Lebensmittelproduktion über die Produktqualität, bizzelnde, prickelnde, klebrige Spaßkultur in Reinform. Geschmacksverstärker triumphierten über die natürlichen Ausgangsprodukte (in der Regel nur Zitrone oder Orange), die nur noch in bunten Lettern auf den Etiketten auftauchten, in hüftlosen Flaschen (anders als die wohltaillierte Coca-Cola), das obere von pickligen Sprudelbläschen überzogen, die die Erfindung der Kohlensäure feierten. Bionade hat Limonade für uns gesunde Genießer neu erfunden. Exotische Sorten wie Litschi stehen neben dem Comeback eines heimatlichen Geschmacks wie Holunder. In den 1970er-Jahren war selbst gemachte Holunderlimonade das Getränk der armen Leute, die sich keine Industrielimonade leisten konnten. Gesunde Bio-Limonade gehört nicht mehr in die Kindergeburtstagswelt, sie hat sich innerhalb kürzester Zeit ihren Platz in den Regalen der Großstadtbars gesichert.

Ein LOHAS-Produkt par excellence: biologisch, gesund und Ergebnis moderner Technologie

Getränke sind gute Testfelder für die Brauchbarkeit von Trends. Red Bull war das Getränk des späten 20. Jahrhunderts, der arbeitssüchtigen New Economy, der Nonstop-Techno-Partygesellschaft, Formel-1 und Michael Schuhmacher. Bionade ist die Brause für den Lebensstil *nach* der Spaßkultur. Wer jedoch glaubt, die Bionade-Erfinder hätten nur das Trend-Etikett „Bio" auf eine weitere Limonade geklebt, täuscht sich gewaltig. Bionade ist das erste und einzige alkoholfreie Erfrischungsgetränk, das im Brauerverfahren, durch die Fermentation biologischer Rohstoffe hergestellt wird. Anders als beim Bierbrauen wird Malzzucker nicht in Alkohol, sondern durch spezielle Mikroorganismen in Gluconsäure umgewandelt. Diese Gluconsäure ist gewissermaßen Anti-Limonade, sie stellt die biologische Alternative zum üblichen industriellen Limonadengrundstoff dar. Tatsächlich bringt Bionade auch einen gesundheitlichen Mehrwert. Denn die äußerst milde Gluconsäure wirkt entgiftend und bindet Mineralstoffe wie Calcium und Magnesium in einer Form, die der Körper gut aufnehmen und verwerten kann. Da sie zudem geschmacksneutral ist und die Süßkraft verstärkt, enthält Bionade nur wenig Zucker und Kalorien.

Bionade ist tatsächlich eine lupenreine Erfindung, was einem im 21. Jahrhundert tatsächlich nur noch höchst selten begegnet. In der Kennzeichnungsverordnung war das Bionade-Herstellungsverfahren noch nicht vorgesehen, deshalb musste für das Getränk eine eigene Kategorie innerhalb der alkoholfreien Getränke eingerichtet werden.

Bionade zielt mit seinem Produkt nach eigenen Angaben auf eine „eher weibliche, tendenziell jüngere, ernährungsbewusste und lifestyle-orientierte Zielgruppe". Tatsächlich hat die Szene-Limonade exakt die gesunden Hedonisten erreicht, die im Wohlstandshedonismus aufwuchsen (Bier, Buttercreme, Sonntagsbraten) und jetzt nach neuen Horizonten des Genießens suchen. Unsere Sehnsucht richtet sich auch deshalb nach alldem, weil wir eine neue Erfahrung machen möchten, Ursprüngliches und Authentisches suchen, was um Gottes willen nicht bedeutet, dass wir in den archaischen „Zurück-zur-Natur"-Gesang einstimmen würden. Wir würden eher sagen: Vorwärts zu einer neuen Natur- und Gesundheitswelt, die sich gerade nicht gegenüber technologischem Fortschritt oder modernen Lebensentwürfen abgrenzt, wie das Beispiel Bionade ja auch auf wunderbare Weise zeigt. Wäre nur das Wörtchen „Selbsterfahrung" durch die 68er, Esoterik und Psychoboom nicht so blockiert, es träfe genau das, was wir meinen. Wir sehnen uns nach primären Eindrücken und nach Realität aus erster Hand, aber bitte schön unter den Bedingungen einer modernen und liberalen Welt. Die Massenmärkte des vergangenen Jahrhunderts gaben uns das Versprechen, dass wir teilhaben dürfen am Erfolgsmodell der Wohlstandsgesellschaft. In Zukunft geht es uns jedoch stärker um individuelle Erfahrungen und unsere ganz persönlichen Erlebnisse.

Apple: Von der Technik zur Kreativitätstechnik

Am Anfang war der Personal Computer, zu dem musste man sich hinbewegen. Ein mächtiger Tower, den wir während des Studiums in den späten 1980er-Jahren noch ganz stolz auf den Schreibtisch bugsierten oder für den wir sogar ein ziemlich albernes Computerwägelchen anschafften. Die Bildschirm-Ungetüme konnte man allein fast nicht heben. In den Universitätsstädten löste ihr grünlich-bläuliches Leuchten immer häufiger das Licht und den Lärm der Fernseher ab. Junge Akademiker postierten sich vor den Bildschirmen eines neuen Zeitalters, wer sie durch die Fenster ihrer Wohnungen beobachtete, sah in die Gesichter von computertechnisch erleuchteten Menschen. Sie hatten nicht mehr die Olympia-Schreibmaschine vor sich, sondern sie mussten sich in die neue Anordnung zwischen Tower, Bildschirm, kreischenden Druckern und Endlospapierschleifen zwängen. Wenn ich heute meine Manuskripte ausdrucke, schicke ich den Befehl in mein Arbeitszimmer, der Drucker druckt, aber ich muss nicht vom Frühstück aufstehen.

Seit ein paar Jahren kommt der Computer zu uns, er ist zu meinem Tagesbegleiter geworden, als elektronischer Füllfederhalter, zum Googeln als Recherchemaschine, die – anders als Deutschlands Universitätsbibliotheken – immer geöffnet hat.

2007 ist in Deutschland das Jahr, in dem es mehr Laptops als klassische PCs geben wird. Als ich Ende der 1980er-Jahre meine ersten Hausarbeiten auf einem Epson-Computer schrieb, lag der Vorteil darin, dass der Computer ein Speichermedium war, dem man unterschiedliche Versionen von Texten anvertrauen konnte. Das unterschied ihn von der Schreibmaschine und veränderte mein Schreiben, es wurde modularer, Textbausteine ließen sich verschieben. Seit ein paar Jahren, seit der Computer zu mir kommt, ist er ein Kreativitätsinstrument geworden. Und er bringt eine ganze Welt mit, durch kabellosen Internetzugang ist er Radio, DVD etc. Seit es den iPod gibt, sammelt sich auf meinem Apple-Rechner auch ein ganz persönlicher Abdruck meiner Lebensgeschichten, nachvollziehbar in der Musik, dem Pop der 1960er-, 1970er- und 1980er-Jahre, im Jazz, bei Debussy, Jacques Brel und Paul Weller, Morrissey und Joni Mitchell. Spätestens aber mit dem iPod ist der Computer für mich kein Computer mehr, auch kein PC, sondern etwas ganz, ganz Persönliches.

John Naisbitt, der große alte Mann der Trendforschung, hat diese Entwicklung mit dem Wortspiel „von Hightech zu Hightouch" charakterisiert. Aus einem monströsen, von abstrakten Zahlenkolonnen und unendlichen Reihen von Binärcodes beherrschten Apparat ist ein Lifestyle geworden. Was uns LOHAS fasziniert, ist, wenn etwas funktioniert und selbsterklärend seinen Dienst tut – dann bekommt Technik etwas Magisches. Einer der größten Computergenies, der den epochalen Wandel von Hightech zu Hightouch in der vergangenen Dekade geprägt hat, ist Steve Jobs, Gründer, Chef und Zentralgehirn von Apple. Jobs hat aus Käufern Gläubige gemacht, die jede Jobs-Präsentation eines neuen Apple-Gerätes wie einen Gottesdienst feiern. Aktuellstes Beispiel: die Vorstellung des Apple-Handys iPhone. Als Jobs am 9. Januar 2007 auf der Macworld Expo das neue iPhone vorstellte, wurde er wie ein Popstar gefeiert. Jobs' Ansage war ebenso einfach wie unbescheiden, seine ersten Worte: „Wir haben das Telefon neu erfunden." LOHAS stehen nicht auf Starkult. Aber viele von ihnen haben das Versprechen, das hinter dem Projekt Apple steht, begriffen: Soziotechnik, die ihre Nutzer unterstützt und kreative Prozesse fördert.

Gibt es so etwas wie eine linke Technologie?

Würde der Gegensatz von links und rechts heute noch irgendetwas taugen, wäre man fast geneigt zu sagen, mit Apple haben wir gelernt, dass Technik auch links sein kann. Oder besser gesagt: Apple demonstriert, wie Technik simpel, selbsterklärend und im Dienste des Einzelnen funktionieren kann. Jobs, der zwischenzeitlich auch einmal mit der Protestsängerin Joan Baez zusammenlebte, kultiviert das Image des Nonkonformisten. Er arbeitet nach wie vor zum symbolischen Preis von einem US-Dollar im Unternehmen und inszeniert sich gern als schöpferischer Freibeuter in der Flut des Mainstreams und der Standardprodukte: „Es ist besser ein Pirat zu sein als der Navy beizutreten. Lasst uns Piraten sein." Dabei geht es bei der Vision von Apple nicht um politische Koalitionen und Bekenntnisse. Apple hat sich in den vergangenen rund zehn Jahren, nach der Krise 1997 und

mit der erfolgreichen Einführung des iMac 1998, endgültig vom Computerher-
steller zum visionären Ausstatter eines neuen digitalen Lifestyles gewandelt. Vom
Computer zum wohldesignten Beschleuniger der Individualisierung unseres Lebens: Der iMac-Computer bestand von Anfang an nur aus einem Bildschirm mit
integriertem Rechner und Festplatte. Form follows Funktion: Wir möchten uns
mithilfe von moderner Technik auf unsere Dinge konzentrieren; Technik sollte
auf das Wesentliche reduziert sein – wer braucht da einen Festplattenturm unter dem Schreibtisch, der den Staub auffängt?! Immer wieder haben die Apple-
Designer seitdem die entscheidenden Trends gesetzt, die regelmäßig die Compu-
terwelt umkrempelten. Apple hat genau genommen den PC, den individuellen,
persönlichen Rechner erst erfunden. Und Apple machte Anfang der 1980er-Jah-
re die Computermaus marktfähig. Die erste Generation des iMacs bestand aus
einem halb durchsichtigen Gehäuse und in bunten Farben – von da an entdeckte die Computerindustrie, dass es noch andere Farben gibt als Weiß, Grau oder
Schwarz.

Was Apple-Käufer schnell zu Gläubigen macht: Die Produkte erlauben einen in-
tuitiven, schnellen Einstieg, und sie machen neugierig. Und wer die Beziehung zu
seinem Apple intensivieren will (muss er nicht, kann er aber), der entdeckt immer
neue Hilfen und Funktionen, die das Arbeiten erleichtern und der Arbeit mitunter neue Perspektiven geben. Zwei Beispiele: Wer an vielen Themen gleichzeitig
arbeitet und mit vielen Leuten in Kontakt steht, der müsste eigentlich mit einer
Pinwand um den Hals herumlaufen, um mit der Gleichzeitigkeit der anfallenden
Arbeit zurechtzukommen. Oder er müsste über einen Computerbildschirm verfügen, der ihm die gleichzeitige Kontrolle und das Inbeziehungsetzen der wichtigsten Vorgänge erlaubt. Apple hat zwar noch keinen dreidimensionalen Bildschirm
erfunden, aber so etwas Ähnliches. Über das Touchpad lassen sich nämlich alle
geöffneten Dateien mit einer Fingerbewegung in miniaturisierter Form als Puz-
zle anschauen. Das lästige Öffnen und Schließen von einzelnen Dokumenten ent-
fällt. Und man kann mit allen wichtigen Dingen vor Augen in „größeren Zusammenhängen" denken. Apple nennt das „aktive Ecken", der Begriff wirkt ungelenk,
erklärt aber exakt die Funktion, die wunderbar aufmerksam aus der liebevollen
Beobachtung von schöpferischen Arbeitsprozessen am Computer abgeleitet ist.
Nochmal: Wer es nicht braucht, muss sich nicht damit beschäftigen, doch wer so
etwas wie „aktive Ecken" erst einmal bei einem Kollegen neidvoll entdeckt und
anschließend selbst installiert hat, der hat das Gefühl, er hat für sich selbst einen
Funken mehr Lebensqualität geschaffen. Ähnlich ging es mir bei der Entdeckung
des sogenannten Spotlights, einer Lupe, rechts oben auf dem Apple-Schreibtisch.

Zunächst war ich eher uninteressiert, da Suchfunktionen auf Internetseiten oft gar nichts oder nur Unsinn liefern. Ein Freund erklärte mir dann eines Tages, dass ich mit dem Spotlight, alle meine Programme und Texte über Stichworte durchsuchen könnte. Endlich ein Archiv, das meine Arbeit ordnet, ohne dass ich etwas dafür tun muss. Genial, denn jetzt habe ich jederzeit meine ganze Arbeit in einem virtuellen Verzeichnis vor mir, meine eigene kleine Welt, in der ich wandeln und kreativ sein kann. Und auch hier hilft mir der Applecomputer, mich und meine Arbeiten besser zu verstehen. Während der Microsoftrechner Verzeichnisse erstellt und Daten verwaltet, hilft mir der Apple in Zusammenhängen zu denken. Apple versus Microsoft, Zusammenhang versus Datenhalde. Eine Wunschtechnologie für LOHAS, die stärker an Beziehungen zwischen den Dingen und Kontexten interessiert sind statt an isolierten Daten und Rechenprozessen.

Technik, die neue Lebensentwürfe antizipiert und mitgestalten möchte, das ist genau das, was uns zu Apple-Fans gemacht hat. Technik steht uns nicht als unhandliche Zumutung gegenüber, der man sich aussetzen muss, wie man sich einer Magenspiegelung aussetzen muss, wenn man ein Magengeschwür hat. Mit Technik verbinden viele immer noch die Vorstellung von kalten Apparaten, die der Mensch vorschriftsmäßig bedienen muss (das, woran Charlie Chaplin in „Modern Times" so grandios scheitert), um von ihrer Effizienz zu profitieren. Apple-Computer sind „Beziehungskisten", sie helfen uns bei der Bewältigung des Alltags und bieten uns individuelle Möglichkeiten des Beziehungstiftens, des Kontextualisierens, des Spielens, Nachdenkens und der Unterhaltung. Apple-Computer schmücken unsere Räume, wir lassen sie gerne in unsere Privatsphäre hinein, weil sie unser Leben angenehmer machen. Das drückt sich eigentlich nicht im minimalistischen Design aus. Umgekehrt: Es hat damit zu tun, wie der Computer oder der iPod oder das iPhone uns designen. Mit Sicherheit hat ein Microsoft-Rechner mehr Detailfunktionen und Erweiterungsmöglichkeiten als ein Apple. Apple verpflichtet sich jedoch bei jeder Neuerung zu möglichst selbsterklärender Einfachheit. Wer einen Microsoft-Rechner neben einen Apple stellt, wer den iPod mit Zune, dem MP3-Player von Microsoft, vergleicht, merkt schnell den Unterschied zwischen Computerspezialisten-Design und dem Wunsch einer gebrauchswertorientierten Produktwelt, zwischen alter Datenverarbeitungs-Industriekultur und einer Individuum-zentrierten Welt, die Technik für etwas Sinnliches hält.

Bei der Apple-Ästhetik ist das Wichtigste jederzeit auf dem „Schreibtisch", dem Bildschirm, greifbar, Schubladen und Computerverzeichnisse sind dazu da, Dinge in Vergessenheit geraten zu lassen. Die Apple-Welt möchte möglichst viel präsent halten, damit wir uns ein möglichst umfassendes Bild von unserer Arbeit machen können, alles immer da ist, wenn wir es brauchen. Apple unterstützt damit den kreativen Fluss, und nichts ist bei der kreativen Arbeit störender, als permanent Dinge suchen zu müssen.

Microsoft ist die Gegenwelt dazu. Es gefällt sich selbst in der Anhäufung von Verbesserungen und Kleininnovationen – die Welt, in der sich Bill Gates Programmierer und Designer die Nutzung ihrer Geräte vorstellen, ist indes die unveränderliche Business-Welt der 1990er-Jahre. Dagegen war Apples Erfindung des iPods im Jahr 2001 der Startschuss zu einem neuen digitalen Lebensstil, der zumindest die ersten Jahrzehnte des 21. Jahrhunderts prägen wird. Computer sind keine rechnenden Ungeheuer mehr, sie sind unsere smarten Tagesbegleiter. Sie erleichtern das immer kompliziertere und übergangslosere Changieren zwischen Privatheit und Beruf. Schon jetzt zerfließen Arbeit und Leben in hohem Maße, viele von uns arbeiten vorübergehend oder einzelne Arbeitstage aus dem Homeoffice. Wir müssen immer mehr von unterwegs erledigen. Wir müssen unsere Zeit flexibler gestalten, für viele gibt es keine klassische Arbeitswoche mehr: Wer am Freitag bei der Kinderbetreuung mithilft, klappt am Samstagnachmittag noch mal den Rechner auf. Und wer seine grippekranke Tochter drei Tage intensiv betreuen muss, legt anschließend ein Arbeitswochenende ein, während der Partner mit den Kindern zu den Großeltern verschwindet.

Die neuen Infrastrukturen des Genusses

Was uns als Trendforscher und gesunde Genießer immer wieder fasziniert: Wenn unabhängige und eigensinnige Menschen nicht nur nach den Regeln ihrer Branche handeln, sondern einfach schöne und sinnvolle Dinge schaffen wollen. Sie bedienen dann keinen Markt, sie verändern unsere Welt. Voraussetzung dafür: Nicht nach dem Möglichen und Machbaren schauen, sondern unbeirrt der Vision von einem besseren Leben folgen. Die Nähe zu den Wünschen und Sehnsüchten der Menschen in der Gegenwart, aber auch zu ihren Problemen, zu ihren Lebensknappheiten hat Apple den großartigen Jahrhunderterfolg eingebracht: den iPod. Apple hat innerhalb von fünfeinhalb Jahren 100 Millionen iPods verkauft (Stand: April 2007). Aus mehreren Gründen hat Apple mit dem iPod eine große Trendwende geschafft. Der iPod ist die Ikone der individualisierten Mediennutzung. Seit wir den iPod kennengelernt haben, tragen wir den Soundtrack unseres Lebens immer bei uns. In dem winzigen Gerät kristallisiert sich ein ganzes Bündel von klugen Innovationen und Problemlösungen, die der Konkurrenz bis dato als nicht möglich erschien. Die Einführung des iPods hat das Problem des zahlungs-pflichtigen Downloads von Musikdateien gelöst, Steve Jobs hat die Musikmajors überzeugen können, dass es sinnvoll ist, Musikfiles via Internet anzubieten. Apple hat aus der verrufenen Filesharing-Subkultur des Internets einen Zukunftsmarkt gemacht. Seit es den iPod gibt, müssen wir keine CD-Pakete mehr in unseren Taschen und Autos herumschleppen. Der iPod selbst ist der Datenträger, der sich jederzeit von uns mit neuem Musik-, Unterhaltungs- und Lernfutter aus dem Computer bestücken lässt.

Luxus ist ein Gefühl. Wenn wir heute in Zeiten von Geiz-ist-geil etwas als luxuriös empfinden, dann verbinden wir das längst nicht mehr mit irgendwelchen Prestigeprodukten. Wonach wir uns sehnen, das sind Infrastrukturen des Genusses. Status-Produkte verlangen von uns Anbetung, so wie wir einen Fetisch oder ein Götzenbild anbeten. Infrastrukturen des Genusses greifen in unser Leben ein, machen unseren Alltag einfacher oder bunter. Apple versorgt uns mit solchen Infrastrukturen. Und was sich eher zufällig ergab, wird die Popularität von Apple in den nächsten Jahren maßgeblich steigern helfen: Richtig gut funktioniert der iPod vor allem über das Apple-eigene Musicdownload-Programm iTunes und einen Apple-Rechner. Mit dem iPod besitzen wir diese „Infrastruktur des Genießens", im Zusammenspiel mit dem iPod ist der Computer mehr als ein nüchternes Arbeitsgerät – er ist ein Element unserer Sehnsucht nach individuellem Genuss und Lebensqualität geworden. Über den iPod-Clou stellt Apple eine völlig neue technische Infrastruktur in Aussicht, ein Gerät, das mich tatsächlich hochgradig individuell sowohl im Büroalltag als auch beim Musikhören auf der Terrasse (oder im Zug) unterstützt. Während Microsoft nach wie vor Geräte für das Business auf der einen Seite und Gadgets für den Fun nach der Arbeit herstellt, hat Apple längst den modernen „Nutzer" im Blick, der Arbeit und Freizeit nicht mehr als Gegenwelten begreift, zwischen Welt des Geldverdienens und der Kontrastwelt der Entspannung nicht mehr kategorisch unterscheidet. LOHAS streben nach innerem Wachstum und nach Selbstverwirklichung, das geschieht im Beruf ebenso wie in der Freizeit. Sie unterwerfen sich jedoch nicht mehr dieser dualen Welt des industriellen Zeitalters (hier das Reich der Notwendigkeit und der Arbeit – dort die Welt des Eskapismus, der passiv-hedonistischen Entspannung und des Nichtstuns). Für diese neue Wohlfühlkultur liefert Apple sozusagen das technische Equipment.

Wir können es schon lange nicht mehr hören. Das Unwort dieses Jahrzehnts ist zweifellos Innovation. Unsere Erfahrung im Umgang der deutschen Wirtschafts- und Politikintelligenz: Wenn einem nichts mehr einfällt, ruft man eine Innovationsoffensive, eine Innovationskonferenz aus. In der Regel konfrontiert man uns dann damit, was technisch möglich ist. Apple tut das nicht: „Say no to 1000 things", das ist Steve Jobs' Credo, wer zu viel an Machbarem auf den Markt wirft, verändert nichts wirklich. Viele LOHAS gehen an Technik mit dem Verdacht heran, sie ergehe sich selbstverliebt in ihrer eigenen Perfektheit, sei sich selbst genug und frage erst dann nach dem wirklichen Gebrauchswert für den Nutzer. Apple ist eines der höchstseltenen Beispiele dafür, dass nicht das Machbare in die Apparate eingebaut wird (also jede Handytaste am besten mit vier unterschiedlichen Funktionen belegt), sondern das, was einen Qualitätssprung, wenn man so will, einen Sprung in der Lebensqualität der Nutzer zufolge hat. Microsoft und die meisten der anderen Technikgiganten bauen nach wie vor Technik für Ingenieure und Tüftler und die Shareholder, Apple entwickelt Technik für einen modernen Lebensstil, mit dem sich die Shareholder identifizieren müssen oder nicht.

Was kommt als Nächstes? Wird Apple jetzt den Computermarkt aufrollen? Wahrscheinlich nicht. Denn es ist eine Sache, zu einem Weltmarktführer in der Computerindustrie aufzusteigen, der mit seinen Geräten in fast jedem Büro auf dieser Welt präsent ist und einen Arbeitsstandard liefert. Es ist eine andere Sache, die Mensch-Maschine-Schnittstelle mit Ästhetik und Hightech, Eleganz und souveräner Funktionalität neu definiert zu haben. Keine Frage, dass Letzteres für die LOHAS viel wichtiger ist. Apple hat unser Verständnis von Technik in diese Richtung verändert. Technik, das lernen wir von Apple, kann zu einem Treiber von Lebensqualität und Kreativität werden, Technik eröffnet uns neue Wege der Selbstkompetenz. Einstweilen liegt der Marktanteil der Apple-PCs weltweit bei bescheidenen vier Prozent, in Deutschland bei 2,8 Prozent. Mit den iPods hat Apple jedoch bereits Marktführerschaft erlangt und erreicht einen Marktanteil von 78 Prozent: Der iPod ist zum Synonym für die MP3-Technologie geworden, es gibt im Grunde keine Konkurrenten. Rekordergebnis folgt auf Rekordergebnis. Für das erste Quartal 2008 konnte Steve Jobs das beste Quartalsergebnis bei Umsatz und Gewinn in der Firmengeschichte von Apple verzeichnen. Erstmals wurde die 10-Milliarden-Dollar-Grenze beim Quartalsumsatz überschritten. Aber vielleicht wollen wir gar nicht, dass Apple mächtiger wird. Die Euphorie über das Telefon ohne Tasten verdrängte die anderen Zahlen von Apple in den Hintergrund. So verkaufte der Konzern im abgelaufenen Quartal mehr als 2,5 Millionen Mac-Computer. Das ist ein Plus von neun Prozent – und das mitten in der weltweiten Finanzkrise

Wir hoffen, dass Apple weiterhin so nahe an den Wünschen der Menschen in der modernen Welt orientiert bleibt. Die Pionierarbeit des Techno-Freibeuters Steve Jobs wird offenbar auch vom ärgsten Konkurrenten geschätzt: Als Apple 1997 vor der Pleite stand, investierte ausgerechnet Microsoft-Chef Bill Gates 150 Millionen US-Dollar in Apple-Aktien. Gerüchten zufolge soll er weitere 100 Millionen US-Dollar draufgelegt haben, um Urheberrechtsverletzungen der vergangenen Jahre nachträglich zu sühnen – eine kleine Verneigung vor dem Genius der Apple-Revolutionäre.

Ende der Dresscodes: Von Freizeit über Outdoor zu Greenstyle

Ein Familienausflug, vier Erwachsene, drei Kinder, ein Säugling. Wir stehen mitten im Wald, ein schöner Wanderweg an der hessischen Bergstraße, südlich von Darmstadt, ein Trend- und Zukunftsforscher und ein Facharzt für innere Medizin, der sich gerade in eine Privatpraxis eingekauft hat. Einige Kinder sind vorausgelaufen, ich schiebe einen für den Waldboden ungünstigen Buggy vor mir her, Jürgen schleppt sich an seinem Rucksack ab. Wandern, das war in unserer Kindheit diese stinklangweilige Übung am Sonntagnachmittag, nach Braten und Kartoffelknödel. Bewegung an der frischen Luft hieß das Pflichtprogramm, das die Wohlstandsgesellschaft der 1960er-, 1970er- und 1980er-Jahre ihren Kindern verordnete, aus schlechtem Gewissen, denn irgendwann musste man ja einmal das Vollversorgungsklima in den eigenen vier Wänden verlassen.

Wir lassen uns auf einem Baumstamm am Wegesrand nieder. Ich bewundere Jürgens neues Hightechfaser-Hemd, das gar nicht nach Hightech, sondern eher nach Luis-Trenker-Gedächtnismode, aber irgendwie auch modern aussieht, Tracht 2.0, oder wie man das nennen soll. Jürgen sagt, dass er das Hemd auch gerne in der Woche bei der Arbeit trägt, unter dem unvermeidlichen Arztkittel. Im Studium, das wir beide vor ziemlich genau 20 Jahren begannen, hätten wir uns sicherlich nicht träumen lassen, dass wir uns einmal ernsthaft über Mikrofasern in neofolkloristischer Männermode unterhalten würden. Und zweifellos gibt und gab es wichtigere Dinge. Als ich mich in meiner mittelhessischen Heimat dann doch nicht zu einer ernsthaften Mitarbeit in der Friedensbewegung durchringen konnte, hat er sich in Stuttgart sozialistischen Gruppen und bei den Pfadfindern engagiert. Seine Frau hat während des Studiums in Freiburg in einer feministischen WG gelebt.

Uns beiden, Jürgen genauso wie mir, war das große Ganze wichtig, Kultur, Politik, Kunst, nicht nur Beruf, sondern auch Berufung. Er als Arzt und ich als schreibender, redender und erklärender Mensch, uns ging es immer um die „gesellschaftliche Relevanz" unseres Tuns, wie es uns unsere 68er-Lehrer beigebracht hatten, nur ein bisschen entspannter. Zu großen Stücken ist es uns gelungen, diese gelassene Ernsthaftigkeit in beruflichen Erfolg und Selbstverwirklichung umzusetzen. Jetzt begeistern wir uns für den deutschen Wald, sind freiwillig und vor dem Aufruf von Frau von der Leyen zu Familienmenschen geworden. Kleinkarierte Hightech-Hemden gehören ebenfalls in diese Welt, denn wir sind uns einig darin, dass wir die einfachen Dinge und das Naheliegende genießen und wertschätzen möchten. Wir misstrauen den Apokalyptikern, die mit Schaum vor dem Mund den nächsten Untergang verkünden. Wir wissen nicht, wie es dem Wald geht. So richtig weiß das niemand. Der deutsche Wald ist immer noch nicht tot. Wir haben gelernt, dass es eine tief deutsche Projektion ist, den Wald als kerngesundes, kraftstrotzendes und unveränderliches Etwas zu begreifen. Günther Keil hat das in der „Zeit" so formuliert: „Der gesunde Wald ist eine idyllische Vorstellung, eine Projektion. Es hat ihn nie gegeben. Wo der Wald lebt, kränkelt er auch. Aber er muss deshalb nicht gleich sterben." (9.12.2004)

Unsere „Outfits" und unsere neu erwachte Lust am Draußensein ist auch ein Resultat solcher Einsichten: Katastrophen nutzen vor allem den Medien und Predigern und Ideologen, die mit Endzeitverkündigungen meistens eigene Interessen verfolgen. Jürgens Hightech-Hemd jedenfalls spiegelt ein wenig einen bemerkenswerten Einstellungswandel: Wir wagen die positive Annäherung an Traditionen. Trotzdem lieben wir besonders funktionale und moderne Dinge, was sich allerdings nicht im Bekenntnis zu einer Marke ausdrückt. Wir sind pragmatisch und im Zweifelsfall eher optimistisch („Es gibt kein schlechtes Wetter, nur falsche Kleidung") – und das ist nicht nur darauf bezogen, wie wir uns kleiden, sondern wie wir uns in unserem Leben einrichten.

„Du musst nicht grün aussehen, um grün zu sein"

Wir sind keine Neo-Ökos oder die Nachfolger der Ökos. Wenn wir kaufen, dann achten wir auf Gesundheit und ethische Korrektheit, gar keine Frage. Aber wir suchen in den Produktwelten primär nach einer neuen Rezeptur, die uns dabei behilflich ist, unseren Bedürfnissen und unseren Selbstkonzepten möglichst ungehindert folgen zu können. „Du musst nicht ‚grün' aussehen, um ‚grün' zu sein", ist das Design-Motto des nagelneuen amerikanischen Modelabels Nau. Weder aufwendige Logos noch technischer „Schnickschnack" zeichnen die Kleider von Nau aus, wohl aber umweltfreundliche und recycelte Materialien. Nau pflegt den „Unlook- Look", eine Form des modischen Understatements, die wenig Wert auf

Marken und Dresscodes legt. Stattdessen stehen funktionale Aspekte im Vordergrund, die auf eine neue Synthese von Funktonalität, Hippness und Zeitgeist ausgerichtet ist. Für ein Windshirt von Nau („Nau" kommt aus der Sprache der Maori und heißt so viel wie „Willkommen", „Come In") beispielsweise stand die Frage im Vordergrund, was einerseits der Fahrradkurier in der Stadt tragen würde, andererseits trotzdem chic aussieht und bequem ist. Für 2010 peilt Nau 260 Millionen Dollar Umsatz an – 2007 werden es circa 11 Millionen sein. Bis 2010 soll auch die Zahl der Läden in den USA von aktuell 4 auf 150 wachsen.

Mit dem Wandern verbanden wir früher Wurzelsepp-Ästhetik und Alpenveilchenanbetung, Heimatseligkeit, reaktionäre Volkstümelei und nervtötende Blasmusik. Firmen wie Nau haben rein gar nichts mehr mit dieser Frischluftfolklore zu tun. Aber sie surfen auf einer Welle, die Naturerlebnisse wie das Wandern zu einem neuen Kult erheben. Sie erkennen, dass wir unsere Verbindungen zur Natur noch nicht gekappt haben und neue Verbindungen herstellen möchten. Outdoor-Produkte, speziell Outdoor-Mode hat in den vergangenen knapp fünf Jahren vor allem in Deutschland, aber auch in den USA und in Skandinavien einen atemberaubenden Aufschwung erlebt – und das, obwohl uns immer noch die lähmende Langeweile von Sonntagsspaziergängen nachgeht. 1,5 Milliarden Euro werden jährlich auf dem deutschen Outdoor-Markt umgesetzt. Deutschland ist damit in Europa mit Abstand der interessanteste Markt für die Lust an Natur und frischer Luft. Globale Investoren stürzen sich auf kleine Wanderschuh- und Campingunternehmen. Wo früher der Backpacker-Freak mit vielen Fragen, hohen Ansprüchen und wenig Geld in der Tasche die Läden bevölkerte, klopfen heute immer häufiger seriöse Herren mit Zweireiher und Aktenkoffer an und bewerben sich um Firmenanteile. Die neue Lust am Draußensein hat aus der Outdoor-Branche einen modernen Lebensstil gemacht. Hinter dem Hype verbirgt sich eine Sehnsucht: Wirklichkeitshunger, unser Wunsch nach Aktivsein in der Natur, eigentätiges Flanieren in der Natur. Im Lauf der 1980er-Jahre haben uns gegensätzliche Zeitgeistbewegungen den Spaß am Wald verdorben: Unsere Eltern mit dem sonntäglichen Pflichtprogramm und die apokalyptischen Medien und Naturschutzbewegungen. Aus Kindertagen klang uns das „Kinder, ihr müsst mehr an die frische Luft" noch in den Ohren, während uns grimmige Naturschützer vom alsbaldigen Tod der Natur, vom Waldsterben und dem sauren Regen überzeugen wollten. Die sentimentale Idyllik glaubten wir unseren Eltern sowieso nicht. Doch die Naturschützer ließen uns auch nur die Wahl, für den Naturschutz Bahngleise zu blockieren oder auf Bäume zu klettern. Wir legten unser Verhältnis zur Natur einstweilen auf Eis.

Heute wird uns Natur wieder vertrauter. Ausgerüstet von namhaften und dreistellige Millionenbeträge umsetzenden Händlern und Designern beginnen wir Natur mit relativ gutem Gewissen zu kultivieren und zu genießen. Umgekehrt hat die Outdoor-Branche schnell begriffen, dass Draußensein angesagt ist. Der Hamburger Ausrüster Globetrotter machte hierzulande den Anfang und etablierte Wanderhosen konsequent als Trendklamotten.

Mit der neuen Sehnsucht nach Genuß und Gesundheit, mit unserem Wunsch nach einer neuen Bewegungsfreiheit, nach Naturbegegnung und mehr Bequemlichkeit haben wir in den letzten rund fünf Jahren die Branchen Sport, Mode und Outdoor umgekrempelt. Die Lust an funktionaler Mode und Outdoor hat den Dresscode bis in die höchsten Etagen der Wirtschaft verändert. Gerade hochpreisige Labels wie Haglöfs oder Arcteryx machen aus Outdoor einen Green Glamour, der sozusagen aus dem Wald kommt und seit einiger Zeit in die Städte und unseren Alltag Einzug hält. Die ehemalige Funktionsbekleidung ist gesellschaftsfähig geworden – wir tragen sie nicht mehr nur im Wald, sondern auch in der Stadt, beim Einkaufen, am Wochenende. Die Sportmarke Puma hat sich zu Beginn des Jahrhunderts von einem Turnschuhlabel zur gefragten Lifestylemarke gemendelt, es war eine strategische Entscheidung des Konzerns.

Es war aber vor allem ein gesellschaftlicher Trend, der das Lebensgefühl Sport und Bewegung auch in der klassischen Mode suchte. Sicherlich werden wir in den nächsten Jahren keine CEOs und Vorstandsvorsitzenden in Ballonseide-Trainingsanzügen erleben, aber Bequemlichkeit – oder besser möglichst hoher Wohlfühleffekt in jeder Lebenslage – setzt sich selbst im Business durch. Neben dem Aufbruch in die Natur ist jedoch noch ein zweiter Aspekt wichtig: Das neue Outdoor-Gefühl ist ein Zeitgeistphänomen und koppelt sich mit vielen Aspekten unseres Alltags, der geprägt ist von Mobilität, Geschwindigkeit und Komplexität. Irgendwie sind wir alle Teil der global-urbanen, hochbeschleunigten Welt, wie sie besonders grell von den halsbrecherischen Fahrradkurieren verkörpert wird. Maximaler Speed, alles in kürzester Zeit, flexibel und pünktlich auf die Minute – damit identifizieren wir uns. Und für diesen komplizierten Dschungel der modernen Welt suchen wir Kleidung, die uns jederzeit reaktionsfähig erhält, die uns schützt, uns atmen, agieren lässt und unseren individuellen Entfaltungswünschen dient. Wir definieren uns nicht mehr über unsere soziale Stellung oder unsere Herkunft, wir definieren uns über unsere eigenen Ziele und Wünsche, das, was uns guttut und was uns wirklich wichtig ist. Und deswegen erscheinen uns repräsentative Outfits als etwas Verzichtbares, standesgemäße Kleiderordnungen blockieren uns.

So kam es dazu, dass aus Herstellern von Camping-Artikeln die Gurus einer neuen Bequemlichkeit wurden, aus Funktionsklamotten für Extremsituationen wurden schicke Mode-Accessoires. Jack Wolfskin galt noch bis vor Kurzem als Spezialausrüster für Wanderfans und halbprofessionelle Bergsteiger. Doch 2007 setzte Jack Wolfskin 156, 3 Millionen Euro um, seit vielen Jahren sind die Wachstumsraten zweistellig. Das Gros des Umsatzes macht mittlerweile die Kleidungssparte aus. Das Unternehmen erzielte nach eigenen Angaben im Jahr 2007 ein Umsatzplus von 21 Prozent. Aktivsein in der Natur funktioniert als gesellschaftliche Projektionsfläche mittlerweile so gut, dass sich Jack Wolfskin ein jährliches Werbebudget von mehr als 14 Millionen Euro leistet, Fernsehwerbung schaltet und Fußballvereine wie Eintracht Frankfurt und den 1.FC Köln unterstützt. 1993 wurde der Mitbegründer Manfred Hell Firmenchef und eröffnete in Heidelberg das erste eigene Filialgeschäft. Heute, im 25. Jahr des Firmenbestehens, ist Hell eine Art Unternehmer-Popstar und Jack Wolfskin hat rund 200 Läden in ganz Europa.

Hell grüßt auch im Sommerkatalog 2007 nicht mit einem drögen Vorwort und einem Passbild, sondern mit einer 15-seitigen Bildreportage über seine letzte Tour durch Amerika. Hell gibt uns Einblick in eine Reise zu den Orten der Sehnsucht, die gleichzeitig eine Reise nach innen, zu sich selbst ist und zu den Erinnerungen einer ersten USA-Reise in der Jugend. Auf einem gleich 4-seitigen Panoramafoto sehen wir ihn und seine jüngere Begleiterin inmitten der überwältigenden Landschaft des kalifornischen Yosemite Parks (natürlich mit Jack-Wolfskin-Zelt und -Klamotten). Die bekannten Literaturlegenden (Kerouac, On the road again, T.C. Boyle, Burroughs) werden in seinem persönlichen Reisebericht aufgerufen wie auch die einschlägige Musik (Bob Dylan, Stephen Stills, Neil Young, Bruce Springsteen). Es wird auf die Vorbehalte gegenüber dem Heutigen verwiesen und das Abwägen, dass das auch nur eine Haltung ist, „aus der nichts Konstruktives entstehen kann" („Gab und gibt es nicht gerade in Amerika immer genügend Stimmen, die für Werte stehen, für die man antreten kann?!"). Doch mit dem Grübeln ist jetzt Schluss („Warum bestrafe ich mich eigentlich selbst"?), zusammen mit seiner Begleiterin lässt sich der 50-Jährige auf die Schönheit des Hier-und-Jetzt ein. Auf einem zweiseitigen Foto am Ende hat Hell es sich am Straßenrand, an seinen Rucksack angelehnt, bequem gemacht und blickt in die Landschaft. Seine attraktive Begleiterin steht in sexy Hotpants am Straßenrand und hält den Daumen raus. Abenteuerlust und Frivolität passen ebenso zu der neuen Wolfskin-Zielgruppe wie Natur- und Umweltorientierung. Die Botschaft: Jack Wolfskin ist keine Marke nur für Naturliebhaber, sondern das ebenso robuste wie elegante Design für ein neues Selbstgefühl: Frei sein, unabhängig sein, Grenzenlosigkeit, die eigenen Grenzen von Alter (Tramper Hell hat ein gesetztes Alter erreicht) und sozialer Stellung (er ist der Chef eines erfolgreichen Unternehmens) überschreiten.

Green-Glamour statt sentimentaler Naturverehrung

Während die Ökos der 1980er-Jahre ihren eigenen Lebensstil (bzw. ihre Illusionen davon) von jeder Form des bewussten Konsumierens fernzuhalten versuchten und Technik ablehnten, weil sie die Natur sentimental gegenüber dem Zugriff der Modernität schützen wollten, sind wir, aber auch die Verkäufer des Greenstyles, Anhänger von avancierter Technologie – besonders dann, wenn sie im Dienste der Nachhaltigkeit und Ökologie funktioniert. Nau schickt sich gerade an, den Handel mit neuen Shopping-Konzepten auf den Kopf zu stellen. Die Idee: eine neuartige Mischung aus Online-Shopping und Boutiquen-Erlebnis. Nau-Läden sind nämlich keine Verkaufsflächen im klassischen Sinne mehr. „Webfront" heißt die Vision von Nau: Kunden sollen die Läden nutzen, um zu stöbern oder anzuprobieren, kaufen jedoch sollen sie online. Multimedia-Touchscreens, mit denen sich der Einkauf abwickeln lässt, befinden sich dafür zahlreich in den „Webfront"-Geschäften. Der Vorteil: Nau spart damit Ladenfläche und Lagerkosten. Als Anreiz für das „In-Shop-Online-Shopping" bekommt der Kunde zehn Prozent Rabatt auf die Produkte inklusive kostenloser Warenlieferung. Weitere fünf Prozent des Umsatzerlöses gehen an das unternehmenseigene „Partners for Change"-Programm, über das mit zehn Nonprofit-Organisationen kooperiert wird.

Aus der Sehnsucht Grün ist neue Erlebniskultur entstanden. Und natürlich hat sich dadurch auch ein Green-Business entwickelt. Hierzulande setzt das als Versender gestartete Greenstyle-Unternehmen Globetrotter neue Maßstäbe mit Kauferlebnissen im großen Stil. Die Filiale in Köln ist mit 7000 Quadratmetern Fläche, Wassersportbecken, Kältekammer und Quallenaquarium die beeindruckendste. Natur als neuer Freizeitpark? Wissenschaftler von der Friedrichshafener Hochschule haben herausgefunden, dass so die typischen Outdoor-Kunden angesprochen werden wollen, die zwischen 30 und 40 Jahre alt sind, durch Markentreue auffallen, mäßig Sport treiben und in Fachgeschäften einkaufen. Keine Frage, mit Wandern in Knickerbockern und Alpenfolklore hat das alles nichts mehr zu tun. Aber es ist mehr als ein neuer Freizeitstil für Zeitgenossen mittleren Alters. „Clothing for wherever your imagination takes you", mit dieser Formulierung tritt Nau auf, und sie trifft unsere Befindlichkeit ziemlich genau. Tatsächlich wünschen wir uns schicken Lifestyle für jede Situation des Alltags, gute Produkte unterstützen uns dabei, zu unseren Träumen aufzubrechen. Der neue Greenstyle soll uns maximale Autonomie garantieren, wir möchten Grenzen überschreiten, frei nach unseren Wünschen und Fantasien leben und die Wirklichkeit vor der Haustür entdecken – deswegen verwandeln sich Outdoor-Unternehmen in Greenstyle-Anbieter, Natursehnsucht und Design verschmelzen. Wir sind keine zivilisationsmüden Einsiedler, wir brauchen Bequemlichkeit im urbanen Umfeld. Wir sind längst keine 24-Stunden-Bürohengste mehr und unterwerfen uns nicht freiwillig jeder neuen Kleiderordnung. Wir sind Individualisten, die für jede Situation maximale Bequemlichkeit verlangen, Dresscodes bringen uns nicht in Verlegenheit, wir programmieren sie nach unseren Wünschen um.

Das Faszinierende an dieser Verschiebung unserer Kleiderordnung ist, dass sie mehr ist, als nur das. Bislang voneinander getrennte Sphären unserer Welt wie Mode, Lifestyle auf der einen Seite und Natursehnsucht auf der anderen kommen plötzlich in Kontakt und erzeugen neue Schwingungen. Etwas Ungekanntes entsteht, zu dem wir uns hingezogen fühlen. Was wirtschaftlich und zum Fortbestand der Erde notwendig erscheint, nämlich ein verantwortungsvoller Umgang mit den Ressourcen und eine gesteigerte Aufmerksamkeit für Natur, ist Teil eines neuen Lebensstils geworden. Grün und designt, verantwortungsvoll und am besten glamourös, das ist die Philosophie, die Jack Wolfskin ebenso wie Nau verfolgt (und womit sie amerikanische LOHAS begeistern). LOHAS bringen Bedürfnisse und Wünsche zusammen, die sich bis vor Kurzem auszuschließen schienen. Wir sind keine neuen Narzissten oder Yuppies, wir streben nach intensiven Erfahrungen, möchten innerlich wachsen und uns im Wortsinne „selbst erfahren". Zugleich, das wissen die LOHAS, funktioniert unser Streben nach innerer Balance nicht, ohne als Individuum in einem integeren Verhältnis zur Mitwelt und zur Umwelt zu leben.

Amerikanisches LOHAS-Kino: Julia Roberts – von der Tussie zum Green-Glamour

Wenn ein globales Sexsymbol und die Schwäbische Alb zueinanderfinden, hat sich etwas Grundsätzliches in unserer Welt verändert. Wir sind bewusste und aufgeklärte Konsumenten. Was noch wichtiger ist: Wenn wir genießen, möchten wir mit hoher Bewusstheit, mit hoher Aufmerksamkeit genießen. Lustvoll und verantwortungsbewusst, spontan und nachhaltig – die LOHAS definieren eine neue Welt des Genießens und Wohlfühlens. Und was noch vor zehn Jahren in den hinteren Regalen lustfeindlicher Reformhäuser verstaubte, erhält auf einmal die Lizenz zum Glamourösen. Der LOHAS-Lifestyle erobert gerade die Herzen und Hirne der Stars und Sternchen.

Prominente, vorzugsweise Filmstars, sind Aushängeschilder unserer Gesellschaft, Ikonen und Kristallisationspunkte, an denen sich Veränderungen in unserer Gesellschaft abzeichnen. Trends manifestieren sich häufig sehr früh in ihren Outfits und auf ihren Körpern, prägen zuerst ihren Habitus und ihren Lebensstil.

Als ein solcher verdichteter Moment, wo ein Star einen ganzen Wertewandel verkörpert, kann durchaus die Produktion des Films „Erin Brockovich" gelten. Julia Roberts, das Sex-Symbol der 1990er-Jahre, spielt hier eine alleinerziehende Mutter, die, um sich und ihre drei Kinder durchzubringen, Rechercheaufträge für einen Anwalt annimmt. Der Auftrag führt sie weg von einer oberflächlichen tussiehaften Pretty Woman, nicht etwa hin zu einer Öko-Aktivistin, sondern zu einer selbstbewussten Frau, die nach Gerechtigkeit strebt. Ohne zur grünen Ideologin zu werden, vollzieht Erin Brockovich einen Bewusstseinswandel. Natürlich funktioniert Julia Roberts auch als Erin Brockovich im Sinne eines Eyecatchers. Julia Roberts Dekolleté und ihre endlos langen Beine werden uns von Szene zu Szene in immer wieder neuen Designer-Outfits präsentiert. Doch was den Film so LOHAS-like macht: Er skizziert den Bewusstseinswandel, wie ein moderner Entwicklungsroman. „Erin Brockovich" kam im Jahr 2000 in die amerikanischen Kinos und kann als einer der ersten Filme gelten, die Green-Glamour und Versatzstücke eines LOHAS-Lifestyles enthielten.

Erin Brockovich drängelt sich in ihren Aushilfsjob hinein. Doch sie beginnt auch sofort, ihre Arbeit mit Emotionen und einem hellwachen Bewusstsein zu tun. Bei ihren Recherchen deckt sie einen Umweltskandal auf, der ein Unternehmen dazu zwingt, 333 Millionen Dollar Schadenersatz zu zahlen. Steven Soderberghs Film basiert auf einer wahren Begebenheit im Kalifornien der 1960er- und 1970er-Jahre. Damals ereignete sich ein Umweltskandal, bei dem hochgiftige Substanzen in das Grundwasser des Städtchens Hinkley gerieten. Viele der Bewohner erkrankten schwer an Krebs und anderen Krankheiten. Zusammen mit dem Rechtsanwalt Ed Masry gelingt es Erin, das Recht der Einwohner auf Entschädigung vor Gericht durchzusetzen. Soderberghs Films geht auf eine reale Begebenheit und eine reale Person zurück. Die reale Erin Brockvich tritt zu Beginn des Films in einer kleinen Rolle als Serviererin auf.

Erin Brockovich und die Geschichte sind real. Wir LOHAS dürsten nach komplexen und realitätsgesättigten Geschichten: Romantik ist willkommen, aber bitte nicht nur die nackten Success- und Happyend-Storys. Hollywood, sehr gerne, aber bitte Menschen aus Fleisch und Blut, die in der komplizierten Welt des 21. Jahrhunderts leben. „Erin Brockovich" ringt förmlich um diese Realitätstüchtigkeit. Immer wieder sehen wir Erin, wie sie mit ihrer kleinen Tochter am Kopierer steht und Recherchematerial zusammenträgt. Eine geschiedene, alleinerziehende Frau kämpft gegen einen Chemiegiganten. Sie befreit ihren Chef Ed Masry aus seiner Antriebslosigkeit und Unentschlossenheit und treibt ihn an, den Prozess mit dem Chemiegiganten durchzustehen. Erin Brockovich wird dabei nicht zur Heldin stilisiert. Ihr atemloses Engagement bezahlt sie mit der Entfremdung gegenüber ihrem Lebenspartner George und ihren Kindern. Von den ersten Worten, die ihre jüngste Tochter sprechen kann, erzählt ihr George in einem nächtlichen Telefonat, während sie in Prozessangelegenheiten unterwegs ist. Sie bricht in Tränen aus.

Die vorübergehende Trennung von George ist der Preis, den sie für ihr „Empowerment" als gesellschaftlich engagierte Frau bezahlt. Selbstverständlich ist George ein modernen Super-Daddy, der Kinder genauso liebt wie seine Freiheit und die Harley Davidson in der Garage. Für Erin spielt er lange Zeit den Kinderbetreuer und Ersatzvater. George arbeitet nur dann, wenn er wirklich Geld braucht, was ihn vorübergehend aber in Konflikt mit Erin bringt. Der Babysitter-Rolle wird er irgendwann überdrüssig, und er verlässt sie. Erin ist eine typische LOHAS-Figur, ein Lebensentwurf des Sowohl-als-auch: Ihr Streben nach Gerechtigkeit, ihr Ehrgeiz und ihr Wunsch nach Anerkennung prallen frontal zusammen mit ihren emotionalen Bedürfnissen und ihrer Sehnsucht nach Familie und Partnerschaft. Alles passt nicht unter einen Hut, sie muss mit den Konsequenzen ihres anspruchsvollen Lebensentwurfs leben.

> *George: Es gibt vielleicht Männer, die nichts dagegen haben, das Dienstmädchen für dich zu spielen. Aber ich nicht, worauf du einen lassen kannst.*
> *Erin: Ich kann den Job nicht aufgeben, George.*
> *George: Doch, das kannst du. Du kannst kündigen, wie es viele Leute machen.*
> *Erin: Wie kannst du das von mir verlangen!? Dieser Job … Zum ersten Mal in meinem Leben erfahre ich wirklich Respekt von anderen Menschen. Ich brauche in Hinkley nur irgendeinen Raum zu betreten und plötzlich schweigen alle, nur um zu hören, ob ich etwas sage. So etwas habe ich noch nie zuvor erlebt. Niemals. Bitte erwarte nicht, dass ich das aufgebe.*
> *George: Und was müssen die Kinder für dich opfern?*
> *Erin: Ich tue jetzt mehr für meine Kinder als früher, als ich mit ihnen bei meinen Eltern wohnte. Sie werden es eines Tages schon verstehen.*

George: Und was ist mit mir?

Erin: Was soll denn mit dir sein? Denkst du, dass einer der Männer, von denen ich die Kinder habe, einmal gefragt hätte, was ich will, bevor er abgehauen ist? Ich habe nie etwas anderes getan, als mein Leben total auf die Wünsche der Männer auszurichten. Tja, damit ist jetzt Schluss, tut mir sehr leid. Das mache ich nie wieder.

George: Aber … Erin, ich bin nicht die. Was muss ich noch tun, um dir das zu beweisen?

Erin: Geh nicht.

George geht trotzdem. Erin ist verzweifelt, bleibt aber konsequent und stolz. Der Film vermeidet einfache Wahrheiten und Schwarz-Weiß-Malerei. Erin und Georges gemeinsamer Lebensentwurf ist ein fragiles Konstrukt und wird zwischen ihnen offen verhandelt. George ist tatsächlich anders als Erins Männer, von denen sie die Kinder hat, keine Frage. Doch er kann auch nicht aus seiner Haut und möchte die mütterliche Rolle des sorgenden Hauspapas nicht länger annehmen. Erin ist sich bewusst, dass sie mit ihrem beruflichen Selbstverwirklichungsprojekt ihre Beziehung gefährdet. Jedoch ist sie sicher, dass die momentane Situation besser ist als das Leben zuvor: Früher war sie passiv, abhängig, lebte mit den Kindern bei den Eltern oder war auf die Rolle der Ehegattin festgelegt. Heute ist sie mit dem Sowohl-als-auch überfordert – aber sie tut etwas Wichtiges und erhält dafür Anerkennung. Trotzdem fällt es ihr schwer, Georges Unbehagen in seiner Kindermädchen-Position nachzuvollziehen, dafür kennt sie diese Familienfalle zu genau. Der Film ist auch deshalb ein LOHAS-Film, weil er die Beschränktheit und die Plausibilität jeder der Positionen aufscheinen lässt, aber keine einfachen Lösungen anbietet. Die Trennung zwischen Erin und George ist dann auch nicht endgültig. Am Ende erlebt George mit, wie sich die Leute aus Hinkley bei Erin für die üppigen Schadenersatzzahlungen bedanken. Es gibt kein Patentrezept für die Beziehung, aber sie zerbricht auch nicht. Aber wir erkennen, wie nicht nur Erin eine Entwicklung vollzieht, sondern auch Georges neue Einsichten gewinnt.

Pretty Woman meets Dr. Hauschka

Aber was hat Julia Roberts alias Erin Brockovich mit Dr. Hauschka zu tun? Während der Dreharbeiten entdeckte der amerikanische Superstar die gesunden und nachhaltigen Produkte des Schwarzwälder Ökokosmetikherstellers. Der Visagist schminkte Roberts während der Produktion mit Dr. Hauschka-Produkten. Auch bei höchst anstrengenden Dreharbeiten in der Wüste von Monjave hielt das Make-up sensationell. Julia Roberts trat der Dr. Hauschka-Fan-Gemeinde bei. Denn Julia Roberts war nicht die erste Berühmtheit, die auf die ökoschicke Kosmetikmarke setzte. Auf der Website von Dr. Hauschka (www.dr.hauschka.de) lässt sich nachlesen, was Madonna, Cher, Kate Moss, Jack Nicholson, Helena Christensen, Mira Sorvino, Jerry Hall und Emily Watson an Dr. Hauschka begeisterte.

Dr. Hauschka-Produkte sind tatsächlich wunderbare Exempel für den Wertewandel, der sich in unserem Bewusstsein vollzogen hat. Sie kommen ähnlich chic, edel und ein bisschen klinisch daher wie Designerkosmetik. Ökologische und hautfreundliche Badezusätze beispielsweise werden einzeln portioniert in hübschen Glasfläschchen präsentiert. Verpackt sind sie in einer ebenso robusten wie eleganten Blechdose, die einem Apple-Computer ähnlicher sieht als den Badesalzen aus dem Supermarkt-Regal.

Und der Markt der gesunden Genießer besteht offenbar nicht nur aus Prominenten und hält, was er verspricht: Zwischen 2001 und 2006 konnte Dr. Hauschka Mitarbeiterzahl und Umsatz verdoppeln. 2008 setzte die Green-Glamour-Firma von der Schwäbischen Alb 103 Millionen Euro um.

Julia Roberts, von Pretty Woman zu Erin Brockovich, von einem präpotenten Fashion-Victim zu einer erwachsenen Frau mit Öko-Bewusstsein, Lebenslust und Selbstverantwortung. Dr. Hauschka hätte eine idealere Verkörperung für seine Produkte gar nicht erfinden können. Wir staunen und stellen fest, dass im Hollywood-Kino Umwelt- und Ethikthemen Konjunktur haben – wenn sie so sexy daherkommen wie Erin Brockovich. Und wir stellen fest, dass sich schlechterdings keine bessere Verkörperung für den LOHAS-Lifestyle ausdenken lässt, als Julia Roberts in der Rolle der Erin Brockovich. Hollywood gibt uns ein Bild von den LOHAS: selbstbewusst, undogmatisch, engagiert, sexy, authentisch.

Doch die LOHAS begegneten uns nicht nur im Film und in Amerika. Etwas später, im Jahr 2004, machte uns unsere Kollegin Oona Horx-Strathern auf einen Hype um Dr. Hauschka-Produkte in London aufmerksam. In der Trendhauptstadt begann sich zu diesem Zeitpunkt ein Öko-Chic zu entwickeln, der vor allem von den Stilbedürfnissen der Frauen vorangetrieben wurde. Die neuen Konsumentenheere der Öko-Schickis lassen sich am besten in den Fresh-and-Wild-Bioläden beobachten. Im angesagten Notting Hill tauchten mit einem Mal SUV fahrende hippe Frauen auf, gekleidet in „engagierten" Stella-McCartney-Jacken, die auf ihren veganischen Stillettos balancierend Fairtrade-Café-Latte schlürften, um anschließend zum Green-Babyshop oder der Organic Pharmacy auf der King's

Road zu schlendern. Am Abend trifft man diese „grünen Göttinnen" im Duke of Cambridge (www.london-eating.co.uk), Englands erstem Bio-Pub im Londoner Stadtteil Islington. Der Pub tut alles, um ein ökologisch korrektes Image aufzubauen – von den selbst gebackenen Chips bis zur Stromversorgung, die selbstverständlich windkraft- und solargetrieben funktioniert. Die weibliche Inhaberin, Geetie Singh, könnte dem klassischen Pub-Besitzer nicht unähnlicher sein. Sie trägt die Öko-Designerklamotten von Katherine Hamnett (empfiehlt natürlich Dr. Hauschka-Schönheitsprodukte) (www.dr.hauschka.de) und trägt ansonsten uralte Juwelen, natürlich nur aus ethischen Gründen, versteht sich.

Offensichtlich ist, dass Gesundheits- und Ökologiebewusstsein ihren gesellschaftlichen Ort verlassen haben: Aus der Subkultur der kleinen Bioläden und missionarischen Körneresser vollzog sich der Aufbruch hinein in die Metropolen und Szene-Viertel der westlichen Welt. Vom Umweltbewusstsein der 1980er-Jahre zum Green-Lifestyle; aus der Verzichtsideologie heraus in die neue Welt des verantwortungsbewussten Genießens. Auch in den Medien begannen die moralischen Hedonisten etwa um das Jahr 2004 Karriere zu machen. Die Stars und Sternchen entpuppten sich als Anhänger eines neuen Lebensgefühls.

Greenstyle als Sehnsuchtsmetapher für ein erfülltes Leben

Madonna turnt täglich ihre Ashtangas und ernährt sich rein makrobiotisch. Ebenso wie die Designerin Donna Karan ist sie ein bekennender „moral hedonist". Stars wie Sharon Stone, Brad Pitt, Jodie Forster sowie Richard Gere sind begeisterte Pilates-Anhänger. Der junge „Spiderman"-Darsteller Tobey Maguire preist in Interviews die Vorzüge fleischloser Ernährung. Hierzulande hat TV-Moderator Kai Pflaume die Rolle des netten Gesundheitsonkels übernommen und präsentiert in der Werbung des Discounters „Plus" die Öko-Eigenmarke „Viva Vital". Die Botschaft: Gesunde Ernährung führt zu mehr Lebensfreude. In der Rolle der Bio-Patin im Rahmen des Bundesprogramms Ökolandbau finden wir die Schauspielerin Sophie Schütt.

Und was vor zehn Jahren schlechterdings undenkbar gewesen wäre, verwundert heute niemanden mehr: Im Jahr 2004 kam die englische „Vogue", ein Zentralorgan der selbstverliebten Konsum- und Schönheitsanbeter, mit einer Schwerpunktnummer zu den „Grünen Göttinnen" heraus. Die Themenpalette reichte von gesundem Essen und politisch korrekter Mode bis zu Bio-Pubs und politisch korrekten Diamanten. Die Titelgeschichte war darüber hinaus angefüllt mit

Tipps, Hinweisen und Anweisungen, wie man ein Bilderbuch-LOHAS-Anhänger wird. Markenorientierte Großstadtmenschen erhielten Nachhilfeunterricht darin, wie es gelingen kann, ein bewusstes Leben zu leben, ohne allzu viele Abstriche an Lifestyle und Hippness machen zu müssen.

Es ist hier also von einem neuen Lebensstil die Rede oder einem neuen Lebensentwurf, der sich gerade in den westlichen Gesellschaften zu etablieren beginnt, mittlerweile aber auch in Asien mit Vehemenz Einzug gehalten hat. Und das liegt nicht nur daran, dass „Lohas" im Chinesischen „glückliches Leben" heißt. Die Asiaten fühlen sich von dem gesunden und nachhaltigen Lebensstil angesprochen. Erstens bietet er eine spirituelle, ja vielleicht buddhistische Haltung zur Realität an, ohne auf Dogmen und Orthodoxien aufzusetzen. Zweitens sind gerade in den asiatischen Tigerstaaten die ökologischen Probleme und die Probleme der Bevölkerungsdichte derart bedrängend geworden, dass der LOHAS-Lifestyle zum strategisch-politischen Auftrag wird, der die Zukunftssicherheit dieser Länder garantiert. Im erwachenden Tigerstaat Taiwan ist das LOHAS-Konzept bereits fester Bestandteil der Regierungspolitik.

Auch die westliche Welt hat ihren ersten LOHAS-Politiker mit Superstar-Qualität. Als „Terminator" hat Arnold Schwarzenegger bereits drei Mal die Welt gerettet. Mittlerweile ist die in die amerikanische Politik gewechselte österreichische Naturerscheinung mit Geburtsort Graz zur Lichtgestalt der gesunden Genießer herangereift. Als kalifornischer Gouverneur gehört „Arnie" den Republikaner an, gewinnt seine Wahlen aber konsequent mit grünen Themen. Die Wochenzeitung „Die Zeit" hat ihn deshalb auf ihrer Titelseite am 10. Januar 2007 als Ikone einer schwarz-grünen Zukunft der Politik ausgerufen.

Der grüne Wertewandel verändert unser Leben

Die Wirtschaft in Amerika und der übrigen westlichen Welt beginnt diesen Wandel ernst zu nehmen. Bislang galt der Grundsatz: Eine funktionierende Ökonomie kann nur ein Ziel haben, nach den egoistischen Interessen des Unternehmens zu handeln und die Profite zu maximieren. Milton Friedman, ein Kreuzritter der freien Marktwirtschaft, hat zu Beginn der 1970er-Jahre den folgenschweren Ausspruch getan: Es gibt nur eine soziale Verantwortlichkeit für Unternehmen, und die besteht darin, Geld zu verdienen, alles andere ist purer Sozialismus. Angetrieben durch die weltweite Klimadebatte, wird die LOHAS-Kultur jedoch zur globalen Notwendigkeit. Unternehmen werden deshalb ihren autistischen Impuls aufgeben müssen, immer nur auf das eigene Wohlergehen zu schauen. Aber auch aus einer anderen Richtung wird die soziale Verantwortung des Kapitalismus eingefordert: Die moralischen Hedonisten fordern es einfach von ihnen. Ein Unternehmen, das nicht über seine „corporate social responsibility" nachdenkt, wird in der Zukunft mit Sicherheit an dem vielversprechenden LOHAS-Markt vorbeiproduzieren.

Der Soziologe Paul Ray hat den neuen Lebensstil zu Beginn des neuen Jahrhunderts wahlweise mit dem Begriff „Kulturell Kreative" oder LOHAS weltweit populär gemacht. Er charakterisiert sie wie folgt:

> *„Kulturell Kreative sind intensive Leser und kaufen mehr Bücher als durchschnittliche Amerikaner. Sie sehen weniger fern, weil sie die meisten TV-Sendungen nicht mögen und die Qualität der Nachrichtensendungen bedenklich finden. Werbung und Kindersendungen lehnen sie ab. Kulturell Kreative setzen sich aktiv mit Kunst und Kultur auseinander, als Amateure und als Profis. In dem Streben nach Authentizität lehnen sie schlechte Qualität und Wegwerfartikel ebenso ab wie den Markenwahn."*

Ray hat den neogrünen Lebensstil zunächst ausschließlich für die USA definiert. Schnell machten die LOHAS als Schlagwort die Runde. Wir haben den Begriff im Jahr 2003 auf dem deutschen Markt etabliert. Allerdings mit wichtigen Zusatzaspekten. Wir haben diesen Faden in den vergangenen zwei Jahren in unseren Studien und Texten immer wieder aufgegriffen. Wir haben uns mit der Zukunft des Handels, mit Märkten wie dem Tourismus, dem Luxusmarkt und der Lebensmittelbranche beschäftigt. Unsere Beobachtungen und Befragungen auf den Gebieten der Kultur, der Konsumforschung und der Lebensstilanalyse haben uns überzeugt, dass der Wertewandel, den wir gerade erleben, noch weitaus grundlegender die Lebensentwürfe und Selbstkonzepte hierzulande verändern wird.

Was wir beobachten: Es geht nicht nur um das Entstehen einer neogrünen Geschmacksavantgarde. Mit den LOHAS verbinden wir eine grundlegend neue Wertorientierung und Genusspolitik in unserer Gesellschaft. Das Element des gesunden Genießens ist dabei ein zentrales Moment, jedoch nicht das allein ausschlaggebende. Ebenso wichtig ist der neuartige Umgang mit Werten, die Neubewertung von Spiritualität und Glauben, die Veränderung unseres Konsum- und Markenbewusstseins. Für uns sind die LOHAS nicht wirklich Neo-Ökos, wie Roland Tichy sie im „Handelsblatt" beschrieben hat. LOHAS – und wir zählen uns ebenfalls zu diesen neuen Konsumenten – sind vielmehr eine gesellschaftliche Lebensstil-Avantgarde, für die Lebensqualität, Design und Schönheit von großer

Bedeutung sind. Allerdings schreiben wir nicht über die LOHAS, weil wir uns so gerne mit einem Lebensstil des gesunden Genießens identifizieren. Wir sind überzeugt davon, dass die LOHAS die Welt von morgen maßgeblich prägen werden. Der neue Lebensstil darf deshalb auch nicht mit einer neuen Mode oder einem Hype verwechselt werden. Wenn wir von einem Lebensstil sprechen, dann verstehen wir darunter tatsächlich eine dramatische Veränderung unserer kollektiven Mentalität, einen Wandel, der Schritt für Schritt unser Leben und unseren Alltag verändern wird, der uns anders einkaufen und genießen lässt. Wir setzen neue Prioritäten und verlangen das auch von der Wirtschaft, dem Supermarkt um die Ecke, von unserem Arbeitgeber, von der Regierung und von der gesamten Gesellschaft.

Von Marketingexperten sind wir in den letzten Jahren häufig gefragt worden, wie sich denn die LOHAS respektive die moralischen oder gesunden Hedonisten als Zielgruppe eingrenzen ließen. Die klare Antwort darauf lautet: gar nicht! Denn die LOHAS sind kein weiteres Käufersegment, das sich mal eben, schön ordentlich nach Alter, Schichtzugehörigkeit, Nettoeinkommen und Bildungsgrad in die Vermarktungsmaschine einspeisen ließe. LOHAS sind auch kein neues Milieu, das sich in die Schubladen der Sinus-Mileus verfrachten ließe. LOHAS sind eine gesellschaftliche Bewegung (und eine Macht auf den Konsummärkten), die in den nächsten rund 30 Jahren unser Leben verändern wird. Schon jetzt gehen wir davon aus, dass die LOHAS ein Drittel der Bevölkerung in den westlichen Ländern ausmachen. Mittelfristig wird die neue Moral und Genusspolitik der LOHAS mindestens die Hälfte unserer Gesellschaft erfasst und transformiert haben.

Neue Wege: Ich und Gemeinschaft in neuer Perspektive

Wir haben in den vergangenen zwei bis drei Jahren unzählige Recherchen, Umfragen und Interviews zu dieser Lebensstil-Revolution gemacht. Viele spannende Anhaltspunkte haben wir dabei in langen Gesprächen mit Menschen erhalten, die sich in mitunter sehr gegensätzlichen Lebenssituationen befanden. Bei vielen von ihnen sind wir auf die gleichen Wünsche, Ängste, Sehnsüchte und Bedürfnisse gestoßen. Hierzu gehören die Lust an der Gestaltung der eigenen Lebenssituation, die Bevorzugung immaterieller gegenüber materieller Werte, die Sehnsucht nach einer neuen „Ökologie" zwischen Ich und Gesellschaft, Ich und Natur, Ich und Familie. Dazu gehört aber auch der Wunsch nach mehr Selbstkompetenz, nach neuen Formen von Gemeinsinn, die Sehnsucht nach intensiven, mitunter spirituellen Erfahrungen, die nicht dazu zwingen, Glaubensbekenntnisse abzugeben.

Lucia B. reflektiert vieles von dem, was wir als den hybriden, ganzheitlichen Lebensstil der LOHAS beschrieben haben. Lucia B. ist Anfang vierzig, Inhaberin einer kleinen PR-Agentur, geschieden und hat eine Tochter. Lucia B. liebt diesen Spagat zwischen Selbstverwirklichung in der beruflichen Selbstständigkeit und verantwortungsvoller Beziehungs- und Erziehungsarbeit.

> *„Glück ist für mich die harmonische Einheit im Viereck Kind-Liebe-Arbeit-mein Selbst. In diesem Viereck muss Bewegung und Fluss herrschen",*

so lautet ihr Credo. Konventionen werden mit Vorliebe über Bord geworfen, so die Trennung zwischen Arbeit und Privatleben. Für Lucia B. ist Arbeiten Teil der eigenen Selbstverwirklichung und muss deshalb auch nicht klinisch von der Familienrealität getrennt werden:

> *„Wohnen und Arbeiten unter einem Dach. Das ist ein Modell, das ich schon lange mit mir herumtrage und inzwischen habe ich eine klare Vorstellung, wie ich es umsetzen werde: Mein neuer Lebenspartner wird da mit einziehen und meine Kinder natürlich. Die Mitarbeiter kommen dann eben täglich in unsere Büroräume. Ich möchte einfach näher bei den Kindern sein, wenn sie in das Heranwachsendenalter kommen."*

Als erfahrene Konsumentin ist Shopping für Lucia B. durchaus eine lustvolle Tätigkeit. Allerdings entscheidet da ihr individueller Geschmack, die momentane Laune und die günstige Gelegenheit, das clevere Schnäppchen – Markenfetischismus spielt keine Rolle:

> *„Reine Markenprodukte, also die Statusobjekte, liegen mir nicht so sehr. Das ist zu weit weg von mir. Vielleicht verliebe ich mich mal in ein Einzelstück, aber sonst mache ich eher vom Basicangebot Gebrauch. (...) Kleidung muss mir gefallen, sie muss mir stehen und sie muss ein Weilchen halten. Ich hasse „Gedöns". Also nicht das Wort, das mag ich sehr. Ich meine Marken-Gedöns, das ist mir total fremd. Ich würde mich als Anti-Gedöns-Typ beschreiben, als Non-Konformistin."*

Mit Diethard G. treffen wir einen Menschen in einer vollkommen anderen Lebenssituation. Seine Wünsche und Bedürfnisse lassen sich jedoch ebenfalls der LOHAS-Kultur zuordnen. Diethard G. hat über das 65. Lebensjahr hinaus als Professor für Medizin an einer deutschen Universität gearbeitet. Schon am Ende seiner ersten Laufbahn hat er sich intensiv mit der Malerei beschäftigt. Heute verdient er mit seinen Bildern zur Rente hinzu. Und neben dieser Zweitkarriere trainiert er nach wie vor regelmäßig für Marathonläufe. Diethard G. hat ebenfalls vieles von der LOHAS-Kultur antizipiert, wenn er sagt:

> *„Wenn Sie versuchen, Ihre Grenzen zu erreichen oder die Grenzen sogar zu überschreiten, dann kommen Sie dahin, wo das ist, was Sie vorher noch nicht gesehen haben oder sehen konnten. Es gibt ja auch so etwas wie eine Genusssucht fürs Neugierige. Um etwas Neues, noch nicht Gesehenes aus sich herauszuholen, dafür brauchen Sie keinen Medikamentenkick, das können Sie selbst.“*

Körperliche und intellektuelle Erfahrungen tragen dazu bei, eine quasi spirituelle Erfahrung mit sich und mit der Wirklichkeit zu machen. Grenzen sind für Diethard G. dazu da, um infrage gestellt oder sogar überwunden zu werden. Am Ende der Grenzgänge winkt dann ein neues Bild von sich selbst und von der Welt.

Als moralischer Hedonist lebt Diethard G. natürlich nicht nur zum eigenen Vergnügen. Die eigene Sorgfalt bei nachhaltigem Konsumieren soll auch auf die anderen abfärben:

> *„Als Mediziner und Biologe weiß ich viel über die Natur und wie pfleglich man mit ihr umgehen muss. Natürlich bringt es nichts, wenn ich diesen Lebensstil allein praktiziere, aber wir haben doch einen ganz erheblichen Einfluss auf unsere Mitmenschen. Wenn einer sich korrekt verhält, ist das durchaus Anlass dafür, dass sich zehn Leute um ihn herum korrekt verhalten. Und diese zehn Leute werden weitere Menschen dazu veranlassen, sich umzuorientieren. Deshalb lohnt es sich, dass man sich auch als Einzelner ganz bewusst verhält und mit anderen darüber redet. Nach dem Motto: Verhalte dich nachhaltig und rede auch darüber!“*

Wir sind hier auch auf Menschen gestoßen, die in neuen, netzwerkartigen Familienmodellen leben. „Patchwork Familie“, ein Schlüsselwort aus den 1990er-Jahren, ist für diese neuen Familiennetzwerker eher negativ besetzt, weil es auf einen Mangel, nämlich den Verlust der Kernfamilie hinweist. Die neuen Netzwerkfamilien machen sich über Familie keine Illusionen, sie packen es an und versuchen, Vernunft und Geborgenheit, Pragmatismus und Liebe in Einklang zu bringen. Traditionelle Werte werden auf ihre Zukunftsfähigkeit abgeklopft. Wir trafen Birgit H. und Andreas Z. in ihrer Wohnküche in Oberursel bei Frankfurt. Birgit H. bekennt sich zur Ehe, interpretiert diese uralte Institution jedoch sehr pragmatisch:

> *„Als ich zum ersten Mal geheiratet habe, kam mir nie der Gedanke, dass man sich trennen könnte. Damals war ich noch unerfahren, knapp 26, und dachte, das war es jetzt. So von wegen: Wir lieben uns, bleiben zusammen, das war's …*

Heute ist mir klar: Die Liebesheirat ist die schönste Illusion, die wir in den letzten hundert Jahren hatten. Klar, Verliebtheit zum Start ist toll, aber nicht als Grundlage für eine Beziehung."

Als wir mit den beiden reden, sind die vier Söhne beschäftigt, Birgit H. backt während unseres Gesprächs – wie es sich für Bilderbuch-LOHAS gehört – zwei Brote. Auch ansonsten wird auf gesund-genussvolles Essen nicht verzichtet. Es muss nicht immer Bio sein, Fertigprodukte sind in der Regel jedoch tabu. Essen hat frisch zu sein und wird in der Familie hergestellt:

„Wir kaufen viel bei Aldi, gehen dann aber auch zur Käsetheke, einmal die Woche auf den Markt und kaufen Bio-Sachen. Alles bei Real zu holen, das würde mich tödlich langweilen. Und gesundes Essen ist uns wichtig, daher kaufen wir in der Regel auch keine Fertigprodukte."

Das Familiennetzwerk, bestehend aus Großeltern aus erster und zweiter Ehe, Au Pairs und Freunden, dient auch dazu, Selbstverwirklichung ins Werk zu setzen und gleichzeitig hohe zwischenmenschliche Komplexität zu meistern. Deswegen zählen Birgit H. und Andreas Z. einen Psychotherapeuten zum festen Stamm des Familiennetzwerkes. Typisch für LOHAS: Investitionen in Life-Work-Balance und Arbeit an der Selbstvervollkommnung gehören selbstverständlich zu den monatlichen Ausgaben, auch wenn das Geld einmal knapp ist.

Mit dem Lifestyle of Health and Sustainability verlassen wir die Ära der Postmoderne, die geprägt war von Spaßgesellschaft, Comedy-Komödien-Seligkeit, Ironie, Massenmedien, Stefan Raab, Leo Kirch und Harald Schmidt. Letzterer, im Jahr 2006 vom „Cicero" als einflussreichster Intellektueller Deutschlands geadelt, bekannte im November des gleichen Jahres: „Die Ironie hat die Kotztüte erreicht" („Die Zeit", 23.11.2006). Was kommt jetzt? Sicherlich kein Lachverbot, aber eine neue Ära des Genießens, des Wohlfühlens, aber auch der Suche nach Authentizität, nach intensiver Erfahrung, nach Verortung, einer neuen „Politik nach der Politik", einem anders gelagerten Engagement und nach alternativen Formen des Gemeinsinns.

Marktforscher beißen sich zurzeit die Zähne an dem LOHAS-Phänomen aus und versuchen diese Lebensstilrevolution in die bekannten Zielgruppenschubladen hineinzuzwängen. Tatsächlich sind die gesunden Hedonisten keine Zielgruppe, sondern eine neue gesellschaftliche Mehrheit. Der Soziologe Paul Ray spricht für den amerikanischen Markt von einem Umsatzvolumen von insgesamt 230 Milliarden Dollar und weltweit von jährlich mindestens 540 Milliarden Dollar, die künftig mit den LOHAS zu verdienen sind. Auf eine einfache Formel gebracht, möchten wir die LOHAS hier als eine neue Sehnsucht vorstellen. Nicht alles an den LOHAS ist neu, das würde kein Mensch aushalten. Aber sie beginnen die Gewichte in unserer Gesellschaft zu verändern, überschreiten Grenzen, die bis vor Kurzem als unüberwindbar galten, bringen Wünsche und Bedürfnisse in Einklang, von denen wir bislang dachten, dass sie sich konträr ausschließen würden. Wir stellen die LOHAS als neue gesellschaftliche Macht vor, deren Einfluss sich heute schon auf vielen Ebenen unseres persönlichen und gesellschaftlichen Lebens abzeichnet.

Doch vor allem durch zwei Phänomene sind sie besonders gekennzeichnet: Natur und Gesundheit. Ihr besonderer Bezug zur Natur unterscheidet sie von den Alt-Ökos, die grundsätzlich Natur vor dem Zugriff der „bösen" Konsumgesellschaft und der zerstörerischen Menschheit bewahren wollten. Für die LOHAS soll Natur jedoch kein Sperrbezirk sein, sondern ein Terrain, das von Menschenhand mit Lust und Freude angeeignet und gepflegt wird. Wir LOHAS möchten die Natur nicht wegsperren, das geht auch gar nicht, wir suchen nach einer neuen Ökologie zwischen Mensch und Natur. Gesundheit hat in den Lebensentwürfen der LOHAS natürlich ganz entscheidende Bedeutung. Gesundheit ist weit mehr als die Vermeidung von Krankheit. Gesundheit avanciert zu einem primären Lebensziel. Genuss ist für uns ohne Gesundheit nicht mehr vorstellbar. Die LOHAS werden unsere Gesellschaft mittelfristig zu einer Health-Society umbauen, zu einem Gemeinwesen, das sich zentral über Gesundheit, Balance und Wohlfühlen definiert. Wenn wir uns in der zweiten Hälfte des 20. Jahrhunderts über das Doppel „Wohlstand für alle und Demokratie" definiert haben, dann werden wir uns in naher Zukunft über eine „neue Verabredung mit der Natur und ein neues Gesundheitsideal" definieren.

Die neue Verabredung mit der Natur

Die Priester der Spaßgesellschaft stehen auf von ihren Mischpulten und Computerarbeitsplätzen und greifen zum Wanderstab. Manuel Andrack, bis vor Kurzem der gemütlich kichernde Sidekick der Harald-Schmidt-Show, tauscht seinen Arbeitsalltag in den sarkastischen Medien- und Comedy-Fabriken gegen ausgedehnte Wanderungen in der Eifel oder im Schwarzwald. Medienmensch Andrack ist dabei zu einem regelrechten Wander-Guru aufgestiegen und hat Bestseller zum Wandern vorgelegt. Der Jakobs-Weg ist fast schon zu einem Selbstfindungsparcours für jedermann degeneriert. TV-Comedian Hape Kerkeling hat anlässlich seines Jakobs-Wegs („Ich bin dann mal weg") ein Erfahrungsbuch geschrieben und landete damit einen Bestseller. „Die Zeit" würdigte die Person Hape Kerkeling im November 2006 mit einem ausführlichen Interview auf der ersten Seite des Feuilletons.

Es handelt sich bei den gesunden Hedonisten gerade nicht um eine Bewegung, die „Zurück-zu-etwas" möchte oder ihre Identität aus einem „Anti"-Affekt heraus entwickelt. Ganz im Gegenteil. Was wir beobachten, ist, dass die gesunden Hedonisten ihre Energie aus einem pragmatischen Idealismus ziehen. Ihr Verhältnis zur Natur deckt sich überhaupt nicht mit dem ihrer vermuteten Vorgänger aus den Bürgerbewegungen am Ende der 1970er- und zu Beginn der 1980er-Jahre. Natur wurde dort vor allem unter dem Gesichtspunkt der Apokalypse und des Verlustes von Natur wahrgenommen. Der „Club of Rome" erschütterte die Weltöffentlichkeit 1973 mit der scheinbar unausweichlichen Erkenntnis, dass das industrielle Wachstum an seiner Grenze angekommen sei und Ressourcenknappbeit und Umweltapokalypse nicht mehr lange auf sich warten lassen werden. Was den Forschern des Club of Rome damals nicht klar wurde: Sie waren selbst auf unbewusste Weise nur die Kinder ihrer Zeit und reproduzierten die modische Prophezeiung vom Ende der Ressourcen, angesichts der Ölkrise, die sich vor ihren zeitgenössischen Augen abspielte, aber ihre Ursache in politischen Konflikten hatte.

Die Neubewertung der Natur durch die LOHAS hat eher damit zu tun, was der Soziologe Bruno Latour als „Parlament der Dinge" bezeichnet. Natur soll nicht zum Objekt der Beherrschung degradiert werden, nicht Objekt wissenschaftlicher Systematisierung sein. Sie soll aber auch nicht – wie von vielen Strömungen der Ökologiebewegung seit den 1980er-Jahren getan – in ein Reservat der Bewahrung und des schlechten Gewissens gesperrt werden. Natur und Kultur, menschliche und nicht-menschliche Dinge, so die Forderung Latours, müssen in ein neues Parlament der Dinge einziehen. Naturpolitik bekommt dadurch einen neuen Stellenwert, sie ist nicht mehr nur das schlechte Gewissen der Menschheit, aber auch nicht mehr ein duldsames Objekt der Ausbeutung. Auch Peter Sloterdijk sieht es als eine der drei großen „makropolitischen Aufgaben der Zukunft" an, ein neues Gespräch mit der an sich sprachlosen Natur zu suchen. Und er meint damit, dass „nicht-menschliche Akteure, Lebewesen, Ökosysteme, Dinge" in den Bereich der Zivilisation und damit unseres Denkens und Handelns mit aufgenommen werden müssten.

Ökologisches Bewusstsein ist heute Konsens und erreicht weitaus breitere Schichten als nur Ökos, Grüne und Weltverbesserer. Natursehnsucht und -liebhaberei haben ihre ideologische Färbung verloren. Unser Verhältnis zur Natur mendelt sich gerade vom strengen Strafgericht des schuldhaften Müllsortierens zu einer eher lustvollen und genussreichen Angelegenheit. Vom Schonraum, den man besser nicht betritt, zum Gestaltungs- und Genussraum. Natur wird zunehmend inszeniert, gestaltet – und schließlich zum Teil einer neuen Erfahrungskultur.

Wie sehr wir uns nach einer neuen Verabredung mit der Natur sehnen und wie sehr eine neue Lust am Natürlichen und Kreatürlichen Einzug in unsere Welt gehalten hat, zeigt ein Beispiel aus der Popkultur. Die bereits erwähnte Band Blumfeld, Deutschlands Intellektuellen-Rockkappelle Nummer eins, bekannt geworden durch Gitarren-Postpunk und gleichermaßen politische wie poetische Texte, besingt auf der LP „Verbotene Früchte" Natur und Gefühle „an der frischen Luft" in einer Weise, die viele irritiert hat. „Nimm das Pferdchen, das den Wagen lenkt ... Wie der Tiger durch den Dschungel streicht und die Amsel, die ihr Nest erreicht ..." Der rebellische Rock will nicht mehr rebellieren, sondern begibt sich auf die Wahrnehmungsebene von Kindern und Schwärmern und entdeckt die beseelte Natur. Zusammen mit der wiederentdeckten Naturromantik der Diskurs-Rocker um Blumfeld-Lyriker Jochen Distelmeyer wird ein neo-romantischer Blick kultiviert.

Distelmeyer besingt länger als fünf Minuten einen Fluss. „Er dringt aus dem Stein, fast schüchtern und schwach ... plätschert und rauscht durch die Welle ins Tal ... und die Flößer sie fahren auf dem Strom, an Ruinen vorbei, Wellenton, so erhaben und frei ...". Die Lieder der Romantik, Schumann und Schubert kommen einem in den Sinn. Natur wird beseelt, wird Thema und erhält eine Persönlichkeit, ein Eigenleben. Ungezählte Adjektive gibt Kultsänger Distelmeyer seinem Fluss mit auf den Weg, auch über die Grenzen des Kitschigen hinaus („ ... Horcht, wie er tönt, wie er wirbelt und raunt, röchelt und stöhnt ... er spielt mit dem Licht und glänzt wie Metall, bis die Tiefe ihn bricht zum tosenden Fall ..."). Wertewandel: Rebellische Rockmusik gehört ins 20. Jahrhundert, politischer Pop hält es dagegen auch aus, dass Natur und Landschaft angehimmelt werden. Populäre Musik darf im 21. Jahrhundert wieder wohlklingend sein, ohne dass man sich gleich den Vorwurf des Unpolitischen einhandelt. Lange sind die Blumfeld-Interpreten mit der Ironievermutung an Distelmeyers Texte herangegangen. Erfolglos. Das soll nicht heißen, dass es keine Doppelbödigkeiten gibt. Aber Blumfeld funktionieren nicht (mehr) wie eine postmoderne Zitatmaschine, in der jede Aussage mindestens doppelte Anführungszeichen hat. Sie sind längst aus dem glitzernden Riesenrad der Selbstreferentialität ausgestiegen.

In guter LOHAS-Manier merkt man der Musik auf „Verbotene Früchte" den Wirklichkeitshunger an, die Lust an den eigenen Erfahrungen, den Wunsch nach dem Authentischen und Unmittelbaren. Am Ende des Liedes „Der Fluss" – Höhepunkt der Naivität für postmoderne Zitat- und Anleihen-Detektive – findet alles zueinander, der Kreislauf der Natur schließt sich, ein ewiges Werden und Vergehen, der Kosmos ist ganz, harmonisch und sinnvoll: „Seht, wie es gießt, aus den Wolken hervor, der Kreislauf sich schließt, am Felsquellentor, er versinkt im Gestein und entspringt wieder neu, der Fluss bleibt uns fremd und sich selber nur treu, weil er fließt." Auch wenn der Fluss für sich bleibt, man wartet förmlich auf Joseph v. Eichendorffs berühmten Vers aus dem Jahr 1835 „Schläft ein Lied in allen Dingen,/ Die da träumen fort und fort./ Und die Welt hebt an zu singen,/ Triffst du nur das Zauberwort."

Ganz unironisch haben Blumfeld ihre Fans auch auf ihrer Tournee mit Jutetaschen konfrontiert, auf denen der Titel ihrer neo-schwärmerischen Platte prangt. Nach dem Exzentrischen und Exzessiven der Rockmusik kommt eine neue Provokation – die des Affirmativen, des Naiven und des Wohlgefallens an der Natur. In einem Land, in dem Kunst immer Tiefe und Anspruch zu liefern hatte und selbst Pop den Nachweis einer tiefschürfenden Botschaft erbringen musste, kann ein solcher radikaler Themenwechsel nur irritieren.

Doch selbst die gestrenge Musikkritik merkt, dass hier niemand verrückt geworden ist, sondern neue Bedürfnisse und Sehnsüchte zur Sprache kommen. Klaus Walter, ein brillanter Sound-Analytiker, der nicht müde wird, die gesellschaftliche Bedeutung von populärer Musik zu betonen, stellt am Beispiel der „Verbotenen Früchte" fest, dass der Gesinnungs-Pop endgültig vorbei ist. Und wer heute über „Kühe und Schafe, Löwen und Tiger, Qualle, Mondfisch und Gnu" singt, kann nach wie vor ein linkes Weltverständnis haben und muss nicht zwangsläufig weltfremd oder naiv geworden sein.

Scheuklappen fliegen weg, Bezugsrahmen und Wertesysteme, in denen alles immer schon am rechten Platze ist, werden über Bord geworfen. Hurra, wir streifen endlich primitive Ideologien und Stereotypen ab! Und warum darf eine von ihren Fans geliebte und verehrte Pop-Band nicht über intensive Naturbegegnung und vitalistischen Überschwang singen?!

Trends an ungeahnten Orten: Der Alpenverein als Stil-Avantgarde

Wir sprechen spätestens dann von einer Zeitenwende, wenn eine bislang eher bie-der-spießige Einrichtung wie der Deutsche Alpenverein plötzlich zum Trendsetter avanciert. Intensive Naturbegegnung wird für viele von uns immer mehr zur neuen Erlebnisgesellschaft. Eine einstmals so biedere Veranstaltung wie der Deutsche Alpenverein muss sich des Ansturms junger, schicker und erlebnishungriger Menschen erwehren. Der österreichische Alpenverein spricht gar von einem Boom. Dort ist mittlerweile jedes vierte Mitglied jünger als 25 Jahre. Die Lifestyle-Presse registriert den Wertwandel: In „GEO" wurde Wandern Anfang 2007 zur neuen Trendsportart erklärt. Ausgerechnet das biedere Wandern, mit dem uns unsere Eltern in den 1970er-Jahren immer die Sonntage vermiest haben. Noch in den 1990er-Jahren assoziierte man mit Trendsportarten Materialschlachten aus Glasfieber und Carbon, Biking, Canyoning oder Snowboarden. Heute wandern wir im vertrauten Mittelgebirge und erfreuen uns an Fauna und Flora.

Und auch die Hightech-Industrie hat gemerkt, dass Natur wieder hoch im Kurs steht. Naturbegegnung und Technik stellen für die gesunden Hedonisten keinen Widerspruch mehr dar: Immer öfter verwenden Bergfreunde das satellitengestützte Navigationssystem GPS, um den richtigen Pfad zu finden. Eine Tauschbörse im Internet bietet Leuten, die sich in der freien Natur bevorzugt mittels GPS orientieren, die verschiedensten Routen zum Runterladen. Die Betreiber versprechen ein Erleben der Natur abseits ausgetretener Pfade. Jeder, der eine Tour anzubieten hat, kann sie auf GPS-Tour ins Netz stellen. Die Zugriffszahlen von GPS-Tour steigen rasant an. Wurden im Juni 2005 46 772 Besuche gezählt, waren es im Juni 2006 bereits 108 402.

Unser Wunsch nach intensiver Naturbegegnung wird selbst in die großstädtische Hotellerie importiert. Da gerade in den Metropolen die Möglichkeiten für weitläufige Parks beschränkt sind, werden die grünen Defizite auf kreative Weise ausgeglichen. Im Pariser Hotel Pershing Hall erstreckt sich im Inneren ein hängender Garten über alle Etagen und bietet von jedem Zimmer Aussicht auf die Pflanzen. Und auch im Casa Camper, dem Öko-Hotel der mallorquinischen Schuhmanufaktur, sorgen 117 vertikal ausgerichtete Schusterpalmen für einen Blick ins grenzenlos Grüne.

Von Wellness zur Selbstkompetenz in Fragen der Gesundheit

Häufig finden wir den entscheidenden Hinweis für einen Trend oder einen sich ankündigenden Gegentrend an den Rändern der Kultur – im Schrillen und Bizarren, im Trash, in Folklore, Massen- und Billigkultur. So ging es uns auch mit dem Phänomen Wellness. Nachdem wir auf der hundertsten Hotel- und Tourismusveranstaltung zwischen Kiel und Kärnten gefragt wurden, wie man denn den hiesigen Spa erweitern könne und ob afrikanische Wellness jetzt wirklich komme, war uns klar, dass Wellness nur noch eine Worthülse, ein sinnentleertes Etikett für billigen Kundenfang geworden war.

Der prüfende Blick in die deutsche Trash- und Trivialitätengeschichte gab uns Recht. Schon zur Jahrtausendwende geriet die Erfolgsgeschichte von Wellness ins Wanken. Wellness wurde in der Presse immer häufiger mit dem bösen Wortspiel Wellness = Wellnepp präsentiert. Denn passive Entspannung, das konnte auch die „Wellness-Zigarrette danach" oder das Wellness-Schnitzel sein. Opel pries in einer Anzeigenkampagne ein neues Modell mit den Worten an: „Das erste Wellness-Konzept, das auf Motoröl beruht." Die prollige Hamburger Biermarke Astra nutzte den Wellness-Hype, um ironisch mit dem eigenen Schmuddelimage zu spielen. Auf Anzeigen war ein grinsender Mitvierziger mit Oberlippenbärtchen zu sehen, der sich in einem Whirlpool von zwei Frauen in Tigerbikini verwöhnen lässt, während er eine Flasche Astra in die Kamera hält. Der Claim dazu: „Das nennt man jetzt Wellness." Die Aufmachung erinnert an billige Pornohefte und „St. Pauli-Nachrichten". Wellness konnte irgendwann alles sein, was nur im Entferntesten an Entspannung erinnerte. Die Brauerei Astra, so war zu hören, hat Ende der 1990er-Jahre mit dieser und ähnlichen Kampagnen – und auf Kosten der Wellness-Branche – immerhin die Pleite verhindern können. Das Arbeiterbier wird jetzt auch in Szenekneipen in Berlin und Stuttgart ausgeschenkt.

Ganzheitliche Gesundheit und ein genussvolles Leben sind zentrale Merkmale, über die wir in Zukunft Lebensqualität definieren werden – in ganz besonderem Maße trifft das für die LOHAS zu. Gesundheit und Wohlfühlen werden zu einem zentralen Wert in der Gesellschaft von morgen, zu ihrer Leitwährung. Gesundheit bedeutet zukünftig Selbstkompetenz – und nicht nur die Abwesenheit von Krankheit. Unsere ganze Kultur beginnt sich immer mehr über Gesundheit zu definieren. Gesundheit wird in Zukunft zu einem allgegenwärtigen Phänomen – auf den weltweiten Konsummärkten ebenso wie in unserem Privatleben, im Freizeitbereich ebenso wie in der Arbeitswelt. In den vergangenen knapp zehn Jahren haben wir einen ungekannten Gesundheitsboom erlebt. In Deutschland geben wir mehr als zehn Prozent des Bruttosozialprodukts (Stand 2001: 10,7 Prozent) für Gesundheit aus. 80 Prozent aller Einkäufe (sei es ein Auto, ein Kochtopf oder eine Urlaubsreise), die wir tätigen, das haben Forscher errechnet, werden mit dem Argument „Es ist gut für meine Gesundheit" erklärt. Gesundheit jenseits der herkömmlichen Symptombekämpfung durch Arztbesuch, Rezeptausstellung und Medikament wird künftig einer der größten Konsummärkte sein. Schon heute, so hat die Unternehmensberatung Roland Berger errechnet, fragen wir in Deutschland zusätzliche Gesundheitsdienstleistungen jenseits des klassischen Arztbesuchs in Höhe von 16 Milliarden Euro nach – ohne dass die Nachfrage mit entsprechenden Angeboten befriedigt werden könnte. Gesundheit, sich gesund fühlen ist zu einem Lebensziel geworden: 76 Prozent der Deutschen geben an, dass Gesundheit sie glücklich macht. Die Kosten für Gesundheit, die die Deutschen aus der eigenen Tasche zahlen, lagen im Jahr 2000 bei 28 Milliarden Euro. Im Jahr 2010 werden es sage und schreibe 77 Milliarden sein. Ein völlig neuer Gesundheitsmarkt entsteht, ein Markt der gesunden Genießer, für die optimale Gesundheit vor allem eines darstellt: Lebensqualität.

Die LOHAS definieren Gesundsein und Kranksein neu. Gesundheit ist künftig viel mehr als nur die Abwesenheit von Krankheit. Gesundheit wird zu einem Lebensgefühl und einem Lebensstil. Im Grunde hat sich unsere Vorstellung von einem gesunden Leben schon in den vergangenen 20 bis 30 Jahren von Grund auf verändert. Am Anfang war ein Symptom, das unter Hinzuziehung eines allwissenden Arztes beseitigt wurde – oder auch nicht. Der gottähnliche Arzt hatte einen unüberbrückbaren Informationsvorsprung und hielt das Heft des Handelns fest in der Hand. Wir als Patienten hatten dem Therapievorschlag Folge zu leisten, wollten wir möglichst schnell gesund werden.

In den 1980er-Jahren fanden die ersten Angriffe auf das Gesundheitskartell, bestehend aus Arzt, Krankenkassen und Apotheken, ausgerechnet durch die amerikanische, von Hollywood inspirierte Freizeitindustrie statt. Auf einmal genügte es nicht mehr, erfolgreich in der Symptombekämpfung gewesen zu sein. Unser Gesundheitsempfinden erweiterte sich um den Begriff der Fitness. Aerobic war eine Mischung aus Gymnastik, Athletiktraining und Tanz und wurde vor allem von Jane Fonda ab 1982 als neue Wohlfühlkultur weltweit populär gemacht. Gesundheit bewegte sich damit erstmals weg von der rein medizinischen Gesunderhaltung und wurde uns als Konsumgut und Medienphänomen offeriert. Fitness beugte nicht nur vor der Krankheit vor, sondern versprach mehr, nämlich Jugendlichkeit, Sportlichkeit, Agilsein. Der Boom hatte jedoch eine kurze Halbwertzeit, schnell wurden gesundheitliche Risiken festgestellt, außerdem ließen sich die Männer zum Sporttreiben nur ungern in giftgrüne Gamaschen packen. Darüber hinaus nutzte sich der Fitness-Boom schnell über nervtötende Musikkassetten und Musicals ab.

Mit dem Siegeszug des Kunstwortes Wellness (gebildet aus Wellbeing und Fitness resp. Wellbeing und Happiness) zu Beginn der 1990er-Jahre wurde Gesundheit immer stärker mit ganzheitlichem Wohlfühlen in Verbindung gebracht. Wellness versprach die Balance von Körper, Geist und Seele, gesund war derjenige, der möglichst im Einklang mit sich lebte, dachte, fühlte und handelte. Bereits im Jahr 2002, so hat Global Insight berechnet, wurden mit Wellness allein in Deutschland 61,5 Milliarden Euro verdient.

Schnell avancierte Wellness zum Hoffnungsträger für ganze Industrien wie Tourismus, Hotellerie, Lebensmittel. Kaum noch eine Vorstadtpension, die ohne eine Miniatursauna über dem Hof oder hinter der Küche auskam. Wellness wurde zu einer gesellschaftlichen Leitidee. Während sich die Arbeitswelt immer stärker zu einer Highspeed-Ökonomie wandelte, die dem Einzelnen alles abverlangte, war die totale Entspannung mit Wellness offenbar das ideale Gegengift. Was ist das Geheimnis von Wellness? Der Kunde erhielt in den aufwendigen Behandlungen maximale Aufmerksamkeit, wie es sonst nur einem Kranken zuteilwird. Im Bademantel wohlig auf einer Liege zusammengepackt oder unter stimulierenden Düften auf der Veranda eines 5-Sterne-Hotels platziert, wurde Gesundheitsvorsorge zum passiven Genuss.

Was Gesundheit zukünftig für uns bedeutet: Wohlfühlen, Balance, Selbstkompetenz

Was die LOHAS unter Gesundheit verstehen, hat vor allem mit Gleichgewicht und Balance zu tun. Gesundheit ist deshalb künftig vor allem eine Frage der Selbstkompetenz. Gesundheit fordert nicht mehr nur Symptombeseitigung, es bedeutet aber auch nicht nur passives Wohlfühlen. Selbstkompetenz bezieht sich auf die intakte Balance von Seele, Körper und Geist. Selbstkompetenz – Matthias Horx hat dafür den Begriff Selfness geprägt – ist also das Gegenprogramm zur rezeptiven, reaktiven Wellness. Gesundheit meint einen Zustand, der proaktiv Balance und Wohlfühlen herstellt.

Selbstkompetenz, wie wir sie in Zukunft zu unserer ganz persönlichen Gesundheitsreform machen werden, heißt noch mehr: Während Wellness uns zu passiven, quasi-kranken Empfängern von Wohlfühl-Trostpflastern gemacht hat, ist Selfness aktiv; in der körperlichen, seelischen oder geistigen Beschäftigung liegt eine Herausforderung, ein Appell an unsere eigene Energie. Wellness dagegen erinnert eher an traditionellen Konsum, klammert sich an einschlägige Produktreihen wie Kosmetik, Sauna, Massage. Selfness meint viel stärker ein bewusstes, interaktives Arbeiten am Selbst. Wo Wellness sich stark über körperliches Wohlbefinden definiert, fordert Selfness zur eigentätigen Reflexion der Befindlichkeit auf.

Wellness ordnen wir stärker dem Freizeitbereich zu, wohingegen Selfness unser gesamtes Lebenskonzept auf den Prüfstand stellt. Insofern sagt der typische Wellness-Kunde „Das tut mir gut", während der Selfness-Anhänger dann zufrieden ist, wenn er feststellen kann: „Das hat mich weitergebracht". Ein Resort wie der Lanserhof in der Nähe von Innsbruck ist tatsächlich kein Wellness-Hotel mehr, sondern eine Oase für Menschen, die Selfness suchen und an ihrer Selbstkompetenz arbeiten.

Im Prinzip wären ausgefallene Architektur, stylishes Design, puristisches Ambiente und herrliche Landschaft Grund genug, um ein paar Tage im Lanserhof zu verbringen – doch das Gesundheitsmedizin- und Therapiezentrum bietet weit mehr als „einfache" Entspannung und Urlaub. Gesundheit wird als komplexer, aber ganzheitlicher Prozess gesehen, weswegen nicht nur einzelne Symptome behandelt, sondern Körper, Geist und Seele gleichermaßen angeregt und stimuliert werden. Ob Prävention oder Regeneration, Entschlackung oder Fitness, klassische oder naturheilkundliche Medizin – das Programm ist so vielfältig wie die Bedürfnisse der Gäste. Gemeinsam wird ein Ziel erarbeitet, das bereits zwei Wochen im Vorfeld durch die Gäste „fokussiert" werden muss. Ein anschließend mindestens dreiwöchiger Aufenthalt im Lanserhof folgt. Ein Team aus Ärzten, Therapeuten und Spezialisten steht dabei dem gesundheitsorientierten Urlauber mit individuellen Ratschlägen zur Seite, um ihn dabei zu unterstützen, auch nach den Ferien so gesund wie möglich zu leben. Der Kunde muss sich auf eine Situation einstellen, die ihn verändern wird. Selfness als Gesunderhaltungsmaßnahme zielt insofern stärker auf die Entwicklung von Potenzialen, während Wellness bei der Kompensation von Krisen, Stress und Überforderung hilft.

Menschen, die auf diese Art nach Selbstkompetenz streben, werden künftig dem Arztbesuch zuvorkommen und ihre Gesundheit proaktiv und von Tag zu Tag selbst sicherstellen. Die LOHAS lassen damit auch das traditionelle Arztbild aus ihrem Leben verschwinden. Der Halbgott in Weiß als autoritär-patriarchale Instanz, die über Tod und Leben entscheidet, gehört der Vergangenheit an. Die

Asymmetrie zwischen „Arzt" und „Patient" wird aufgelöst. Und es kommt zu einem neuen Kontrakt. Zwischen Gesundheitsberater und Selfness-Kunde entsteht ein tendenziell hierarchieloses partnerschaftliches Beratungsverhältnis.

Aufbrüche: Die spirituelle Dimension von Sport und Bewegung

Damit keine Missverständnisse entstehen. Selbstkompetenz und Selfness, damit meinen wir keineswegs, dass wir in Zukunft nur noch über Therapien, Meditationen und geistige Anstrengung unser Seelenheil herstellen werden. Ebenfalls ganz oben auf der Lebensqualitätsagenda der LOHAS bleiben körperliche Betätigung, Bewegung und Sport. Körperliche Bewegung wird gerade zu einem neuen Allheilmittel aufgebaut. Der „Spiegel" widmete dem Thema ein Dossier mit dem fast schon beschwörenden Titel „Die Heilkraft der Bewegung". In diesem Dossier belegen die „Spiegel"-Schreiber anhand vieler Beispiele, wie körperliche Bewegung wie Laufen, Radfahren etc. in hohem Maße präventiv wirkt oder den Körper zur Selbstheilung anstiftet. Auch das ist ein schönes Beispiel dafür, wie Selfness funktioniert, nämlich als Selbst-Therapie, ohne Arzt, Klinik und Medikamente.

Bewegung wird zur Massenbewegung: Marathonveranstaltungen platzen aus allen Nähten. 1981 meldeten sich 3 486 Teilnehmer für den Berlin-Marathon an, im Jahr 2007 musste die Teilnehmerzahl auf 40 000 begrenzt werden. 1997 nahmen insgesamt 62 Männer zwischen 65 und 69 Jahren am Berlin-Marathon teil, im Jahr 2003 waren es 259. Im Jahr 1984 gaben 4,8 Prozent der 65- bis 69-Jährigen westdeutschen Männer an, regelmäßig zu joggen, im Jahr 2004 waren es 15,5 Prozent. „Der lange Lauf zu mir selbst", wie Ex-Außenminister Joschka Fischer sein Laufbekehrungsbuch nannte, ist zum Volkssport geworden. Lauf-Coaches betreuen Politiker, Prominente und normalsterbliche Bewegungsfans. Die Lauferfahrungen der Kunstfigur Achim Achilles auf Spiegel-Online beförderte den Autor auf die Bestsellerlisten. Der ehemalige DDR-Spitzenläufer Jens Karraß ist der Betreuer des Lauffreaks, der hinter Achim Achilles steckt. Karraß hat vorher schon TV-Moderatorin Caroline Beil und die Justizministerin Brigitte Zypries fit gemacht. Karraß' Firma JK Running ist eines der ersten, aber beileibe nicht das einzige Unternehmen, das mit Sportberatung Geld verdient. Über Trainingsgruppen und Online-Trainingspläne stellt sich Spartakiadesieger Karraß als Lauf- und Lifestyle-Berater zur Verfügung. Der aktive Umgang mit dem Körper ist für viele von uns zu einem Einfallstor für mehr Energie, Kraft, Lebenslust und Glücksempfinden geworden.

In welch hohem Maße unsere Gesellschaft in den letzten Jahren ihr Verhältnis zu Körperlichkeit und Gesundheit verändert hat, zeigt sich hieran. Minimale sportliche Betätigung wie Fahrradfahren oder Jogging in der Öffentlichkeit auszuüben, war hierzulande bis in die 1970er-Jahre verpönt. Unsere Großeltern griffen zu einem verrosteten Drahtesel nur dann, wenn kein Auto bereitstand. Mehr noch: Wer es nötig hatte, zur Fortbewegung ein primitives Fahrrad zu benutzen, der gehörte zur Unterschicht. Im 20. Jahrhundert entsprach es nicht der Würde erwachsener Menschen, auf einem Fahrrad daherzukommen. Körperliche Anstrengung außerhalb von Sportplätzen und Turnhallen war verpönt und entsprach nicht dem Lebensgefühl der Wohlstandsgesellschaft. Ähnlich war es beim Laufen: Noch bis in die 1970er- und 1980er-Jahre sind wir zum Laufen in den Wald gegangen. Erst dann setzten Fitness- und Trimmwellen ein, die Sport, Sportler, Fahrräder und körperliche Anstrengung in der Öffentlichkeit „zivilisierten".

Diethard G., der bereits zitierte emeritierte Professor und Kunstmaler, erzählte uns auch, dass ihm als Dauerläufer Ende der 1960er-Jahre Ähnliches widerfahren ist. Als die Westküste vom Flowerpower und Love and Peace überflutet wurde, pflegte er in Seattle längere Dauerläufe zu machen. Ein deutscher Medizinprofessor in kurzen Hosen unterwegs … ja wohin? Mehrmals wurde er von der Polizei angehalten und verständnislos gefragt, vor was er denn wegrenne und ob man ihn wieder nach Hause bringen solle. Dem späteren amerikanischen Lauf-Guru Dr. George Sheehan ging es genauso: Wenn er in Laufklamotten durch New Jersey lief, wurde er von Autofahrern angehupt, sein Sohn musste sich in der Schule Fragen anhören wie „Warum läuft dein Daddy in Unterhosen durch die Stadt?". Sheehan zog es deshalb vor, unbehelligt in Garten und Hinterhof seine Runden zu drehen.

Ehrlichkeit gegenüber den eigenen Bedürfnissen – das vor allem bedeutet die neue Lebensform der LOHAS. Genau dieser Aspekt sollte im ersten Kapitel deutlich werden: Authentisch zu leben ist für die LOHAS ein ehrlicher und selbstkritischer Umgang sowohl mit der Gemeinschaft, der direkten Umwelt wie vor allem auch mit sich selbst. So ist der erste Schritt zu dieser neuen Ehrlichkeit, sich eben nicht von allem Materiellen und Modernen zu verabschieden, sondern eine ausgewogene Balance herzustellen; ein Gleichgewicht zu schaffen, das einem erlaubt, ohne schlechtes Gewissen zu konsumieren. Diese neue Ehrlichkeit sich selbst gegenüber impliziert eine neue Werteorientierung, die zwar maßgeblich an Moral und Ethik, Gesundheit und Pflichtbewusstsein geknüpft ist, jedoch nie dogmatisch gelebt wird. So besitzen Momente des Genusses, des kleinen Luxus, der Sinnsuche oder auch einer rein lustbestimmten gesellschaftlichen Partizipation die gleiche Relevanz für diesen authentischen Lebensstil wie das bewusste Hinterfragen desselben. Mit dieser neuen Lebensform, mit diesem neuen Wertemodell schaffen die LOHAS ein völlig neues, mittelfristig gesamtgesellschaftlich gültiges Bewusstsein für Konsum und Kultur, das wir Ihnen im zweiten Kapitel näher erläutern möchten.

2. Acht Aufbrüche in eine neue Genuss-Kultur

Wir sprechen hier von einer Veränderung, die dabei ist, unsere Lebensentwürfe neu zu definieren. In diesem Kapitel zeigen wir, wie sich die Veränderung unseres Verhältnisses zur Natur und zu unserer eigenen Kreatürlichkeit auf Bereiche wie Kultur, Konsum, Gesellschaft, Öffentlichkeit, Medien, Luxus auswirkt.

1. Von der Mangelbeseitigung zum Neuen Luxus

Rund um das Jahr 2004 strebten Käuferstreik und Wirtschaftskrise ihrem Höhepunkt entgegen. Genau an diesem Tiefpunkt starteten die Bio-Supermärkte ihre atemberaubende Erfolgsstory. Alnatura setzte im Geschäftsjahr 2004/2005 insgesamt 145 Millionen Euro um, ein Plus von 24 Prozent. Basic wuchs 2004 um 39 Prozent und erzielte einen Umsatz von 39 Millionen Euro nach 28 Millionen Euro im Jahr zuvor. Ende 2006, nur knappe zwei Jahre später, feierten die bis vor Kurzem als „trashig" verschrieen Discounter neue Umsatzrekorde mit Bio-Lebensmitteln. Aldi verkaufte im Jahr 2006 46 Prozent mehr Bio-Produkte als im Vorjahr, die übrigen Discounter machten mit Bio-Produkten 64 Prozent mehr Umsatz als im Vorjahr. Die vorläufig letzte Episode im Strukturwandel des Lebensmittelkonsums: Liefer engpässe bei Bio-Produkten. Der Marsch in die Mitte der Gesellschaft unterwirft die blühende Bio-Branche einer ganz neuen Dialektik: Die guten Ökokartoffeln kommen jetzt aus Ägypten – ein typischer LOHAS-Markt kommt der gigantischen Nachfrage nicht mehr nach.

Es liegt auf der Hand, dass wir LOHAS zunächst über Bio-Food und den anhaltenden Boom in der Branche definieren. Wichtiger ist deshalb die Feststellung, dass die LOHAS-Kultur aber auch unsere Vorstellung von Luxus und Genuss (und die daraus abgeleiteten Märkte) fundamental verändern wird. Essenziell wichtig für das Verständnis der LOHAS ist, dass sie gesundheits- und nachhaltigkeitsorientiert leben – vor allem aber auch auf Genuss und Erfahrungsintensität aus sind.

Der neue Luxus, den die LOHAS bevorzugen, hat primär mit individuellem und seelisch-körperlichem Wohlbefinden zu tun. Zeit begreifen die meisten von uns heute als knappes Gut und Schlüsselressource für unsere zukünftige Seligkeit. Wir lieben Dinge, die für uns das Leben leichter machen, Dinge, die uns weiterbringen. Natürlich auch Dinge, die unser Bedürfnis nach Schönheit, Eleganz und Leichtigkeit befriedigen. Wir interessieren uns weniger für die üblichen Statussymbole: mein Haus, mein Auto, mein Swimmingpool. Das Sein ist uns tatsächlich wichtiger als das unbedingte Habenmüssen. Mit dem Lifestyle of Health and Sustainability verabschieden wir uns aus der Spaßgesellschaft und streben nach einer Welt der authentischen Erfahrungen und des geerdeten Genießens.

2.   Wiederverortung im Vertrauten: Regional-Kult und Glamour in der Provinz

Authentisches Sein suchen wir heute vor allem dort, wo wir uns verorten und erden können. Der Tourismus hat das als neue Sehnsucht entdeckt. Mittlerweile finden Regionalismus-Trend und Urlaub im Vertrauten selbst in der akademischen Forschung und bei Schriftstellern und Philosophen Beachtung. Mitunter werden sie jedoch als Zeugen gegen das „globale Einerlei" der Weltgesellschaft und diffuse Globalisierungsängste aufgerufen (vgl. u.a. Martin Hecht in „Psychologie heute", 12/05, und die Arbeiten des Rostocker Philosophen Michael Großheim). Das ist natürlich eine unzulässige Vereinfachung, zumindest für die LOHAS.

Vertrautheitsmärkte (der Wochenmarkt, die Straußwirtschaft, die Milch von nebenan) und Urlaub im Vertrauten treffen bei den Urlaubern auf das genuine Bedürfnis, sich selbst mit der eigenen Lebenswelt in Beziehung zu setzen. Wichtigstes Reiseziel der Deutschen ist unverändert mit rund einem Drittel Marktanteil das eigene Land. Dass die Zunahme des Erdungsbedürfnisses auf die „gefühlte Ortlosigkeit" in der Weltgesellschaft antwortet, ist unbestritten. Sie wird uns jedoch auch nicht davon abhalten, im nächsten Jahr wieder in die Toskana zu fahren – und dort die regionalen Besonderheiten zu genießen. „Psychologie heute" legte im Dezember 2005 ein Themenheft zur neuen Heimatliebe vor („Wo kommst du her? Warum Heimat gerade heute so wichtig ist"). Und vor allem in einer Zukunftsbranche wie dem Design erfahren Heimat, Provinz und Authentizität große Aufmerksamkeit.

Wiederverortung fasziniert derweil auch die großstädtische Boheme. Florian Illies, Autor der Generation Golf, feiert in seinem neuesten Essay zur Situation der

Zeit die Provinz und das einfache Leben als Utopie eines postmateriellen Lebensstils („Ortsgespräch", 2006). Regionen mit drei Ziffern in der Durchwahl wie Illies' hessische Heimatregion Schlitz gelten bei der Intelligenzija plötzlich nicht mehr als dröge, langweilige und verdummende Mistkäffer und Kuhdörfer, sondern als authentische Rückzugsräume für die weidwunden Seelen der kreativen Klasse. Provinz wird zum Sehnsuchtsraum und fesselte paradoxerweise ein Fernweh, das nach Einfachheit und Ursprünglichkeit sucht. Während die Globalisierung der beschleunigten Zeit gegenüber räumlicher Erdung den Vorzug gibt, verspricht die Renaissance der Regionen ein Wiedererkennen der Räume, Orte und Regionen.

Der Deutschland-Tourismus profitiert von unserem Heimweh und reüssiert mit klassischen „Sehenswürdigkeiten". Nach wie vor sind die touristischen Highlights in Deutschland der Kölner Dom (6 Millionen Besucher in 2002) und das Münchner Oktoberfest (5,9 Millionen). Doch auch hier gibt es einen Run auf die Destination „Natur". Die Nationalparks Vorpommersche Boddenlandschaft (2,5 Millionen), Sächsische Schweiz (2,15 Millionen), Bayerischer Wald (2,0 Millionen), Jasmund auf der Insel Rügen (2,0 Millionen) und Niedersächsisches Wattenmeer (2,0 Millionen) zogen im vergangenen Jahr mehr als zwei Millionen Besucher an und konkurrieren mit Freizeit-Events wie Phantasialand (2,0 Millionen), Christkindelsmarkt Nürnberg (2,0 Millionen), Autostadt Wolfsburg (2,1 Millionen) oder Berliner Reichstag (2,7 Millionen).

Die Deutsche Zentrale für Tourismus (DZT) spricht von einer Hochkonjunktur der „erdgebundenen Reisen". Die Heimatwelt dient immer häufiger als nahe liegendes Entschleunigungs-Reservat für Kurzentschlossene und Wochenendtouristen. Einheimische Reiseveranstalter haben den Trend längst erkannt und vertiefen die Angebote. Zum Thema „Normalität als (Reise-)Abenteuer" stehen Portale zur Auswahl wie www.wanderbares-deutschland.de; www.deutschlandtourismus.de oder www.landtourismus.de. Um mit Regionalem indes nicht nur den gediegenen Geschmack zu bedienen, entwickelten regionale Spezialitäten-Anbieter teure Edel-Produkte. Ein Anbieter von der Schwäbischen Alb bietet erlesenen Bärlauch-Essig an, ein anderer württembergischen Whiskey. Das mitunter Diffizile am grünen Hedonismus: Er verlangt nach Ursprünglichkeit und Authentizität, begnügt sich aber nicht mit immergleicher Hausmannskost.

Biermarken avancieren zu Local Heroes. Die Kölner Privatbrauerei Gaffel hat mit einem Bier, das den geheimnisvollen Namen „1396" trägt, eine exklusive Lokalmarke etabliert. Das Bier ist obergärig gebraut, aber trotzdem kein Kölsch. Die

Bierbrauer wollen damit einen Trend gegen den Trend zu Mixgetränken setzen. „1396" (der Name geht auf das Datum der Zunftgründung zu Köln zurück) richtet sich an junge Konsumenten und wird nur durch kleinere Aktionen in der Vor-ort-Szene beworben. Mit ihrem urig-bizarren Etikett hat es die Badische Staatsbrauerei Rothaus aus dem Schwarzwald sogar bis in die norddeutschen Szenebars von Hamburg und Berlin geschafft. Mit dem „Tannenzäpfle" gelang es der Brauerei im Jahr 2003, den Bierausstoß um sieben Prozent zu steigern. Innerhalb der letzten zwölf Jahre konnte Rothaus den Absatz verdreifachen. Als sich heimwehgeplagte Soldaten aus dem Kosovo und aus Afghanistan lobend über das Tannenzäpfle äußerten, ließ die Brauerei neue Bierdeckel bedrucken, Aufschrift: „Ein Schluck Schwarzwald".

3. Profane Erleuchtung: Vom Glauben zur Spiritualität

Das Comeback von Glauben und Religion wurde durch die Wahl Kardinal Ratzingers zum Papst („Bild-Zeitung": „Wir sind Papst") eigentlich nur beschleunigt und verstärkt. Festzustellen war eine neue Konjunktur spiritueller Bedürfnisse schon vor dem öffentlichen Sterben von Johannes Paul II. In einer „Spiegel"-Umfrage äußerten im Jahr 2005 27 Prozent der Westdeutschen, dass Glauben ihnen sehr wichtig sei. 1994 bekannten dies nur 24 Prozent. Unter den Ostdeutschen ist die Hinwendung zum Glauben noch stärker: 23 Prozent bestätigten im Jahr 2005, dass ihnen der Glaube sehr wichtig sei. Im Jahr 1993 waren es gerade einmal 14 Prozent.

Für die LOHAS ist Spiritualität ein wichtiges Thema, obwohl sie nicht mehr glauben wollen. Den meisten von ihnen geht es nicht primär um die Auseinandersetzung mit Gott, sondern um eine Aufwertung des persönlichen Daseinsgefühls. Spiritualität kommt dabei nicht unbedingt aus einem religiösen Zugehörigkeitsgefühl, sondern aus dem Wunsch in einer ganzheitlichen Beziehung zu Mitwelt und Umwelt zu leben. Die LOHAS lassen sich damit einem Lebensgefühl zuordnen, das die Forscher der Universität Hohenheim in Zusammenarbeit mit der Identity-Foundation als „spirituelle Sinnsucher" beziehungsweise als „Religiös Kreative" skizziert haben.

10-15 Prozent der Deutschen müssen der repräsentativen Studie zufolge den spirituellen Sinnsuchern zugezählt werden. Das sind Menschen, die „ihren Sinnbezug aus Fragmenten des Humanismus, der Anthroposophie, Mystik und Esoterik speisen. Sie interessieren sich für spirituelle Praktiken wie Yoga, Chi Gong und

Meditation, aber auch für ausgefallene Disziplinen wie Trancereisen, Schamanismus oder Karten legen." Hauptziel der spirituellen Sinnsucher ist es, die innere Mitte zu finden, so die Autoren. Stattliche 35 Prozent der Bevölkerung werden in der Studie als „Religiös Kreative" bezeichnet:

> „Sie gehören zu den großen Glaubensgemeinschaften, grenzen sich jedoch in ihren Überzeugungen bewusst von christlichen Lehrmeinungen ab und entwickeln ihre religiösen Auffassungen durch eine Erweiterung des traditionellen Gedankenguts um philosophische und humanistische Ideen."

Die LOHAS möchten ihr Leben in einen größeren Sinnzusammenhang stellen, ohne esoterisch zu sein. Sie glauben an Werte und Versprechungen jenseits von Alltag und Materialismus – verzichten aber auf feste Glaubenssätze, Dogmen und Bekenntnisse. Spiritualität erlebt in unserer Gesellschaft ein Comeback, die Lizenz dafür wird von oberster philosophischer Stelle erteilt. Jürgen Habermas, Deutschlands bekanntester und strengster Zeitgeistanalytiker, hat ein feines Händchen für Strömungen und Trendumbrüche. Kurz nach 9/11 rief er die post-säkulare Gesellschaft aus. Habermas, keineswegs der frivolen Spielerei mit dem Esoterischen verdächtig, erklärt, dass unsere Welt nicht nur mit rationalen Argumenten zusammengehalten werden kann. Religion und Spiritualität ist sozusagen der Wellnessbereich einer modernen und aufgeklärten Gesellschaft: Entspannung und Trost versprechend – aber nichtsdestoweniger unverzichtbar. Als Überlieferung aus alten Zeiten sieht er in der Religion Themen und Inhalte verborgen, die „eine inspirierende Kraft für ganze Gesellschaften entfalten" können. Es ist deshalb auch eine „rationalistische Anmaßung", spirituelle Weltorientierung grundsätzlich als vernunftwidrig zu kritisieren.

Das intellektuelle Debatten-Magazin „Cicero" widmete jüngst eine ganze Ausgabe der Wiederkehr der Religion. Wolfgang Weimer, Chefredakteur des wertebewussten Monatsmagazins, hat 2006 ein Buch mit dem Titel „Credo" vorgelegt, worin er uns davon überzeugen möchte, dass die Rückkehr von Religion und Spiritualität unsere Identität als Menschen des Abendlandes stärkt. Weimer sieht in der Hinwendung zum Spirituellen eine optimistische Gegenmaßnahme zu postmoderner Beliebigkeit und den apokalyptischen Gesängen zur Alterungsproblematik. Spiritualität wandert auch in die Kulturdebatten ein: Popliterat und Musiker Thomas Meinecke hat sich an den Münchner Kammerspielen mit dem Theologen Josef Ratzinger auseinandergesetzt und damit den Anstoß für eine Intellektuellen-Debatte zum Thema Ratzinger geliefert. In einem Suhrkamp-Band nachzulesen unter „Ratzinger-Funktion", Frankfurt 2005.

Und wenn viele Menschen im Alltag nach Sinn- und Erbauungsangeboten suchen, kann es passieren, dass sie auf Erlösungsformeln im Supermarktregal stoßen. Spiritualität ist zu einem weltlichen Bedürfnis geworden, das auf den Konsummärkten, im Supermarkt oder im Schnellrestaurant bedient wird. Wer heute seinen Teebeutel eintaucht, brüht gleichzeitig Sinn und Sinnlichkeit mit auf. Coffeshop-Gigant Starbucks beispielsweise verwendet Mischungen von Tazo-Tees – „Tees mit Geschichte und Mission". McDonald's verkaufte im Jahr 2005 Yin-und-Yang-Burger. Energiesuppen mit Konfuzius-Zitaten gibt es bei Soupsoup. Der österreichische Bio-Anbieter Sonnentor verkauft Christlich-Mystisches in einer ganzen Hildegard-von-Bingen-Linie, u.a. „Hildegard-Fertigsuppen" und „Hildegard-Energiekekse". Bei Manufactum gibt es „Gutes aus Klöstern" zu kaufen. Der Supermarktkonzern Edeka informiert seine Kunden über Kochideen nach der chinesischen 5-Elemente-Ernährungslehre usw. usf.

Der Kampf um die spirituell Heimatlosen hat begonnen. Die jungen Sinnsucher werden mit den neuesten Medien angesprochen. In den USA gibt es ungezählte GodBlogs, wo der Allmächtige im Bürgerjournalismus auftritt. Im Oktober 2005 haben 135 evangelische Blogger auf der „GodBlogCon 2005" (www.godblogcon. com) darüber diskutiert, wie sie in der Blogger-Community von Nicht-Christen wahrgenommen werden. Der evangelicaloutpost.com findet, christliches Bloggen sei wie „95 Thesen an die Kirchentür zu schlagen". Prof. Timothy Muehlhoff (Biola University) gab Tipps, wie über den Glauben in Blogs geschrieben werden soll.

4. Vom Immer-Mehr zum Kult des Weniger: Simplify your Life

Dass weniger mehr sein kann, ist eine Binsenwahrheit. Tatsächlich hat es in den letzten rund 20 Jahren mehrere Wellen mit Minimalismus, Simplifying, Downshifting und Vereinfachungsmoden gegeben. Für die LOHAS ist die Devise „Simplify your Life" natürlich ein wichtiger Mosaikstein in der ganzheitlichen Lebensplanung. Unnötiger Ballast hält nur vom Wesentlichen ab.

Und würde es eines akademischen Belegs für die Bedeutung von Simplifying bedürfen, hier ist er: Gerhard Schulze, dessen programmatische Studie „Die Erlebnisgesellschaft" in den 1980er-Jahren – wider Willen – zum Logbuch für die Spaßgesellschaft avancierte, hat mit der Studie „Die beste aller Welten" im Jahr 2004 das Ende des „Steigerungs-Paradigmas" ausgerufen. Genauer gesagt beobachtet Schulze, dass neben dem Trend des „Immer schneller, immer mehr, immer lauter" eine Kultur des Ankommens für viele Menschen wichtig wird. Sein statt Haben, Präsenz im Hier-und-Jetzt statt Steigerung und Hype. Keine Frage, dass sich Schulze hiermit zentrale Themen aus der LOHAS-Welt anspricht.

Ankunft statt Steigerung denken, das beschäftigt allerdings auch die Konsumwelt – und zwar aus den folgenden Gründen:

> *„Die Kunden haben eigentlich alles, was sie brauchen, und wissen das auch. Sie konsumieren bewusst und genießerisch. Während in der Steigerungsphase der objektiv messbare Nutzen im Vordergrund der Kaufentscheidung stand, ist es in der Ankunftsphase der subjektive Eindruck, den der Kunde von einem Produkt hat. Und deshalb kommt es im Jahrhundert der Ankunft ganz zentral auf die Fähigkeit eines Unternehmens an, die Kunden zu verstehen und ihnen Angebote zu machen, die in ihre Alltagskultur passen." (Zimmerli, Wolf (Hg): „Spurwechsel", 2006)*

Der Kult des Weniger – more is a bore – beschäftigt uns schon sehr lange. Die Amerikanerin Elaine St. James veröffentlichte 1994 das Buch „Simplify your Life" und setzte damit einen Trend, der innerhalb der nächsten Jahre höchst einflussreich werden sollte. Werner Küstenmacher griff das Thema (zusammen mit Lothar J. Seiwert) in seinem Bestseller „Simplify your Life" auf. Der in dem Buch ausgebreitete Traum vom stimmigen, einfachen Leben hielt sich jahrelang in den Bestseller-Listen der Wirtschaftszeitungen. „Simplify your Life" kam im Jahr 2002 genau zur rechten Zeit. Es war die Zeit nach dem 11. September und nach der Implosion der New Economy. Vereinfachung, Entschleunigung (Ende der 1990er-Jahre zunächst aus einer umwelt-technologischen Perspektive vom Wuppertal-Institut lanciert), Slowfood, Downshifting etc. diktieren seitdem die Agenda in Management und Gesellschaft. Im Verlag für die Deutsche Wirtschaft gibt Küstenmacher mittlerweile xy Simplify-Newsletter heraus …

„Real Simple", das Vereinfachungs-Magazin aus England, ist ein Zentralorgan für LOHAS. Vor allem auf Frauen mit Kind-Karriere-Doppelbelastung zugeschnitten, unterstützt das Magazin Ratsuchende mit Tipps für ein gelungenes Gesundheitsfrühstück bis zum Finden des richtigen Einschlafrituals für die Kinder. Auf der Webseite finden sich mehr als 6 500 einfache Lösungen für die Probleme des täglichen Lebens. Real Simple sieht sich selbst als eine Orientierungshilfe für Menschen, die Beruf und Familie in Einklang bringen möchten und dabei sich selbst und die eigene Befindlichkeit nicht aus den Augen verlieren wollen. Real-Simple-Leserinnen verbringen viel Zeit mit der Lektüre der Zeitschrift, durchschnittlich 51 Minuten pro Ausgabe. Die meisten der rund 5,8 Millionen Leserinnen und Leser schneiden Artikel aus, um sie weiterzuleiten, kommunizieren mit der Redaktion, bestellen Produkte, die in der Zeitschrift vorgestellt wurden und bauen die Zeitschrift in ihr Alltagsleben ein.

5. Von der Ironiegesellschaft zur Renaissance der Werte

Neue Bürgerlichkeit oder Neo-Spießer? Wir haben im August 2003 in unserem „Zukunftsletter" eine Analyse veröffentlicht, die sich mit der „Neuen Bürgerlichkeit" beschäftigte. Die TAZ veranstaltete zu Beginn des Jahres 2006 eine zehnteilige Fortsetzungsreihe zur Neuen Bürgerlichkeit – ausgerechnet das ehemalige Kampf- und Bekenntnisblatt der Linksalternativen. Doch offenbar hat sich im Zentralorgan des Anti-Bürgertums der neue Lebensstil ebenfalls eingeschlichen. Das Ende der Ideologien, in dem linksalternativen Blatt in der ZEIT davor schon etliche Male thematisiert, hatte auch in der Berliner Intellektuellen-Szene eine neue Bewusstseinsebene erreicht. Die „Neue Bürgerlichkeit" resp. „Neue Spießigkeit" war im Jahr 2006 Deutschlands Topthema knapp hinter der Elterngeld-Diskussion. „Die Zeit" (09.03.06) räumte der Neuen Bürgerlichkeit großen Raum im Feuilleton und in ihrem Online-Angebot ein.

Eigentlich schade, dass die ZEIT-Feuilletonisten aus der Neuen Bürgerlichkeit eine leicht bizarre Neo-Avantgarde der Wohlgebildeten mit guten Manieren machte. Junge „Konservative" (wenn das Wort überhaupt noch einen Sinn hat), die an die Unverbrüchlichkeit von Sekundärtugenden und gutem Geschmack glauben, früh vergreiste Landlords und Kaminplauderer, die sich über den Sittenverfall echauffieren. Wir meinten mit Neuer Bürgerlichkeit etwas anderes. In erster Linie ging es uns um die Tatsache, dass gerade junge Menschen plötzlich wieder stärker an traditionelle Werte wie Familie, Freundschaft, Treue und Verlässlichkeit anknüpfen wollten.

Uns fällt auf, dass viele Menschen, die wir zu Interviews und vertiefenden Gesprächen über ihre Lebenssituation eingeladen haben, tatsächlich zu eloquenten Philosophen ihres eigenen Lebensentwurfs geworden sind. Ohne längere Vorgespräche reden viele von ihnen druckreif über ihre Lage, illusionslos, aber optimistisch, sympathisch und voller Energie. Das mag durchaus auch daran liegen, dass viele von ihnen Abitur und einen Hochschulabschluss haben. Aber es zeigt in besonderem Maße, dass die Fähigkeit zur Selbstreflexion und Selbstkompetenz heute zum unverzichtbaren Rüstzeug für ein gelingendes Leben gehört. Und das ist eine Kerneigenschaft, die wir mit der Neuen Bürgerlichkeit ebenso in Verbindung bringen wie mit den LOHAS. Hören wir uns zum Beispiel Ulrich M., an. Er lebt in Ham-

burg, ist 30 Jahre alt, freier Unternehmensberater, Unidozent und Kulturwissen-
schaftler. Angesprochen auf seine private Situation, erklärt er:

> *„Viele Leute, die so leben wie ich, haben in den letzten zwei Jahren geheiratet. Das*
> *scheint auch ein Trend zu sein, dass man, bei allem Wandel, im Privaten für sta-*
> *bile Verhältnisse sorgt. Kinder sind bei mir und meiner Frau schon geplant, und*
> *ich denke, das kriegen wir auch hin. Meine Frau hat für mich eine Doppelfunkti-*
> *on. Auf der einen Seite ist sie mein Partner, auf der anderen Seite so was wie mein*
> *Career-Coach.“*

Tatsächlich hat Bürgerlichkeit in Deutschland ein eher trauriges Schicksal. Eine
Rückkehr zu bürgerlichen Tugenden gehört zu den Wünschen der LOHAS, weil
sie in der bürgerlichen Welt (die in Deutschland am Ende der Weimarer Republik von den Nazis zerstört wurde) den geeigneten Resonanzboden sehen für neue
Formen des Genusses, des Gemeinsinns und der Kreativität.

Der Philosoph Norbert Bolz forderte in besagter TAZ-Reihe zur Neuen Bürgerlichkeit, dass wir hier in Deutschland endlich erwachsen werden sollten. „Provo-
kationen provozieren niemanden mehr. Jeder Trottel versucht sich heute als Quer-
denker zu profilieren, um den Komfort des Unbequemseins zu genießen.“ Gegen
das „Marketing des Antibürgerlichen“ (vom gepiercten Schuldirektor über die po-
pulistischen Reden Oskar Lafontaines oder die Vulgarität eines Dieter Bohlen)
fordert Bolz eine linke Bürgerlichkeit, die nicht zwanghaft nach dem Unkonventi-
onellen und Unbotmäßigen Ausschau hält, die Wirklichkeit von Familie und Er-
werbsleben, Höflichkeit und Moral akzeptiert, anstatt in Utopien abzudriften, die
aus einer Laune heraus dem „Komfort des Unbequemen“ huldigen, weil sie sich
ohnehin nicht realisieren lassen.

In den vergangenen Jahren, vor allem unmittelbar nach dem 11.September, war
viel von einem Sinnvakuum die Rede, das Konsumüberdruss und postmoderne
Beliebigkeit hinterlassen hätte. „Schluss mit lustig“ – das war nicht nur der titel-
gebende Slogan für den ZDF-Journalisten und Zelt-Prediger Peter Hahne. Hinter dieser flapsigen Formulierung verbirgt sich eine Wahrheit: Tatsächlich sehnen
sich die Menschen – auch die Jüngeren – wieder nach verlässlichen Werten und
Leitbildern. Auch die LOHAS habe ihren Lebensstil mit Werten angefüllt: Fairtra-
de-Kaffe, Bio-Lebensmittel, ethisch korrekte Mode, nachhaltiges Wohnen, CO_2-
schonende Mobilität etc. Aber wir haben bei ihnen auch eine Neubewertung von
klassischen Werten wie Familie, Gemeinsinn, Partnerschaft, Freundschaft, Ehrlichkeit u.v.a.mehr festgestellt. Wichtig ist hierbei: Diese Werte werden von ihnen
selektiv beziehungsweise reflektiert angeeignet und strategisch-situativ in den ei-

genen Lebensstil, die jeweilige Situation eingebaut. Werte-Renaissance bedeutet also nicht „Zurück zu den alten Werten". Die LOHAS bauen vorhandene Wert-vorstellungen pragmatisch in ihre Biografien ein. Deshalb sind die LOHAS nicht nur eine Geschmack- und Genusselite, sie sind auch eine Werte-Avantgarde, die jedoch keinen Dogmatismus und keinen erhobenen Zeigefinger duldet. LOHAS sind ethisch in hohem Maße sensibilisiert, ohne moralisch zu werden und zum harten Brot verpflichtender Werte zurückzukehren. Die Wiederentdeckung und Neuaneignung von Traditionen geschieht nicht als obligatorisches Programm, sondern weil viele Menschen Vergangenheit und Retros als einen vielgestaltigen Erfahrungsschatz entdecken, der das Hier-und-Jetzt zu illuminieren versteht.

Odo Marquard hat in der „Apologie der Bürgerlichkeit" (1994) mit wunderba-rer Leichtigkeit und gleichzeitig höchst präzise gezeigt, welche Freiheitsgrade für den Einzelnen, aber auch für die Gesellschaft in einem Bekenntnis zur bürgerli-chen Welt stecken können. Marxismus ebenso wie Faschismus sind für Marquard in fataler Weise antimodern, weil sie die Freiheit des Einzelnen negieren und die Gesellschaft auf die Errichtung eines irdischen Paradieses festlegen. Marquard nennt das die „Permanenz des Außerordentlichkeitsbedarfs", die antibürgerli-che Bewegungen dazu treibt, individuelle Autonomie einzuschränken und die Er-lösung von allem Bösen auf Erden zu versprechen. Der Hang der Deutschen im 20. Jahrhundert, Liberalität, Gelassenheit und Distanz zugunsten von Revolutio-nen und Heilsversprechungen aufzugeben, war offensichtlich groß. Eine neubür-gerliche Kultur, so Marquard, würde uns endlich in der Moderne ankommen las-sen. Und Modernität bedeutet, dass der Einzelne zum Beispiel wählen kann, wie er seinen Lebensentwurf gestalten möchte, dadurch aber auch in der Pflicht steht, die eigene Entscheidung relativ selbstständig zu verantworten.

Bürgerlichkeit, Modernität und Liberalität verpflichten uns zu Selbstkompetenz und Selbstverantwortung. Ideologien, die uns in der Vergangenheit den Himmel auf Erden versprachen, bezogen ihren Glamour und ihre Außerordentlichkeit auch daraus, dass sie uns von Entscheidungen und Selbstverantwortung entlas-tet haben. Leben in der Moderne schleudert uns dagegen in die Verantwortung, belohnt uns dafür aber auch mit einer bunten und pluralen Wirklichkeit. Voraus-setzung für die Teilhabe an dieser Buntheit ist jedoch, dass wir entscheidungsfä-hig werden:

„Für die Menschen gibt es nur dann Freiheit, wenn viele Mächte – politische For-mationen, Wirtschaftskräfte, Sakralgewalten, Geschichten, Überzeugungen – auf sie einwirken: nicht gar keine und nicht nur eine, sondern viele."

Odo Marquard

Die Vielheit – Marketingexperten nennen das Optionalität – und die pluralen Le-benswelten, das ist genau das, was die LOHAS bei der Wiederentdeckung der bür-gerlichen Welt interessiert und was sie gegenüber allen rechthaberischen Weltbil-dern und Ideologien so skeptisch macht.

6. Von der Talkshow-Demokratie zur Mikropolitik: Es geht um Teilhabe

Wir erleben gerade den Beginn des postideologischen Zeitalters. Für uns zeich-net sich das zunächst einmal dadurch aus, dass in den Medien und in der gesell-schaftlichen Öffentlichkeit gewisse Stereotypen nicht mehr einrasten wollen und wir das wie eine slapstickhafte Verzerrung erleben, als Filmriss. Plötzlich tuschelte Müntefering mit Angela Merkel, während sich der Basta-Kanzler Gerhard Schrö-der als Gasmann für den russischen Staatspräsidenten Putin verabschiedete. Gui-do Westerwelle und Renate Künast entdeckten Gemeinsamkeiten im Schlag-schatten der großen Koalition und beginnen angesichts der Mühen der Ebene als Oppositionsparteien miteinander zu sprechen. Heiner Geißler, einstmals der Wa-denbeißer des ewigen Kanzlers Kohl, dann zum Herz-Jesu-Marxisten konvertiert, trat im Juni 2006 den Globalisierungsgegnern von Attac bei.

Vor der Elefantenkoalition träumten viele im politischen Establishment von Ja-maika. Schwarz-Grün-Gelb sollte die neue Republik werden. In den Städten und Kommunen ist schwarz-grünes Miteinanderregieren längst Normalität. AKW-Verteidiger und Bürgerbewegte aus alten Tagen teilen sich Ämter und Posten. Un-sere Rechts-links-Konfusion beginnt schon bei der Kanzlerin: Ist Angela Merkel konservativ, wenn sie sich für die Weiterführung der Kernkraft ausspricht? Und ist sie progressiv, wenn sie die Förderung nachhaltiger Energien anmahnt und sich mit den „Spinnern" aus Windkraft- oder Biomasse-Branche zusammensetzt? Die Verwirrung ist komplett, denn momentan tut Angela Merkel beides zugleich. Ist es dann nicht reaktionär, wenn die grüne Opposition weiter den sofortigen Aus-stieg aus der Atomkraft fordert. Eherne Gewissheiten funktionieren nicht mehr, längst hat das Links-rechts-Schema seinen Geist aufgegeben.

So weit so bunt und verwirrend neu das Ganze. Doch während sich die politischen Akteure unter Schmerzen von den alten Positionen trennen, verabschieden sich die Menschen scharenweise von der veranstalteten Politik, die seit dem Millennium nur noch zwischen Bundestag und Polit-Talkshows stattzufinden scheint. Die Wähler werden immer häufiger zur gesellschaftlichen Minderheit. Charakteristischer Ausdruck dafür: Wir werden von den beiden Parteien regiert, die die letzte Wahl verloren haben. Politik als selbstreferenzielles System: Sind die Westerwelles, Merkels, Becks, Lafontaines, Gysis, Künasts und Roths möglicherweise die wirkliche Parallelgesellschaft, über die es sich zu sorgen gilt?

Viele Anzeichen sprechen jedenfalls dafür, dass es die ehemaligen Wähler und Nicht-Wähler immer häufiger selbst anpacken und engagierte Postpolitik im Stadtteil, im Kindergarten usw. machen und die Parallelgesellschaft der Profipolitik links liegen lassen. Wir haben bei unseren Recherchen viele Menschen getroffen, die wir für sehr politisch und extrem engagiert halten. Auch das ist ein Bestandteil der LOHAS-Kultur: „Warte nicht, bis die Politik und die normative Kraft des Faktischen dein Leben bestimmt, gestalte dein Leben selbst so weit es geht", so lautet eines ihrer Bekenntnisse. Junge Menschen in Dresden oder Wermelskirchen, reife Unruheständler in Mönchengladbach oder Hamburg, Kreative in Frankfurt oder München oder eben eine engagierte Familie am Prenzlauer Berg in Berlin treten an, um dem berühmten Satz von Karl Marx aus dem „18. Brumaire" einen neuen Sinn zu geben:

> *„Die Menschen machen ihre eigene Geschichte, aber sie machen sie nicht aus freien Stücken, nicht unter selbst gewählten, sondern unter unmittelbar vorgefundenen, gegebenen und überlieferten Umständen."*

Die LOHAS gehen davon aus, dass es allemal gelingen kann, Geschichte selbst zu machen und dabei die „überlieferten Umstände" für sich selbst zu nutzen und umzugestalten.

Roman Z. (35) und seine Lebensgefährtin Anna E. (37) leben mit ihrer 2-jährigen Tochter Leonie mitten auf dem Prenzlauer Berg. Politik zerfällt für sie in zwei völlig unterschiedliche Sphären: Regierungspolitik ist für sie das, was im Fernsehen stattfindet, Mikropolitik und bürgerschaftliches Engagement im Rahmen des eigenen Lebensumfeldes ist dagegen das andere:

> *„Meine Freundin ist in der Elternvertretung der Kita. Ich habe z. B. mal Werbegeschenke für die Kinder-Tombola organisiert. Das läuft nach dem Prinzip ‚give & take'. Die Kitas haben alle wenig Geld und können eigentlich nicht kostende-*

ckend arbeiten. Deswegen helfen wir als Eltern von außen mit. So gibt es etwa eine teilweise privat finanzierte Sauna für die Kinder. Oder auch einige der Spielsachen stammen aus dem Privatbesitz der Eltern. Ich glaube, wir können da von außen etwas mehr Schwung reinbringen."

Um Menschen wie Roman und Anna zu verstehen, genügt es nicht mehr, sie nach ihren politischen Überzeugungen und schon gar nicht nach ihren parteipolitischen Präferenzen zu kategorisieren. Anthony Giddens hat das Untauglichwerden der alten Links-rechts-Arithmetik bereits in den 1990er-Jahren in seinem Buch „Jenseits von Links und Rechts" (1997) konstatiert. Postpolitik ist Engagement und verantwortliches Handeln jenseits der ideologischen Gräben von einst. Postpolitik ist auch etwas komplett anderes als politischer Populismus, wie wir ihn mittlerweile von Alt-Rechts bis Alt-Links in fast allen Ländern Europas und in Südamerika kennen. Postpolitik transportiert das Bedürfnis vieler Menschen nach einer neuen Balance zwischen Individuum und Kollektiv, zwischen persönlicher Autonomie und überpersönlicher Verantwortung.

Politik als Handlungsraum einer Machtelite, die den passiven Wählern Welterklärungsmodelle zur Abstimmung vorlegt, ist offenbar eine Veranstaltung des 19. und 20. Jahrhunderts. Postpolitik muss eine Politik der Lebensstile sein. Und das heißt: In einer enttraditionalisierten Gesellschaft gibt es tendenziell keine Dogmen, keine ehernen Wahrheiten und Gewissheiten mehr. In der postpolitischen Ära gibt es keine Klassen, Schichten und Milieus mehr, die uns von Tradition und Natur auferlegt werden. Alles ist Gegenstand des Aushandelns, Verhandelns und menschlicher Entscheidungen.

Die LOHAS suchen genau nach dieser neuen Form der Politik und des Engagements. Giddens spricht von der Schaffung neuer Solidaritätsbeziehungen, die zwischen Neoliberalismus und Sozialismus, Individualismus und Kollektivismus zu schaffen seien. Grundlage hierfür ist die Herstellung von maximaler Handlungsautonomie seitens der Individuen in Wirtschaft und Gesellschaft. Autonomie bedeutet nicht Egoismus. Aber nur auf der Grundlage eines Selbstkonzeptes, das „ein zutreffendes Bild von den eigenen Emotionen hat und imstande ist, auf persönlicher Basis wirksam mit anderen zu kommunizieren" (Giddens: Jenseits von Links und Rechts, S.38.), lässt sich eine Politik *nach* der Politik vorstellen. Dass Politik wie bei Roman Z. und Anne E. als lokales Engagement stattfindet, war bereits in den 1990er-Jahren absehbar. Noch einmal Giddens:

„In den heutigen Gesellschaften gibt es weit mehr Mitglieder von Selbsthilfegruppen als von politischen Parteien." (S.38)

Wähler werden sich in den nächsten fünf bis zehn Jahren noch weiter von der offiziellen Politik abwenden. Parteienpolitik wird konsumiert – oder auch nicht. Die Wähler entscheiden immer stärker wie beim Einkauf im Supermarkt. Und da es keine innigen Parteibindungen mehr gibt, wird je nach Situation zugestimmt, abgestraft oder ignoriert. An die Stelle dessen, was wir einmal staatsbürgerliches Engagement genannt haben, treten postpolitische Konzepte und Bewegungen, die Solidarität, Individualität und Gesellschaft neu denken.

7. Von der Partygesellschaft zur neuen Erfahrungskultur

LOHAS sind keine neuen Puritaner oder postmoderne Asketen. Statt „Spaßhaben" wünschen sie sich Genuss. Das hat mit Erfahrungen zu tun und authentischen Erlebnissen.

Massenereignisse haben oft markante gesellschaftliche Veränderungen bewirkt – auch im Zeitalter der digitalen Medien und des Internets wird das so bleiben. Die Fußballweltmeisterschaft 2006 hat uns gleich drei überraschende Erkenntnisse gebracht: 1. Wir Deutschen können uns wieder freuen, mit anderen freuen und glücklich sein, auch wenn wir nicht Weltmeister werden. 2. Die Zeit ist reif dafür, dass wir stolz auf unser Land, stolz auf unsere Herkunft sein können, ohne in Verdacht zu geraten, die Schande unserer Vergangenheit leugnen zu wollen. Diese glückliche Erkenntnis haben wir allerdings fast ausschließlich der jungen Generation der unter-30-Jährigen zu verdanken, die das Fußballspektakel und vor allem die „Public Viewings" zu einer Massendemonstration genutzt haben, in der sich Patriotismus, Party und Spontaneität in ungekannter Weise in einen Glückszustand verwandelte. 3. Schließlich: Es gibt auch im 21. Jahrhundert den Wunsch nach Zusammensein, Gemeinsinn und Kollektivität in der „Offline-Welt" – jenseits der Internet-Communitys und Chatrooms.

Dass wir Deutschen als Gemeinschaft auf so unverhoffte Weise glücksfähig geworden sind, hat sicherlich auch damit zu tun, dass wir von den veranstalteten Ekstasen der Spaßgesellschaft gelernt haben. Die Spaßgesellschaft, wie sie in den 1990er-Jahren mit Filmkomödien-Hype, TV-Comedy-Boom, Loveparade, „Gute Zeiten, Schlechte Zeiten"-Emotionen und Ballermann-Ekstase stattfand, war tatsächlich der letzte Kampf einer Konsumwelt, wie wir sie kurze Zeit später nicht mehr akzeptieren wollten. Ein letztes Mal ließen wir uns von den global standardisierten Formaten des alten Leitmediums Fernsehen anlocken. Sönke Wortmann und Epigonen richteten zum letzten Mal eine Welt aus Zelluloid an, in der alle

„unheimlich verrückt" sind, Erwachsene grundsätzlich nur infantil von Liebe und Gefühlsverwirrungen daherstammeln und es grundsätzlich keine Tiefen und Abgründe geben darf. Doris Dörries „Männer" (1985) reichte nicht als Leitbild für ein ganzes Jahrzehnt deutscher Filmgeschichte, mit der Vortäuschung von Gefühlen lässt sich auf Dauer kein Publikum gewinnen.

1989 im Jahr des Mauerfalls fand die erste Loveparade in Berlin statt. 150 Raver zogen unter dem Motto „Friede, Freude, Eierkuchen" über den Ku'damm und durch die Tauentzienstraße. Bis ins Jahr 2001 durften Dr. Motte & Co. das exhibitionistische Techno-Event als politische Demonstration abhalten und bekamen die Reinigungskosten vom Berliner Senat bezahlt. Nachdem die Loveparade 2005 zum zweiten Mal mangels Sponsoreninteresse nicht zustande kam, wurde das Zentralereignis der deutschen Spaßgesellschaft beerdigt. Schon im Jahr 2002 meldete das Marketingblatt „Horizont", dass sich die Techno-Party nur mit Mühe und gerade einmal mithilfe von vier Sponsoren auf die Beine stellen ließ. Zwischenzeitlich hatte der Event mehr als eine Million Techno-Fans angezogen.

Techno, das war ein letzter Versuch, Pop- und Jugendkultur mit den bewährten Versprechen der Provokation und der jugendlichen Rebellion, des Exzesses und der Dissidenz aufzuladen. Bis dato war Pop nicht vorstellbar ohne den Gestus der Erschöpfung und der Abweichung. Doch Techno war am Ende nur noch die leere Kopie der Sehnsüchte der Popkultur. Und ihr Scheitern besiegelte das Ende von Pop: in reiner Geschwindigkeit, immer schneller, immer maschineller und über die Grenzen des Hörbaren hinaus.

Auch gediegenere Konzepte der veranstalteten Fröhlichkeit gerieten in die Krise. Die Jahre 2002 und 2003 waren Krisenjahre vor allem für die Freizeitparkveranstalter. Das Pariser Disneyland stand Ende 2004 kurz vor der Schließung, die Verluste waren enorm. Und nur durch eine Einigung mit den Gläubigern konnte der Konkurs in letzter Minute verhindert werden. Die Verluste der Lego-Freizeitparks in Deutschland und Dänemark beliefen sich im Jahr 2004 auf rund 66,6 Millionen Euro. Ein Erfolgsmodell wie der Freizeitpark in Rust lässt sich offenbar nicht unendlich vervielfältigen. Weitere und größere Freizeitpark-Projekte wurden im Krisenjahr 2003 auf Eis gelegt. Allen voran das auf deutschem Boden bislang ehrgeizigste Projekt, das International Entertainment Center (IEC) in Krefeld (850 Millionen Euro Erstinvestitionen), konnte von dem US-Filmstudio Universal nicht realisiert werden. Seither sucht der Geländeeigentümer, die Thyssen Krupp Immobilien, einen neuen Nutzer. Auch der geplante ZDF-Medienpark – ausschließlich von privater Hand getragen – wurde nie auf dem Mainzer Lerchenberg realisiert. Das 110 Millionen Euro teure Projekt, das auf insgesamt 55 Hektar die Wertschöpfungskette des „Zweiten" verlängern sollte, wurde einstweilen verschoben.

Statt Spaßhaben, Erlebniskaskaden in Hochgeschwindigkeit und veranstalteter Fröhlichkeit und massenmedialer Konfektionsunterhaltung suchen wir in unserer knappen freien Zeit nach authentischer Erfahrung. Wir möchten eher Zeit gewinnen und mit Sinn erfüllt erfahren, als dem „Zeitvertreib" zu huldigen. Zeitwohlstand und Eigenzeit statt des willenlosen Konsums von Zeit. Als wir im Jahr 2004 zusammen mit TNS Emnid eine Freizeitumfrage durchführten, hatten wir bereits den Verdacht, dass die Spaßgesellschaft auf dem Rückzug ist. Die Ergebnisse überraschten uns trotzdem: In einer repräsentativen Umfrage erklärten 91 Prozent der Deutschen, dass Freizeit für sie vor allem Zeitsouveränität bedeute, also gerade nicht die Organisation von Zeit via Freizeitparks etc. 90 Prozent gaben an, dass sie sich in der Freizeit mit Vorliebe um Familie und Freunde kümmerten. Nur dem letzten Platz (38 Prozent) rangierte der Konsum durch Shopping, Gastronomie oder Medien.

8.   Vom Broadcasting zum Narrowcasting: Mediendämmerung, Social Media, Web 2.0

Wir befinden uns gerade in einer Phase, in der sich die digitale Revolution durchzusetzen beginnt. Lange Zeit war die Digitalisierung eine stille und unsichtbare Revolution, die sich auf technologischer Ebene manifestierte und deshalb relativ weit weg war von unserem Alltag. Radio- und Fernsehstationen digitalisierten Ende der 1990er-Jahre ihre Produktions- und Programmabläufe, die Computerisierung von Verwaltungsprozessen wurde vorangetrieben, zugleich beschleunigten sich das Populärwerden des Internets und die Virtualisierung unserer Kommunikation. Zwischen 1997 und 2001 wuchs die Internetnutzung laut ARD/ZDF-Online-Studie um 38,8 Prozent von 4,11 Millionen Menschen (älter als 14 Jahre) auf 24,77 Millionen, die über einen Internetanschluss verfügen. Das Internet eroberte die Business-Kommunikation und begann mit Vehemenz in unser Privatleben vorzudringen. Aus einer Spezialtechnologie für Technikfreaks hatte sich eine unverzichtbare Alltagshilfe entwickelt, die Globalisierung der Kommunikation trat ihren Siegeszug an.

Keine Frage, das Internet ist unser neues Leit- und Lieblingsmedium. Nach der ARD-Online-Studie 2007 gibt es bereits 40,8 Millionen Menschen mit Internetanschluss. Auch bei den Menschen über 60 Jahren ist mittlerweile jeder Vierte im Netz (25,1 Prozent). Damit sind in Deutschland insgesamt 5,1 Millionen Menschen über 60 online, mehr als in der Gruppe der 14- bis 19-Jährigen, wo 4,9 Millionen über einen Internetzugang verfügen. War zu Beginn des neuen Jahrtausends noch von einem „digital gap" die Rede, der Arme und Reiche, Junge und Alte spalten würde, besteht heute Gewissheit darüber, dass das Internet als neues Leitmedium eine einzigartige Erfolgsgeschichte geschrieben hat.

Was hat das jetzt mit den Authentizitäts-Wünschen der LOHAS zu tun? Ganz einfach: Internet und Digitalisierung haben uns in den vergangenen knapp zehn Jahren aus der Umklammerung der Massenmedien befreit. Sie haben die Definitionsmacht des Fernsehens („Guten Abend, meine Damen und Herren") beendet. Heute sind wir nicht mehr von den Bildern des Fernsehens abhängig, wenn wir wissen wollen, was in der weiten Welt wirklich passiert. Damit ist unser Leben zwar nicht einfacher geworden. Aber die unsichtbare Revolution der digitalen Datenströme hat uns selbstständiger gemacht. Mehr noch: Sie hat unseren Umgang mit den Medien komplett auf den Kopf gestellt und uns vor allem auch neue Formen des (Selbst-)Genusses eröffnet.

Das fast schon mythische Jahr 2001 ist in dieser Hinsicht die Geburtsstunde einer neuen Medienlust gewesen. 2001 war nicht nur das Jahr von 9/11 und des weltweiten Konjunktureinbruchs. Es war unter anderem auch das Geburtsjahr des iPods. Steve Jobs, Apple-Gründer, überzeugter LOHAS-Anhänger und Innovationsgenie, lancierte Ende 2001 den kleinen Musikrekorder, während das übrige Silicon-Valley in tiefer Depression und Schreckensstarre verharrte. Bis dahin hatte sich niemand gefunden, der die Jahrhunderterfindung MP3 in ein Geschäftsmodell übersetzt hatte. Die MP3-Technologie, entwickelt von einer Arbeitsgruppe der deutschen Fraunhofer Gesellschaft um den Informatiker Karlheinz Brandenburg, war als technisches Patent schon lange bekannt. Bislang fristete sie jedoch eine Randexistenz als Spielzeug für minderjährige Musikpiraten im Internet. Napster, eine Downloadplatform, die illegal kostenlose Musikfiles anbot und 1998 von dem damals 18-jährigen Schüler Shawn Fanning gegründet worden war, setzte ein erstes Ausrufezeichen. Aber lange Zeit war völlig unklar, wie aus dem illegalen Musik-Downloadgeschäft ein rechtsgültiges Business gemacht werden könnte.

Jobs fürchtete, dass die Einführung von MP3-Player durch große Anbieter unmittelbar bevorstünde und fokussierte sich auf das Weihnachtsgeschäft des Jahres 2001. Mit dem iPod gelang es ihm, Musikbegeisterten das Herunterladen von einzelnen Musiktiteln über das Apple-Portal iTunes für nur 99 Cent anzubieten.

Jobs gelang, was bis vor Kurzem als unmöglich galt, er konnte viele Musikverlage und Plattenmajors überzeugen, ihre Produkte via iTunes im Netz zu vertreiben. Bis April 2007 wurden laut Apple mehr als 2,5 Milliarden Musikstücke heruntergeladen. Die Musikwelt hat sich verändert. Wetterten die Musikverlage bis vor Kurzem noch über die Zerstörung des CD-Geschäfts, weil seit einigen Jahren mehr bespielbare Rohlinge als Musik-CDs verkauft werden, breitet sich jetzt wieder Goldgräberstimmung aus. Im Jahr 2005 wurden in Westeuropa mit Online-Musik bereits 121 Millionen Euro verdient. Diese Zahl wird sich bis 2010 mindestens verzehnfachen und die Milliardengrenzen locker überspringen.

Spätestens dann werden wir auch in einer neuen Medienkultur leben: Individueller, näher an unseren Bedürfnissen, näher an unserem Alltag. Gegenüber den neuen Medien fordern die LOHAS die Rückerstattung der Zeitsouveränität. Das Fernsehen als Leitmedium der zweiten Hälfte des 20. Jahrhunderts hat unseren Alltag strukturiert. Broadcasting versorgte uns mit einem zustimmungsfähigen Bild der Welt. Narrowcasting heißt, dass der Adressat der Botschaft keine anonyme Masse mehr ist – wir selbst sind es, die von Internet, iPod und Blog angesprochen werden. Und damit verändern sich auch die Inhalte, die wir über die Medien beziehen. Sie werden persönlicher, individualisierter und emotionaler. Wir sind kein unpersönliches Vielfaches mehr, das allabendlich vor dem Fernseher Platz nimmt und duldsam die Welt erklärt bekommt. Wir wissen längst, dass es nicht die EINE Wahrheit gibt, und wir haben unsere eigenen Wirklichkeiten und Wünsche, die das Narrowcasting uns erfüllen soll.

Ein Wertewandel beziehungsweise die Veränderung von kollektiven Befindlichkeiten, Mentalitäten lässt sich allerdings nie direkt auf die Macht einer technologischen Innovation zurückführen. Technische Innovationen müssen sich erst mit gesellschaftlichen Bedürfnisstrukturen koppeln, um den Prozess eines Wertewandels anzustoßen. Die Liaison der digitalen Revolution mit unserem Wunsch nach Individualisierung und neuer Zeitsouveränität hat die Medienwelt auf den Kopf gestellt.

Auf den ersten Blick erscheint die Kultur der LOHAS also durchaus widersprüchlich:

LOHAS sehnen sich sowohl nach Neuem Luxus wie nach regionaler Verortung, verbinden Spiritualität mit Simplifying, entstauben alte Werte bei gleichzeitig neuem zivilgesellschaftlichen Engagement, wollen authentisch genießen, ohne dabei modernitätsfeindlich zu sein. Ganz im Gegenteil kennzeichnet sie eine ausgesprochene Technikaffinität. Waren diese Gegensätze zu Zeiten der Umweltbewegung oder auch bei den Alt-Ökos des ausgehenden 20. Jahrhunderts noch unvereinbar, ist es gerade der „Sowohl-als-auch"-Anspruch, der dem neuen Lebensstil heute sein Potenzial gibt. Spontan und ohne Dogmatismen wollen die LOHAS leben und genießen – das aber stets vor dem Hintergrund eines verantwortungsvollen Handelns. Wie dieser „Sowohl-als-auch"-Gedanke im Alltag umgesetzt wird, können Sie im folgenden Kapitel nachlesen.

3. Der Lebensstil des Sowohl-als-auch

Der Lebensstil des Sowohl-als-auch schmiedet Allianzen zwischen Lebensbereichen, Stilen, Überzeugungen und Formen des Genusses, die bislang als unvereinbar galten. Am Ende der Ideologien steht eine neue Lebenslust, Unvoreingenom-
menheit und Spontaneität: Die LOHAS machen diese ganzheitliche Perspektive
stark gegen das Entweder-oder-Denken der industriellen Zeitrechnung. In den
1980er-Jahren erlebten Hedonismus und Massenkonsum ihren Höhepunkt. Friedensbewegung, Alternative und Ökos inszenierten eine Gegenkultur, die indes
nicht weniger konsumorientiert war. Von diesen Ideologien des (Anti-)Konsums
und des „richtigen Lebens" hebt sich die Glücksstrategie der LOHAS ab. Die
LOHAS entdecken die Wirklichkeit auf neue und intensivere Weise, weil sie sich
über die alten Grenzen von Genuss und Geschmack hinwegsetzen.

Das große „Irgendwie": Willkommen zum Protest-Pop auf der Nordseeinsel

Heiligendamm, Anfang Juni 2007, die Weltregierung tagt auf der Ostseeinsel,
Tornados der Bundeswehr kreisen über dem idyllischen Veranstaltungsort. Im
Bodeneinsatz befinden sich rund 16 000 Polizisten, die etwa 10 000 Demonstranten in Schach halten sollen. Die Gefahr, mit der die Sicherheitsexperten, Kri-
senstäbe und Task Forces kalkulieren, geht indes nicht von den Demonstranten
auf Feld und Flur aus. Der Kampffliegereinsatz zeigt, dass die Experten mit dem
Unausdenkbaren rechnen, einem Anschlag von Terroristen aus der Luft. Polizei
und Protestler am Boden erklären kurz nach Beendigung des Gipfels einhellig ihre Zufriedenheit mit dem Ablauf, auch wenn die Randale des schwarzen Blocks
für kurze Zeit außer Kontrolle zu geraten scheint. Kleinere Kollateralschäden: Die
Verwüstungen von Feldern und Fluren durch die Proteste betragen nach Schät-
zungen mehrere Tausend Euro. Ministerpräsident Ringstorff stellte anschließend
den Bauern rund um Heiligendamm Hilfen für Ernteausfälle infolge der Protest-
märsche in Aussicht. Der Einzelhandel in den Städten Bad Doberan, Kühlungs-

born und Rostock war mit der Gipfelbilanz gar nicht zufrieden. Die Umsätze betrugen aufgrund der Blockaden und ausbleibenden Touristen während des Gipfels fast durchgängig nur etwa 20 Prozent des sonst Üblichen. Ein Einzelhandelssprecher bezifferte den Umsatzverlust auf rund 16 Millionen Euro. Wie passt Protest noch in die heutige Welt?

Im ARD-Kulturmagazin „Polylux" werden Demonstranten befragt, aus welchen Gründen sie an der Demonstration teilnehmen. Wir sehen Transparente, die mit Aufschriften wie „Friede, Freude, Alles" eher auf ein entspanntes Wochenende einstellen sollen. „G8 ist irgendwie ein Symbol für ziemlich viel Scheiße, die auf der Welt läuft", erklärt Markus gegenüber „Polylux". „Die G8, die dürfen nicht so einfach über uns bestimmen", findet ein anderer Demonstrant. Wir fragen uns: Wo ist der Feind, und ist das nicht „irgendwie" eigentlich eine Party hier? Selbst das Antiglobalisierungsnetzwerk Attac spricht in einem Video, das vorab erstellt wurde, die Protestler als Party-Publikum an: „Die Proteste gegen die G8-Gipfel werden ein einmaliges Ereignis", verspricht Attac-Sprecher Pedram Shahyer, während im Hintergrund junge Menschen halb nackt in einen Swimmingpool stürmen. „Mit 10 000 Leuten aus ganz Europa werden wir demonstrieren, blockieren und feiern für eine bessere und gerechtere Welt. Verpasst es nicht, das wird ein Ereignis, das ihr noch euren Nichten und Neffen erzählen werdet", verspricht der Aktivist. Klingt „irgendwie" gut.

Was heißt es im 21. Jahrhundert „dagegen" zu sein, was heißt es gegen G8 zu sein? Sind die „Latschdemos" nicht längst zur Protest-Folklore verkommen? Müssen die Probleme der Dritten Welt nicht auf anderem Weg bekämpft werden? Anfang der 1980er-Jahre war Ronald Reagan noch ein einfach zu berechnendes Feindbild: „Graue B-Filmhelden regieren jetzt die Welt", wie die „Fehlfarben" 1980 in ihrem ironischen Hit „Ein Jahr (es geht voran)" sangen. Reagan stand für den Atomkrieg, den die „Amis" rücksichtslos auf deutschem Gebiet gegen die Sowjetunion führen würden. Aber warum sollten wir heute Angela Merkels Ringen um den Klima-Kompromiss verhindern? Wo ist jetzt das Feindbild? Die Demonstranten in Heiligendamm sind auf jeden Fall erst einmal da und fordern Medienpräsenz ein. Eine Jugendgeneration auf der Suche nach einem neuen Wir-Gefühl. Der Veranstaltungsmacher Henning Obens von „Move against G8" fordert: „Widerstand und Protest [muss] auch sexy sein können." Er spricht von „Protest-Kultur", einer „rebellischen Attitüde", die schon immer zum Protest dazu gehört habe.

Wir lernen daraus: Hier wird nicht protestiert, hier findet eine Party statt, an dessen Ende so etwas wie ein Wir-Gefühl stehen könnte – oder auch nicht. Unter den Party-Protestlern gibt es ein dumpfes Gefühl des Unbehagens und den vagen Wunsch nach Gemeinsinn. Judith Holofernes, eloquente Bandleaderin von „Wir sind Helden", windet sich sichtlich, um der Protest-Party und dem eigenen Auftritt „irgendwie" einen politischen Sinn zu geben: „ … G8-Gipfel [ist] ein wichtiger, wirkungsvoller Hebelpunkt […], an dem ganz, ganz viele Themen zusammenlaufen, die in der Welt für großes Leiden sorgen …" Die Musik von „Wir sind Helden" sorgt schließlich dafür, dass auch die Randalierer aus dem schwarzen Block die Steine aus der Hand legen. Am Ende des Tages, so schließt der Bericht in „Polylux", kommen auch die Autonomen zum Konzert, „nicht, um zu stören, sondern um ein bisschen mitzutanzen".

In den vergangenen Jahren sind viele Weltbilder zersprungen, Überzeugungen haben sich in Luft aufgelöst. Wir möchten nicht die Anliegen der Demonstranten denunzieren. Was dieser kleine Ausschnitt aus der Lebenswirklichkeit des Jahres 2007 jedoch zeigt, ist, dass viele Gewissheiten, die wir einmal für zeitlos gehalten haben, verschwunden sind („Könnte der G8-Gipfel nicht auch der geeignete Anlass sein für die Rettung der Welt?"). Verknüpfungen rasten nicht mehr so einfach ein wie früher, Feindbilder müssen neu überdacht werden: Was nutzt das Bush-Bashing, wenn wir das globale Klima retten wollen? Der Blick von „Polylux" ist vielleicht weniger sarkastisch als die verworrene Situation selbst. Er enthüllt auf jeden Fall, dass Protest (zumindest die bundesdeutsche Protestgeschichte seit den 1950er-Jahren) schon immer auch Züge von Party und Event hatte. Nur heute, wo wir nicht mehr kurzerhand die „Globalisierung", den „Kapitalismus", die „Amerikaner" usw. verantwortlich machen können, entlarvt sich „Protest-Kultur" als Ausdruck eines diffusen „Lebensgefühls". Und heute gibt es Protestagenturen wie „Move against G8", die dieses Lebensgefühl professionell inszenieren.

Doch das Zeitalter der Ideologien ist endgültig vorbei. Ideologien machen die Welt einfacher, schaffen klare Fronten und einfache Feindbilder. Aber wir haben die Generalisierungen des Entweder-oder-Denkens („Globalisierung", „Kapitalismus", „Amerika") satt. Wir möchten die Welt nicht mehr in Sperrzonen des unverrückbar Guten und der Inkarnation des Bösen aufteilen. Insofern ist die Protest-Party, wie sie im Umfeld des G8-Gipfels stattfand, ein beredtes Symbol für die Veränderung, mit der wir es zu tun haben und die uns in den nächsten Jahren nicht loslassen wird. Vieles in der Ära nach den Ideologien endet einstweilen in Ratlosigkeit, sucht nach einer neuen Form der Artikulation. Es entsteht aber auch die Chance, nach der Auflösung des Entweder-oder-Schemas neue Horizonte zu entdecken.

Tatsächlich war auch die Friedensbewegung der frühen 1980er-Jahre für viele ein ziemlich wilder Lebensstil-Cocktail, gemixt aus Empörung, Angst, Unsicherheit, Kollektivsehnsucht, Erkenntnissuche, Identitätswunsch, Lebensgefühl und Protest-Attitüde. Im Gegensatz zur G8-Protest-Party war die Friedensbewegung jedoch einseitig und ideologisch. Im Nachhinein hat sich herausgestellt, wie stark die Friedensbewegung von Kommunisten und der SED unterwandert war und im Anti-Amerikanismus seine zentrale Motivation hatte. Wer nach Orientierung sucht, wird bei solch einfachen Wahrheiten, Ideologien, Feindbildern und Generalisierungen immer fündig. Die Friedensbewegung lieferte genau das. Aus diesem Dilemma möchten wir heute ausbrechen.

Eine Grunddefinition des LOHAS-Lifestyles lautet: „Always the whole picture!" Bei allem, was wir tun, möchten wir das „ganze Bild" sehen, wir möchten hinter den Vorhang der gesellschaftlichen Öffentlichkeit schauen, denn wir möchten wissen, wer die Puppen tanzen lässt, wer die Fäden in der Hand hält und welche Interessen die Akteure haben, die uns von den Bühnen der Welt anlächeln. Wir lassen uns nicht mehr so leicht von einfachen Feindbildern überzeugen. Wir beanspruchen eine komplexe Weltsicht, die zwangsläufig von Brüchen und Widersprüchen gekennzeichnet ist.

Aber „the big picture" führt uns auch zu neuen Einsichten: Statt des ideologischen Entweder-oder bevorzugen wir den Lebensstil des Sowohl-als-auch. Wir möchten gesund UND genussvoll leben, Ich UND Gemeinschaft sind uns wichtig, Vergnügen UND Verantwortung. Wir lieben Natur UND Hightech, sorgen uns um unser eigenes Selbst UND um die Zukunft des Planeten. Mit dem Lebensstil des Sowohl-als-auch verlassen wir nicht nur die Ära der Ideologien und des Blockdenkens, wir verlassen auch den Wohlstandskonsum des 20. Jahrhunderts. Wie wir gleich sehen werden, gehörten Hedonismus, Konsumüberfluss, Protest und Alternativkultur in den 1980er-Jahren auf bizarre Weise zusammen.

Die Welt hinter der Wohlstandswelt: Aus der Wohlstands- in die Wohlfühlgesellschaft

Um verstehen zu können, wie weitreichend der Wertewandel der LOHAS tatsächlich ist, sollten wir uns kurz vergegenwärtigen, aus welcher Welt wir kommen, welchen Zeitgeist wir eingeatmet und welche Lebensstile, Irrungen und Wirrungen wir durchlebt haben. Auf diese Weise werden wir besser begreifen, was wir heute hinter uns lassen und wovon wir uns befreien wollen. Wir kommen bei dieser Zeitreise noch einmal auf Demonstranten und Protestler zurück. Vor allem aber landen wir in den üppigen Armen der Konsumwelt der zweiten Hälfte des 20. Jahrhunderts. Also gehen wir für einen kurzen Moment zurück in die Welt von Massenkonsum und Ost-West-Konflikt. Die 1980er-Jahre sind die Schlüssel-Dekade, in der Wohlstandskonsum und die Alternativ-Kultur des Dagegenseins zu voller Blüte kommen und schließlich an ihre Grenzen stoßen.

Bis in die 1970er-Jahre haben wir uns (bzw. unsere Eltern und Großeltern) über den Massenkonsum und die Teilhabe an der Wohlstandsgesellschaft definiert. Besonders die 1980er-Jahre, aber auch die 1990er-Jahre waren die Dekaden des Hedonismus und der Spaßgesellschaft. Jetzt (eigentlich schon seit Ende der 1990er-Jahre) sehnen wir uns nach Authentizität. Was uns antreibt, ist ein neuer Wirklichkeitshunger, das Bedürfnis nach dem Besonderen, dem Ursprünglichen, Wahrhaftigen und Unverfälschten. Da wir in einer aufgeklärten und bestens informierten Kultur leben, ahnen wir, dass es das Authentische in Reinkultur wahrscheinlich gar nicht gibt. Aber gerade deshalb sehnen wir uns umso mehr danach.

Der Wertewandel, den wir gerade durchleben, äußert sich auf vielen Ebenen. Konsum wird immer individueller und bekommt eine völlig neue Bedeutung für uns selbst und in unserer Gesellschaft. Eigentlich ist das Wort Konsum unverlierbar an das Modell der Wohlstandsgesellschaft gebunden, deren ureigenster Antrieb die Schaffung von Wohlstand für möglichst viele Menschen ist. Massenkonsum war zumindest bis Ende der 1980er-Jahre insofern ein Erfolgsmodell, als er in den westlichen Gesellschaften der Nachkriegszeit nicht zuletzt für stabile Demokratien und ökonomische Systeme gesorgt hatte. Diese Phase der Demokratisierung des Wohlstands lassen wir jetzt hinter uns. Konsum bindet sich für uns heute viel stärker an Werte und an Wünsche wie persönliche Autonomie, Selbstvervollkommnung, einzigartige Erfahrungen usw. Konsum verspricht weniger Mangelbeseitigung, sondern zuallererst Lebensqualität und individuelles Wohlfühlen. Um es deutlich zu sagen: Damit ist Konsumieren nicht weniger wichtig geworden, aber unsere Bedürfnisse haben sich stärker von materiellen Bedürfnissen entfernt, Konsum ist zu großen Teilen zu einer Ökonomie des Immateriellen geworden. Auf eine einfache Formel gebracht: Wir entwickeln uns von der Wohlstandsgesellschaft in eine Wohlfühlgesellschaft.

Hier melden sich die ersten Bedenkenträger zu Wort: „Wer kann schon so weltfremd sein und Wohlfühlen und Wellness zum künftigen Gesellschaftsmodell erklären? Was sagt wohl ein Hartz-IV-Empfänger dazu, dass sein Lebensglück in Zukunft davon abhängt, dass er sich öfter mal entspannt? Wie sieht denn das ökonomische Modell einer solchen Wohlfühlgesellschaft aus, werden wir statt Stahl zu produzieren durch Ayurveda-Kuren und Talasso-Therapien das Bruttosozialprodukt, Reichtum und Wohlstand sicherstellen? Zukunftsfähige Wertschöpfung, indem wir uns von morgens bis abends selbst den Nacken massieren? Tarifverhandlungen unter dem Eindruck von Räucherstäbchen und …

Wir meinen mit Wohlfühlgesellschaft einen Lebensstil, der Stichworte wie Selfness, Selbstkompetenz, aber auch gesunden Genuss anstrebt. Die Industrie- oder Wohlstandsgesellschaft basierte vor allem auf der Ausbeutung und Ausschöpfung der Ressourcen, Ressourcen der Natur und der Arbeitskraft. Die Wohlfühlgesellschaft macht eine nachhaltige Wirtschaft und ein selbstkompetentes Individuum zu ihrem Ideal. Oder wie es der bekannte britische Soziologe Anthony Giddens ausgedrückt hat: Nur auf der Grundlage eines Selbstkonzeptes, das „ein zutreffendes Bild von den eigenen Emotionen hat und imstande ist, auf persönlicher Basis wirksam mit anderen zu kommunizieren" werden wir in Zukunft ein zufriedenes Leben führen. Politik, die zukunftsfähig ist, so Giddens weiter, muss dann konsequente Lebensstil-Politik oder Lebenspolitik sein. Was er damit im engeren Sinne meint, ist purer LOHAS-Lifestyle:

> *„Die Lebenspolitik ist keine Politik der Lebenschancen, sondern eine Politik der Lebensstile. Dabei geht es um Auseinandersetzungen und Kontroversen über die Art und Weise, in der wir (als Individuen wie als kollektive Menschheit) in einer Welt leben sollten, in der das, was früher entweder von der Natur oder von der Tradition bestimmt wurde, nunmehr Gegenstand menschlicher Entscheidungen ist."*

Längst nicht mehr von der Hand zu weisen ist, dass wir uns aus der Industriegesellschaft verabschiedet haben. McKinsey hat errechnet, dass im Jahr 2020 nur noch 15 Prozent der weltweit Beschäftigten als klassische Arbeiter gelten können, die in der Produktion, der Rohstoffgewinnung oder in der Landwirtschaft tätig sind, im Jahr 2000 waren immerhin noch 38 Prozent in diesem Sektor beschäftigt. Die Mehrzahl der Menschen, genau ein Viertel aller weltweit Beschäftigten wird sein Geld als Wissensarbeiter mit Strategie und Organisation verdienen. Die Hälfte der arbeitenden Global-Bevölkerung wird im Dienstleistungssektor tätig sein. Gegenüber dem Jahr 2020 waren die Verhältnisse zu Beginn des 20. Jahrhunderts genau umgekehrt: 83 Prozent der Menschen verdienten im Jahr 1900 ihr Geld als Arbeiter, sechs Prozent als Dienstleister und gerade einmal elf Prozent als Wissensarbeiter und Strategen.

Mit ähnlicher Regelmäßigkeit verabschieden wir uns immer mehr vom Massenkonsum und vom Massengeschmack. Unternehmen und Branchen haben den

Trend erkannt und versuchen darauf zunächst mit der Schaffung immer neuer Produkte für immer individuellere Bedürfnisse zu reagieren. Jährlich kommen circa 35 000 neue Artikel auf den Markt. Gut 700 neue Artikel pro Woche warten auf Einlistung auf die begehrten Verkaufsflächen des Handels. (BEL Insider bestätigen in der Lebensmittelbranche eine Floprate neuer Produkte von mindestens 65 Prozent. In Deutschland unter anderem 311 neue Tütensuppen, 584 Feinkostsaucen, 1561 Schokoladen und 2505 alkoholfreie Getränke.) Giganten aus der Lifestyle-Branche reagieren darauf, indem sie massenhaft Individualprodukte anbieten, sogenannte Mass Customization. Nike fordert unter dem Claim „Mach ihn zu deinem Schuh, indem du deine Farbe auswählst" Kunden auf, aktiv an der Produktgestaltung teilzunehmen. Farbwahl und Materialwahl sorgen so für das Gefühl, ein personalisiertes Einzelstück in Händen zu halten.

Wer möchte heute schon zu einer breiten Masse gehören, die dem identischen Normgeschmack hinterherhechelt. Wir sind einzigartig und möchten das im Konsum nacherleben. Die Schuhindustrie steht exemplarisch für dieses Potenzial der Mass Customization. Eine Umfrage zeigt, dass 60 Prozent aller Erstanfragen nicht bedient werden können, die Menschen haben mittlerweile extrem individuelle Ansprüche an ihre Kleidung. Eine Nische, die zum Beispiel „Selve. The Shoe Individualizer" erfolgreich nutzt. Hier wählt der Kunde in Ladenlokalen oder via Internet unter diversen Lederarten, Weiten, Farben, Sohlen und Absätzen. Der Herzogenauracher Sportkonzern Adidas beliefert mit einem ähnlichen Konzept Hobbysportler mit personalisierten Schuhen und verspricht: „We treat you like a top-athlete."

Mittlerweile gibt es das Parfüm „für mich", z.B. bei Body-Shop und OKI-NI in England. Assist Pharma stellt für Kranke die individuelle Arzneidosis zusammen und erinnert daran, dass die Medikamente auch genommen werden. Mymuesli. com stellt die individuellen Frühstücksflocken zusammen, für Allergiker und für gesunde Genießer. Die britischen myhotels fragen Geschäftsreisende beim Einchecken nicht nur nach Personalausweis und Kreditkarte, sondern berücksichtigen möglichst viele Einrichtungs- und Servicewünsche. Pfalznudel formt seine Nudeln nach den Formvorstellungen der Kunden. Dank den kanadischen Elite Vintners können Kenner ihren eigenen Wein „mixen". Nachdem sie die Rebsorten und das Mischungsverhältnis der einzelnen Sorten festgelegt haben, erhalten sie innerhalb von zwei Werktagen ein Weinkonzentrat, aus dem dann circa das 2,5-Fache an Wein hergestellt werden kann. Das Endprodukt kann dann auch mit dem eigenen oder einem individuellen Namen gekrönt werden. Alles das und noch viel mehr ist längst möglich und üblich. Doch diese massenhafte Individualisierung wird in erster Linie ein kleines Zusatzgeschäft für Handel und Industrie sein.

Wir wissen, dass bei solchen und ähnlichen Produkten häufig nur der Schein von Individualität erzeugt wird, Prothesen-Individualismus: Dass es Massenproduktion ist, individueller gemacht um die Farbe, die sich der Kunde für einen Aufpreis hinzuwünschen darf, um sich anschließend selbst wie ein auserwähltes Unikat fühlen zu können. Die Stars und Sternchen selbst finden ebenfalls Freude an der Pseudoindividualisierung. Jeder Fußballstar, der etwas auf sich hält, lässt sich von Adidas, Nike und Puma individuelle, handgenähte Treter basteln. Brasiliens Star Kaka trägt Stollenschuhe mit „Jesus in first place" auf der Lasche. Das Kicker-Model David Beckham – der auch gern mal die Unterwäsche seiner Frau trägt und mit lackierten Fingernägeln auftritt – hat von Adidas eine individuelle Farbe entwickeln lassen. Auf den Handgemachten befindet sich außerdem noch ein eigenes Logo, die Namen der drei Söhne, das eigene Autogramm sowie Initialen und Trikotnummer als Stickerei auf der Ferse.

Für uns selbst werden andere Dinge wichtiger als Überfluss, preisgünstige Produktstandards, unendliche haltbare, weil hocherhitzte Milchprodukte oder billige Fernsehgeräte. Wir haben schon alles und wollen mehr auch nicht mehr haben. In einer Welt, in der praktisch alles konsumierbar geworden ist, in der Instant-Religion mit Sinnsprüchen auf Teebeuteln verkauft wird und Waren via Internet in Stunden um den Globus gejagt und dem Empfänger vor die Haustür gestellt werden können, wäre es jedoch weltfremd, von einem Leben ohne Konsum zu träumen. Es ist sicher fraglich, ob wir Urlaubsangebote wie „Urlaub in der Gosse" brauchen, den das Holländische Reiseunternehmen Kamstra Travel (www.kamstra-travel.nl) anbietet. Der 4-Tages-Trip soll den Teilnehmern vermitteln, was es heißt, ohne Dach über dem Kopf zu leben. Oder im Urlaub erlebnishalber für ein paar Tage wie ein rechtloser Sklave auf einem Containerschiff (www.frachtschiff-reisenpfeiffer.de) zu leben.

Fest steht, dass wir auch noch in hundert Jahren konsumieren werden. Die Frage, die sich allerdings schon heute stellt (und bei Marketingmanagern die Gretchenfrage schlechthin ist): Wie sieht der Konsum der Zukunft aus, der sich nicht mehr nur über Habenwollen, massenhaften Wohlstand, Luxus für alle und Warenüberfluss definiert? Die LOHAS-Kultur ist definitiv keine Kultur der Konsumverweigerer. Aber die LOHAS suchen nach Auswegen aus der Welt des Immer-mehr, Immer-billiger.

Um genauer verstehen zu können, wie diese neue Welt der Wünsche aussieht, werfen wir einen kurzen Blick auf die Ding- und Wertewelt, die wir gerade zu verlassen beginnen. Wie konsumierten wir in der Wohlstandsgesellschaft und wie werden wir in der Wohlfühlgesellschaft konsumieren? Was hat dieser Konsumstil mit dem Ende der Ideologien zu tun? Bei dieser Gegenüberstellung wird auch klar werden, weswegen die LOHAS tatsächlich keine Konsumrebellen sind, jedoch den Konsum völlig neu erfinden.

Wie wir wurden, was wir künftig nicht mehr sein wollen: Das magische Quadrat des Wohlstands

Die Wohlstandskultur der demokratisierten Massenprodukte erstreckte sich im Grunde über die gesamte zweite Hälfte des 20. Jahrhunderts. Grundsätzlich lässt sich der Konsumstil der Wohlstandsgesellschaft an vier sehr konkreten Dingen festmachen:

➤ Automobilität

➤ Kühlschrank

➤ Fernsehen

➤ Supermarkt

Unser Leben in der zweiten Hälfte des 20. Jahrhunderts vollzog sich innerhalb eines festen Quadrates. Der Segen der Automobilität hat uns in der zweiten Hälfte des 20. Jahrhunderts zu Massentouristen gemacht. Italien war plötzlich kein unerreichbares Arkadien mehr, sondern praktisch über die Autobahn zu erreichen. Der Brenner, einstmals ein unwirtliches Gebirge zwischen Österreich und Italien, wurde zum leicht passierbaren Tor, hinter dem unsere Träume von Sonne, Strand und Dolce Vita wahr wurden. Mit dem Auto erfuhr unsere Idee der bürgerlichen Kleinfamilie ihre Krönung: Das Zuhause als Hort der Sicherheit und des Vertrauten, das Auto als fahrbarer Cocoon, der die Familie bequem in die Welt hinausbrachte. Schnell avancierten Käfer & Co. vom nützlichen Transportmittel zum Lustobjekt und Wohlstandssymbol. Zu Beginn der 1950er-Jahre nutzte der durchschnittliche Besitzer seinen Wagen jeden zweiten Tag einmal. Mitte der 1980er-Jahre waren es bereits zwei Fahrten pro Tag. Dazu passt, dass Automobilität auch noch aus einem anderen Grund ein Schlüsselphänomen für die Wohlstands-Ära wurde: Mit dem PKW brachen wir auf, um im Supermarkt in der City oder auf der grünen Wiese unsere Einkäufe zu machen und teilzuhaben an der Welt des demokratisierten Konsums. Bis 1971 erreichte die Zahl der Supermärkte eine gigantische Höhe: 86 398 Läden, so viel wie später nie wieder. Die Regale quollen über. 1958 zählten die Statistiker durchschnittlich 998 Artikel in einem Supermarkt, bis 1988 wuchs die Zahl auf 6 000 Artikel. Größere Malls und Einkaufszentren brachten es bis auf 24 000 Produkte. 1958 boten die Läden durchschnittlich 21 Sorten Obst und Gemüse an, 1988 waren es sage und schreibe 117 verschiedene Sorten. Immer mehr und immer ein bisschen mehr vom Gleichen: 1958 wurden durchschnittlich 65 Frischmilchprodukte im Supermarkt gezählt, 1988 waren es 565.

Eine weitere wichtige Wohlstandsmaschine war der Kühlschrank. Die massenhafte Verfügbarkeit des Kühlschranks kann in seiner Bedeutung für die Durchsetzung dieses bundesdeutschen Wohlstandsmodells gar nicht hoch genug eingeschätzt werden. 1955 verfügten erst elf Prozent der privaten Haushalte über einen Kühlschrank. Bauknecht dichtete damals in einem Werbespot:

> *„Da glänzt ein hellrotes Weingelee, dort warten Kugeln aus Sardellenbutter neben dem geeisten Obstsalat. Und der Rest der schönen Zitronencreme kann ruhig noch bis morgen stehen. Er bleibt ja köstlich frisch. Die leere Ecke rechts aber, die lockt am meisten, gerade, weil sie leer ist und gefüllt werden muss. Unser schöner Bauknecht soll doch tatsächlich und restlos ausgefüllt werden."*

Die moderne Technik ermöglichte das diskrete Nebeneinander von Sardellenbutter und Zitronencreme. Ansonsten wurde der Kühlschrank auch Symbol für das Ende des Hungerleidens und die dickbauchige Wohlstandswelt, was leer ist, muss gefüllt werden. 1962 gehörten nur der Staubsauger und der Kühlschrank zur Standardausstattung im bundesdeutschen Heim, 1973 verfügten bereit 93 Prozent der Haushalte über einen Kühlschrank – der elektrische Eisschrank war zu einem Symbol des Massenwohlstands geworden. Er gewährleistete eine erweiterte Vorratshaltung, verschaffte den Supermärkten erst ihre Existenzberechtigung und erlaubte es, dass wir uns in der Familie einschließen und zu Couchpotatoes werden konnten. Ohne den Kühlschrank keine Familienfeiern und Weihnachts- bzw. Osterwochenenden. Ohne den geduldigen Eisschrank, wie viele ihn am Anfang nannten (Axel Hacke bezeichnete ihn im „Süddeutschen"-Magazin so wunderbar als melancholisch-weisen Lebensbegleiter), wäre schließlich auch die Erfolgsgeschichte des Fernsehens, der Werbung und des Massenmarketings nicht möglich gewesen.

Mit dem Kühlschrank konnte man sich in den 1960er-Jahren zur Cocktailparty nach Hause zurückziehen, die Nazis hatten das öffentliche Leben mit ihren faschistischen Inszenierungen korrumpiert, der Kühlschrank erlaubte Spurenelemente von Weltläufigkeit und Savoir Vivre in den eigenen vier Wänden. Und ohne den Kühlschrank wären in den 1980er-Jahren selbstverständlich keine ausgedehnten Wimbledon-Boris-Becker-Tage vor dem Fernseher möglich gewesen (mindestens zwei Regenunterbrechungen und Erdbeerkuchen aus dem Kühlschrank inklusive). Das Leitmedium TV ist natürlich noch auf vielfach andere Weise mit dem Wohlstandsmedium der industriellen Epoche des 20. Jahrhunderts verbunden. Das Fernsehen wurde in dieser Zeit tatsächlich zu einem „Fenster zur Welt", wie es die Fernsehgeräteindustrie bereits in den 1950er-Jahren formulierte. Im Laufe der 1960er-Jahre avancierte der Flimmerkasten zum Leitmedium, das Fernsehen bediente unser Bedürfnis nach Zerstreuung und erklärte uns, was in der Welt passierte.

Mit dem Mächtigwerden des Fernsehens wurde die überredende, Produkte empfehlende Werbung erst möglich. Das, was uns die 30-Sekunden-Werbespots des Fernsehens zum Kauf empfahlen, holten wir uns am nächsten Tag mit dem Ford Taunus oder Opel Rekord. Eine geschlossene Wohlstandswelt, zusammengehalten von Kühlschrank, PKW, Supermarkt, Fernsehen und Kaufempfehlungen. In den Werbespots und Fernsehserien der Zeit spiegelte sich gleichzeitig das Bild der bürgerlichen Kleinfamilie. Ein geschlossener Kosmos einer selbstzufriedenen Wohlstandswelt.

Vom Wohlstandsquadrat zum Wohlfühlquadrat

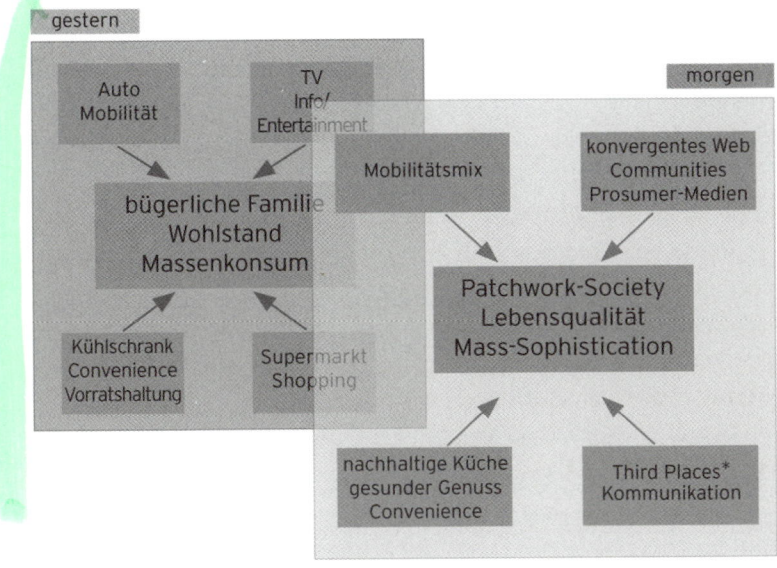

Quelle: © Zukunftsinstitut GmbH 2006

Was wir uns heute wünschen, ist nichts mehr und nichts weniger, als aus diesem starren Quadrat auszubrechen. Leben in diesem vorausberechenbaren Rechteck hatte etwas Autistisches. Im Alltag und intuitiv „bei uns selbst" wissen wir längst, dass wir aus dieser Wohlstands- und Versorgungskultur, der gleichmacherischen Befriedigung und des wohlanständigen Konsumierens herauswollen. „More is a bore", der Terror des Zuviels und des Überflusses quält uns spätestens seit den 1990er-Jahren. Wir sind direkt vom „Konsumüberfluss in den Konsumüberdruss" (M. Horx) getorkelt. Was wir jetzt suchen, das sind neue Techniken des Wohlfühlens, des Erfahrens, eine neue Kommunikation mit unserer menschlichen, natürlichen und kreatürlichen Umwelt.

Konsum, Protest, Anderssein: Fluchtversuch in eine Anti-Konsumwelt der „alternativen" 1980er-Jahre

Wir haben auch schon früher Auswege aus dem Wohlstandsquadrat gesucht, nämlich in den 1980ern. In der zweiten Hälfte des 20. Jahrhunderts lebten wir tatsächlich im Konsumterror, das lässt sich aus heutiger Sicht überhaupt nicht mehr bestreiten. Wer uns die Übersättigung seit den 1970er- und 1980er-Jahren eingebrockt hatte, glaubten wir damals ganz schnell erkannt zu haben: der „Kapitalismus", „Amerika", die „Marktwirtschaft".

Bürgerbewegungen, Anti-AKW-Bewegung, Ostermarschierer, die Adorno-Schüler an den Universitäten, die von kritischen Adorno-Schülern ausgebildeten kritischen Akademiker, die das kritische öffentlich-rechtliche Fernsehen prägten usw. – alle hatten uns schnell davon überzeugt, dass der Konsumterror nicht das richtige Leben sein konnte. In den 1970er- und 1980er-Jahren litten wir am Konsumüberfluss – und badeten gleichzeitig darin. Wir entkamen dem Wohlstandsquadrat nicht, merkten das allerdings nicht oder wollten es nicht merken, wenn wir von der Alternativbuchhandlung direkt zum Griechen rüberschlenderten, um Weizenbier zu trinken. Eigentlich lehnten wir den Konsum nicht ab, wir liebten ihn. Klugerweise hatten wir – wie immer auf der Seite derjenigen, die das Richtige tun – vorher entschieden, was „richtiger" und was „falscher" Konsum ist. Der „falsche" Konsum, das war alles das, was die anderen konsumierten, das war der Wohlstandskonsum, der uns massenmedial Tag für Tag von dem Leitmedium Fernsehen empfohlen wurde. „Falscher" Konsum, das war alles das, was uns die „Wegwerfgesellschaft", die „Amerikanisierung" tagtäglich in den Supermärkten und Kaufhäusern vor die Füße kippte.

Der „richtige" Konsum, das war die exzessive Hinwendung zu den legalen Drogen wie Alkohol und selbst gedrehten Zigaretten (natürlich auch zu den illegalen). Das bedeutete aber auch den exzessiven Konsum von Rock und Pop und subkultureller Alltagskultur. Feten, Festivals, Plattenläden, Stammkneipen, die für viele zu Ersatzwohnzimmern wurden. Pizza, Zaziki und Cevapcici (als Gegenmodelle zu Mutters zaghafter Multikulti-Innovation des Hawai-Toasts). Doch auf vertrackte Weise definierten wir unseren alternativen Lebensstil auch über das extensive Konsumieren der „richtigen" Dinge. Wir sprangen nicht aus dem Wohlstandsquadrat heraus, wir gaben den Eckpunkten des Quadrats nur andere Namen, malten unsere „2CVs" und VW-Busse nur anders an, hingen nächtelang ab vor dem „Rockpalast" usw.

Uschi Obermaier, Hippie-Ikonie und Sex-Symbol der 1960er- und 1970er-Jahre, hat das in der ARTE-Dokumentation „High sein, frei sein, überall dabei sein" auf unnachahmliche Art bestätigt. Als sie noch einmal Orte ihres Wildseins wie Marokko besucht, wird ihr klar: Es ging vor allem ums Shoppen und Konsumieren: „Damals wollte ich vor allem Haschisch und orientalischen Lederfransen-Nippes einkaufen, heute kauf ich nur noch Lederfransen." Niklas Luhmann hat diesen Lebensstil des vermeintlichen Anti-Konsums auf seine spitzbübische Weise als „Njet-Set" beschrieben. Die rebellische Attitüde, sich außerhalb von Gesellschaft und Konsum zu stellen und „Gesellschaft" und „Konsum" aus der unangreifbaren Position des Bescheidwissers zu kritisieren, beschreibt er als eine Illusion. Es gibt keine „unschuldige" oder neutrale Außerhalb-Position. Wer das behauptet (und die 68er wie auch die Friedensbewegung der 1980er-Jahre waren so hochmütig) verschweigt, so Luhmann, dass er in dieser Gesellschaft lebt (und in der Regel auch von ihr profitiert).

Wir alle richteten uns als Passagiere des gemütlichen Njet-Sets ein. Die Attitüde des Dagegen geriet dadurch zu einer hippen, zeitgeistigen Mode. Rebellion selbst wurde zu so etwas wie einem Markenartikel der Nonkonformisten, dem man liebevoll die selbst gebatikten Accessoires des Protestes aufklebte. Aus dem Mister Hit von Telefunken (Baujahr 1971, die Abdeckung des Billigplattenspielers war gleichzeitig der Lautsprecher) dröhnten Ike und Tina Turner, Led Zeppelin und Jethro Tull. Auf den Feten im Partykeller leierte aus Telefunken-Kassettenrekordern Procul Harum, die Four Seasons oder Cat Stevens. Pink Floyd orchestrierte die apokalyptische Stimmung Ende der 1970er-Jahre, als die Arbeitslosenzahlenzahlen in der Bundesrepublik erstmal die Millionengrenze überschritten, das Ruhrgebiet einem Strukturwandel entgegenging und die Angst vor atomarer Katastrophe und Waldsterben die Nachrichten bestimmte. In den Saba-Fernsehern flimmerte die „Hitparade" für die Eltern, angeheizt von dem Kasernenhofgebrüll des penetranten Dieter Thomas Heck). „Disco" mit dem sympathischen Ilja Richter machte sich im ZDF als Reformtanzstunde bei den Pubertierenden beliebt. Und der „Musikladen", vom dunkelroten Radio Bremen ausgestrahlte, beschenkte uns mit der lasziven Uschi Nerke, guter Musik, vielen medienästhetischen Neuheiten und jeder Menge barbusiger Gogo-Girls, die ziemlich sinnfrei zwischen den Acts durchs Bild hüpften. Wir hörten die Neue Deutsche Welle und Spliff, Konstantin Wecker und Police. Wir kultivierten und konsumierten den Lebensstil des Anti-, des Dagegen und des Stattdessen. In Matthias Polityckis „Weiberroman" von 1990 kehrt diese Stimmung der 1970er- und 1980er-Jahre sehr schön wieder.

Schrankenloser Hedonismus, Konsumkultur und politisches Dagegensein schließen sich nicht aus, das ist die faszinierende Erkenntnis aus dieser Zeit. Hier einen Nachmittag in der Politkneipe, wo man sich vor und nach der Demo traf, anschließend zur Unifete ins Amerikanische Institut. Wir wussten, wo wir hingehörten, und das war im Zweifelsfalle immer links. Und wir konsumierten den linken Lebensstil: Zweitausendeins war uns dabei besonders behilflich, Tee- und Dritte-Welt-Versandhändler zogen nach. Popmusik transportierte eine Weile noch die Attitüde des Protestes und der Absage und auch der Selbstaufgabe. Popmusik hatte Sex and Drugs and Rock n'Roll zu sein. Der Musiker, der sich vor unseren Augen auf der Bühne auspowerte und erschöpfte (und sich als Rebell und Protestikone verschliss). Was wir konsumierten, war ein Alternativstil als festes Weltbild und Ideologie, wir konsumierten eine Zugehörigkeit und einen Lebensstil, der als zentrale Attitüde die scheinbare Attitüden-Freiheit wie eine Monstranz vor sich her trug. Ein zeitgemäßer Lebensstiltrend, der sich in der Überzeugung suhlte, jenseits aller Moden und Trends, das einzig Richtige zu tun. Doch selbst die Punks, die Ende der 1970er-Jahre plötzlich auftauchten, fanden keinen Ausweg aus dem magischen Quadrat des Wohlstands. Auch sie waren Opfer des Konsumterrors.

Nicht zufällig hat der Musikjournalist Jürgen Teipel einem Buch zur deutschen Punk- und New-Wave-Geschichte den Titel „Verschwende deine Jugend" gegeben. Verschwendung der eigenen Ressourcen, der eigene Körper des Punks als Schauplatz der Auspowerung und des Erschöpfens. Die Punks verbrauchten sich selbst, sie waren Höhepunkt und Endpunkt des Wohlstandskonsums, indem sie die Konsumwut aggressiv gegen sich selbst richteten. Die eigene Persönlichkeit und den eigenen Körper inszenierten sie als ein Fanal gegen die teuflische Konsumkultur und verschwendeten sich selbst dabei. Immer wieder ist in Teipels Buch von Drogenexzessen, Trinkgelagen, Schlägereien und Nervenzusammenbrüchen die Rede. Brachialer wütender Konsum ohne Rücksicht auf Verluste. Der Ratinger Hof in Düsseldorf, Kneipe und wichtigster Veranstaltungsort der bundesdeutschen Punk-Szene, kannte keine Lokalschlusszeiten. Die Punks stilisierten ihre Körper zu Fanalen der Agitation und des Protestes. Sie vollendeten diese Epoche des Hedonismus, indem sie den Konsumüberfluss karikierten, sich jedoch selbst dabei „verbrauchten".

Lebensstil des Entweder-oder: Ideologien machen blind für die Wirklichkeit

Wir entkamen dem Wohlstandsquadrat nicht und nicht dem Konsumterror. Aber wir richteten uns in einer Alternativ-Ideologie ein, die uns die Sicherheit verlieh, die richtigen Dinge zu konsumieren. In den 1970er- und 1980er-Jahren lebten wir im Zeitalter der Ideologien und machten es uns in der Welt des Entweder-oder bequem. Genau das ist die Lebensform, von der sich die moralischen Hedonisten heute abheben. Ideologien, hat man sie denn einmal durchschaut, ziehen eine unsichtbare Trennlinie zwischen dem Einzelnen und der Realität. Ideologien haben transhistorischen bzw. zeitlosen Charakter, hat der französische Philosoph Louis Althusser gesagt. Sie katapultieren uns heraus aus dem unmittelbaren Verhältnis zur Realität (unser komplizierter Alltag, der kranke Nachbar, aber auch: die Schönheit eines Baumes, die Perfektion eines Computers, ein Pantoffeltierchen, eine störungsfreie Bahnfahrt, ein entspannender Urlaub) und bauen vor uns ein schön buntes Nirgendwo auf, das perfekter als die Realität ist: hyperreal. Aus dieser Hyper- oder Irrealität möchten wir uns befreien.

LOHAS geht es um die Wiedererlangung eines intensiven Realitätskontaktes. Keine blumige Hoffnung auf ein Nirgendwo mehr. Die LOHAS basteln nicht an Utopien, denn das sind aus dem Griechischen übersetzt „Nicht-Orte". LOHAS sehnen sich nach der Erdenschwere von konkreten, lebendigen Orten. LOHAS sind pragmatische Idealisten, und das heißt: Sie lieben den Alltag, das Diesseits, das Hier-und-Jetzt. Seifenopern schauen wir uns vielleicht amüsiert am Fernseher an, wolkige Versprechen von einer erlösten Welt nehmen wir als hübsche Romane zur Kenntnis. Aber für unser eigenes Leben zählen die primären Erfahrungen, der unmittelbare Kontakt.

Wenn wir sagen, dass es den LOHAS um „the big picture" geht, dann ist das genau die Gegenwelt zur Schaumstoffwelt der Ideologien. Der Wirklichkeitshunger der LOHAS lässt sie an den Weltbildern des Fernsehens (aber auch der anderen Medien) zweifeln, deswegen fühlen sie sich von den neuen nutzer-orientierten Medien wie Blogs und Internet allgemein angezogen. Sie sind informationsaffin, aber äußerst medienskeptisch. Sie suchen nach neuen Wegen der politischen Partizipation, weil sie sich von der politischen Klasse nicht mehr repräsentieren lassen wollen. LOHAS brauchen keine Stellvertreter für ihre Anliegen, sie möchten sie selbst vortragen und realisieren. Mit dem Ende der Ideologien verbinden wir die Aussicht auf ein neues authentisches Verhältnis zur Realität, zu Politik und Gesellschaft, Kultur und Konsum. Wir haben endlich gemerkt, dass es nichts hilft, die „Gesellschaft" anzuklagen. Ideologien führen immer weg von den konkreten Bedingungen und den tatsächlichen Wünschen, die Menschen haben. Ideologien funktionieren in Form von durchsichtigen Glaswänden, die uns nur scheinbar in Kontakt bringen mit dem Wirklichen und Authentischen, sie lassen uns den Blick, verhindern aber, dass wir die Trennlinie überschreiten. Sie erläutern, informieren uns ÜBER die Realität, sie machen so etwas Vielstimmiges wie die Realität für uns handhabbar, doch sie degradieren uns tendenziell zu Zuschauern unseres eigenen Lebens. Boulevardpresse und -fernsehen versucht uns in der Schwebe zu halten zwischen Paranoia, Angstlust und kleinkarierter Zufriedenheit in einer einfachen Alltagswelt zwischen Couch, Kühlschrank und TV-Gerät.

LOHAS sind pragmatische Idealisten, weil sie selbst handeln, Veränderungen herbeiführen oder provozieren. Das Njet-Set der 1980er-Jahre und der Jahre davor dachte noch daran, die „Gesellschaft" oder zumindest den „Staat" abzuschaffen und träumte von einem Jenseits, einer neuen Welt, in der „die Verhältnisse zum Tanzen gebracht werden können". Wir setzen heute dagegen auf Realitätssinn und irdischen Genuss. Und dazu gehört auch der Abschied von Illusionen. Wir akzeptieren nicht mehr Fernsehnachrichten, die noch bis vor Kurzem im Brustton der Überzeugung auftraten, uns die Welt widerspruchsfrei erklären zu können, wir lehnen sie ab, die 100 Prozent Sicherheit unserer Welt, die Aussicht auf ein über Jahrzehnte planbares Berufs- und Familienleben – alle diese Gewissheiten sind in den vergangenen knapp zehn Jahren, von den meisten unbemerkt, zerronnen wie der Sand, der zwischen unseren Fingern zerrinnt.

Wiederkehr des Wirklichen statt Agonie des Realen

Bleiben wir noch einen kleinen Moment in den 1980er-Jahren. Wohlstandskonsum und Alternativkultur machten uns in diesem Jahrzehnt gleichermaßen zu Gefangenen von Ideologien, die uns von der Wirklichkeit fernhielten. Und wenn wir von Überfluss- und Überdrusskonsum sprechen, von Ideologien und Wirklichkeitsentzug, dann hat das natürlich zuallererst auch mit den Medien zu tun. Die 1980er-Jahre, das war nämlich vor allem auch die Zeit eines gigantischen Medienauftriebs. 1984 nahm das Privatfernsehen seinen Sendebetrieb auf. Bis Anfang der 1990er-Jahre erlebten wir eine Lawine des schlechten Geschmacks und der televisuellen Niveauunterbietung. „Tutti Frutti", war ein RTLplus-Quizformat, dessen Regeln niemand kannte, dafür gab es in der Show jedoch massenweise nackte Brüste zu sehen. Die kulturkonservative Kritik sah wieder einmal den Untergang des Abendlands gekommen.

Und ein neuer Menschentypus für das Medienzeitalter schien ebenfalls geboren. Der explodierende Medientrash-Markt und die jungfräuliche Computerbranche bescherten uns den vielleicht ersten Lebensstil, der keiner Klasse oder gesellschaftlichen Schicht mehr zuzurechnen war und gewissenlos, radikalhedonistisch seinen eigenen Vorteil und schrankenloses Vergnügen suchte: die Yuppies (Young Urban Professionals). Im Anschluss an die Yuppies (ausgestattet mit Golf GTI, innenstadtnaher 1-ZKB-Eigentumswohnung und einem Arbeitsvertrag in den Medien, bei einer Bank oder einem Dienstleistungsunternehmen) begann die Öffentlichkeit schließlich auch noch den Trend zur Single-Gesellschaft zu entdecken – Konsumüberfluss und -überdruss, Egoismus-Kultur, Gesellschaft der Narzissten und beziehungsunfähigen Autisten. Und alles das unter dem Einfluss einer Medienwelt, die an penetranter Dummheit nicht mehr zu überbieten war – mit dieser frustrierenden Diagnose erklärten wir unser Unbehagen in der Wohlstandsgesellschaft und steuerten missmutig der Jahrhundertwende entgegen.

Selbst die Maueröffnung 1989 vermochte an dieser kollektiven Grundbefindlichkeit nichts Wesentliches zu ändern. In gewisser Weise haben die Umstände des Mauerfalls die traurige Diagnose vom Angriff der Medien auf die Realität noch unterstützt. Als der SED-Funktionär Günter Schabowski am Abend des 9. November 1989 – gewissermaßen unbeabsichtigt – die Öffnung der Berliner Mauer verkündete, war das eine Mediengroteske, dargeboten vor laufenden Kameras. Schabowski verlas einen Text, dessen weltgeschichtliche Tragweite er offensichtlich nicht mitbekommen hatte („Ständige Ausreisen können über alle Grenzübergangsstellen der DDR zur BRD erfolgen … Das tritt nach meiner Kenntnis … ist das sofort, unverzüglich."). Die gerontokratisch-sozialistische DDR hatte offensichtlich nicht bemerkt, dass sie soeben dabei war, sich selbst abzuschaffen. Eigentlich sollte die Verfügung über die Grenzöffnung erst am nächsten Tag eintreten. Doch das hochaufmerksame Mediensystem hatte verstanden und schuf die Fakten selbst. Umgehend machte die (Falsch-)Meldung von der Maueröffnung die Runde durch die globalen Datennetze, das Ende des Eisernen Vorhangs war besiegelt.

Zur damaligen Zeit war in Intellektuellenkreisen häufig die Rede von der „Agonie des Realen". Der gleichnamige Essay des Französischen Philosophen Jean Baudrillard entfaltete die These, dass uns die Realität in den Simulationen und Inszenierungen der allgegenwärtigen Medien abhandengekommen sei: „Was ist überhaupt noch real?", wenn das Fernsehen derart die Steuerung unseres Alltags übernommen hat, diese und ähnliche Äußerungen, getragen von einer Mischung aus Zynismus und Aufgekratztheit, waren damals öfter zu hören. Gerade bei Intellektuellen der damaligen DDR fand die Theorie, wonach die Realität demnächst zu einer Reality-Show des Fernsehens wird, großen Anklang, lebten sie doch in einem Land, das seine eigenen Bürger wie Staatsfeinde bespitzelte und aus heruntergekommenen Gassen blank polierte Böhmische Dörfer machte, wenn die Parteispitze zu Besuch kam. In gewisser Weise hätte man Schabowskis epochales Missverständnis als einen Beleg für die Agonie des Realen halten können. Aber tatsächlich wurde dadurch eine weltfremde und greisenhaft entrückte Altherrendiktatur abgelöst. Wir erlebten weder das Ende der Geschichte noch die Agonie des Realen, aber wir erlebten, dass eine Ideologie zusammenbrach. Der Ost-West-Gegensatz löste sich auf, die Nachkriegszeit ging endlich zu Ende, und wir konnten damit beginnen, in die Wirklichkeit eines „normalen" Landes zurückkehren.

Von der Medieneuphorie ins Jammertal – und zur neuen Lust an der Affirmation

„Deutschland als Marke kurz nach der Jahrtausendwende zeigt ein von Selbstzweifeln und Zukunftsangst geprägtes, identitätsschwaches Land", lautete im Jahr 2005 die vernichtende Analyse der Werbeagentur TBWA in einer Studie, die die Wechselwirkungen zwischen Marken und Herkunftsländern beleuchtete. Wir haben einen Sprung gemacht und befinden uns am Beginn des 21. Jahrhunderts. Die 1990er-Jahre waren geprägt von der zunehmenden Macht der Computer und der Digitalisierung. Das alte Jahrhundert endete mit dem Versprechen einer goldenen Zukunft, die New Economy, so schien es, hatte sich in den 1990ern als dritte industrielle Revolution angekündigt, und es wurde angenommen, dass sie sich im neuen Jahrhundert durchsetzen würde. Im März 2000 erreichte der Dax mit 8 136 Punkten ein Allzeithoch. Nichts schien die schöne neue Welt der Datenströme mehr bremsen zu können. Doch schon exakt ein Jahr später verkündete Finanzminister Eichel den Einbruch der Konjunktur. Von da an ging's bergab, mit der Wirtschaft, mit der New Economy, mit dem Neuen Markt und mit dem kollektiven Selbstvertrauen.

Am 3. Oktober 2001 wurde die New Economy als Hoffnungsträger von dem Netzwerk-Gründerunternehmen First Tuesday Deutschland zu Grabe getragen. Der Begriff New Economy sei zum Schimpfwort geworden für die „Überfinanziertheit" von Startups in den vergangenen Jahren und mache auch konzeptionell keinen Sinn mehr. Die meisten Beobachter würden darunter höchstens noch die Kunst verstehen, möglichst schnell viel Geld zu machen. Von der Euphorie direkt ins Jammertal. Deutschland sollte sich lange nicht von dem Schock erholen. Die Telekom-Volksaktie stürzte ab. Mit der Enron-Pleite in den USA im Dezember 2001 begannen die Skandale der New Economy: Während bei Enron eine Handvoll Executives in letzter Minute noch 155 Millionen auf die Seite schaffen konnten, verloren die 20 000 Angestellten außer ihre Jobs über 3 Milliarden Dollar an Pensions- und Rentenfonds. In Deutschland scheiterte New-Economy-Ikone Peter Kabel mit Kabel New Media, hinterließ mehrere hundert Arbeitslose und machte sich angeblich mit 50 Millionen Euro aus dem Staub. Ende 2003 wurde der Neue Markt endgültig von der Börse genommen. Skandale um falsche Ad-hoc-Meldungen, fehlerhafte Bilanzen, drastisch reduzierte Gewinnerwartungen und Insolvenzen zerstörten das Vertrauen in den Neuen Markt – die Blase war geplatzt. Allein im Jahr 2000 sind weltweit 210 Internetfirmen geschlossen worden. Knapp 60 Prozent dieser Schließungen, insgesamt 121, ereigneten sich im vierten Quartal 2000. Die Schließungen kosteten zwischen 12 000 und 15 000 Personen ihren Arbeitsplatz.

Die neue Erlebniskultur des UND verändert unsere Lebenskonzepte: Kind UND Karriere, Selbstverwirklichung UND Familie

Wenn wir uns über Hergebrachtes und Altbackenes hinwegsetzen, erhält die Realität eine neue Farbigkeit. Plötzlich öffnen sich neue Dimensionen, neue Verknüpfungen entstehen, und es passiert etwas Magisches. Wie die Synapsen im Hirn eines Säuglings vor und nach der Geburt ungeheuer viele neue Verbindungen herstellen (Neurologen sprechen von einer regelrechten Explosion von Verknüpfungen), erleben wir einen Neuheitsschock, wenn wir uns über Bewährtes hinwegsetzen. Synapsen sind Kontaktstellen zwischen Nervenzellen, die im menschlichen Gehirn das Netzwerk zur Informationsübertragung aufbauen und uns zu intelligenten Wesen machen. Mit einer ähnlichen Neulust haben wir in den vergangenen knapp zehn Jahren erkannt, dass wir uns mit unseren Lebensentwürfen über eingeschliffene Muster hinwegsetzen können. Wir haben unsere kulturellen und psychischen Synapsen heftig arbeiten lassen, Altes neu entdeckt und vor allem: neue Beziehungen zwischen Lebensbereichen hergestellt, die bis vor Kurzem als unvereinbar galten. Lebten wir in den 1980er-Jahren unter der Herrschaft des Entweder-oder-Bekenntnisses („Wenn ich das eine tue, kann ich das andere nicht tun."), lernen wir jetzt den Lebensstil des Sowohl-als-auch kennen. Die Kenner des Zeitgeistes könnten einwenden, dass das nur eine andere Beschreibung für die sogenannte „Multioptionsgesellschaft", der „Optionisten" oder des „anything goes". Doch das ist genau nicht der Fall. Multioptionsgesellschaft klingt eher technokratisch und weckt die Assoziation: „Wir haben alle Möglichkeiten und entscheiden uns nach Lust und Laune, was wir mit unserem Leben anfangen." Tatsächlich passt diese Haltung eher in die Zeit der späten 1980er-Jahre und der 1990er-Jahre. „Anything goes", aber nichts ist wirklich von Bedeutung, das gehört in die Postmoderne. Der Lebensstil des Sowohl-als-auch markiert ganz im Gegenteil das Ende der Postmoderne, des Medien-, Comedy- und Aktienhypes.

Die 1990er-Jahre waren geprägt von Computer- und Medieneuphorie und der Erwartung, dass Computer und die Kommunikationsbranche im Alleingang die industrielle Arbeitswelt ersetzen würden. Medienstudiengänge boomten, jeder Student war auf der sicheren Seite, wenn er einmal „irgendwas mit Medien" machen wollte. Werbung und Marketing erlebten einen einzigartigen Aufschwung. Doch schon gegen Ende der Dekade stellte sich bei vielen eine Ernüchterung gegenüber der grellen, aber kalten Welt der Medien und des ausgerufenen digitalen Zeitalters ein. Das Internet war zu diesem Zeitpunkt noch eine esoterische Veranstaltung für Technikfreaks. Und ein Fernsehriese wie Leo Kirch scheiterte 2002 daran, dass er billig eingekaufte Filmware über seine Senderkette ausschütten konnte, damit aber zu oft an den Bedürfnissen der Zuschauer vorbeisendete und begehrte Inhalte wie Fußball im Pay-TV versteckte. Medienwelt, digitale Utopien und Ironie, so lernten wir, sind kein Ersatz für neue Lebenskonzepte in der Offline-Welt.

Diese Ernüchterung beinhaltete für die LOHAS gleichzeitig die Aufforderung, die kulturellen Synapsen in Alarmbereitschaft zu versetzen. Spätestens in der Mediendämmerung wurde klar, dass es keinen Sinn macht, auf isolierte technologische Hypes zu setzen. Mit technologischen Innovationen lassen sich Moden und künstliche Hypes erzeugen, aber keine Lebensentwürfe entwickeln. Es macht aber auch wenig Sinn, Hypes und Moden in Medien, Kultur und Gesellschaft für das Scheitern der eigenen Lebensentwürfe oder unliebsame Veränderungen in der Gesellschaft verantwortlich zu machen. Wir haben uns immer noch nicht zu „Tode amüsiert", wie Neil Postman, in seiner fundamentalistischen, kulturpessimistischen Medienkritik Mitte der 1980er-Jahre raunte. Die LOHAS haben daraus ihre Schlüsse gezogen. Sie möchten aus den ideologischen Schützengräben der 1970er- und 1980er-Jahre heraus. Sie möchten aus der postmodernen Beliebigkeit heraus, ohne direkt in eine neue Ernsthaftigkeitsfalle zu tappen. Sie sehnen sich nach einer ethischen Neuorientierung, ohne den moralischen Zeigefinger zu erheben. Sie sind keine Medien- und Öffentlichkeitshasser, aber sie haben es satt, nur noch als duldsame „Kunden" von Sendern, Verlagen und Politik angesprochen zu werden.

Wo finden wir die LOHAS im Alltag? In unseren Forschungen darüber, wie wir in den nächsten Jahren leben werden, sind wir in Berlin Prenzlauer Berg mehr oder weniger zufällig auf ein Pärchen gestoßen, das dieses Misstrauen gegenüber den geschlossenen Systemen Politik und der Medien wunderbar zum Ausdruck brachte. Roman Z. (35) und Anna P. (37) leben mit ihrer 2-jährigen Tochter Leonie mitten im Szeneviertel. Beide arbeiten in der Medienbranche, Anna P. in Teilzeit, und betreiben das Projekt der Mikropolitik. Es wäre vollkommen falsch, sie als politikverdrossen oder als Aussteiger aus dem demokratischen System zu beschreiben. Mitnichten.

Doch sie leben in einem weltoffenen Mikrokosmos, in dem Staat und Politik indes kaum noch vorkommen.

> *„Vom Staat erwarten wir Eltern nicht viel. Die aktuelle Diskussion um Kita-Plätze wird auch deshalb so lebhaft geführt, da sich viele Eltern zu Recht vernachlässigt fühlen. Denn in gewisser Weise opfern wir schon gerne einen Teil des Lebens für die nachkommende Generation. Und das machen wir wirklich gerne, freuen uns aber natürlich auch über Unterstützung von der Gesellschaft. Kinderkriegen ist ja auch eine Form der sozialen Verantwortung. Aber heute will keiner mehr schwarz-weiß denken. Deshalb ist es wichtig, auch Beruf und Familie möglichst einfach miteinander verbinden zu können."*

Dabei sind Roman Z. und Anna P. von einer Tätigkeits- und Aktionslust angetrieben, die atemberaubend ist. Im Kindergarten haben sie dafür gesorgt, dass eine Sauna für die Kleinen eingebaut wurde (eine Elterngemeinschaft finanzierte das Projekt). Natürlich waren sie daran beteiligt, als in der Kita das Bio-Essen eingeführt wurde. Engagement ist ganz eng an die eigene Lebenssituation geknüpft. Politik besteht zu großen Teilen aus der Lust des Sorgens und Besorgens, sodass viel Platz für Selbstverwirklichung und inneres Wachstum für alle bleibt, zuallererst natürlich auch für die Tochter.

Hier zeigt sich sehr schön, wie der Lebensstil des Sowohl-als-auch funktioniert. Eine sich zunehmend individualisierende Gesellschaft muss nicht notwendigerweise isolierte und vereinsamte Ichlinge hervorbringen. Es existieren in diesem Lebensentwurf ganz im Gegenteil hohe Potenziale für solidaritätsfördende Vernetzungen und neue Gemeinschaftsideale. In den nächsten Jahren wird sich zeigen, ob diese in sozialen Netzen erzeugte Alltagssolidarität nur auf private Welten reduziert bleibt und wie sich der Brückenschlag in große Gesellschaft und Politik wiederherstellen lässt.

Wir denken an solche Menschen, wenn wir von LOHAS und moralischen Hedonisten sprechen. Wir meinen solche Identitätsentwürfe: Eine Kultur des Engagements und der Verantwortung, die vom Staat keine „Pamperung" mehr verlangt. Selbstverantwortung wird als Aufgabe und nicht als Last empfunden. Man entdeckt an ihnen eine neue Lust an der Bewältigung eines hochkomplexen Alltags, an dessen Ende jedoch auch die konkrete Sehnsucht nach Glück, Genuss und Selbstverwirklichung steht. Es ist ein typischer Lebensentwurf, nach der postmodernen Narzissmus-Kultur und nach der typisch deutschen Jammer-Suada. Für Roman Z. und Anna P. gilt:

> *„Wenn es dein Leben ist, dann lebe jetzt und warte nicht, bis morgen – vielleicht – die Konjunkturdelle überbrückt und der Sozialstaat – vielleicht – wieder flüssig ist."*

Der Geburten-Boom am Prenzlauer Berg ist deutschlandweit bislang fast ein Einzelfall. Pro Frau im geburtsfähigen Alter liegt die Kinderrate bei 2,1 Prozent, bundesweit sind es nur 1,4 Prozent. Der Platz in den Schulen wird knapp. Ökonomische Bedingungen wie günstige Mieten und moderate Lebenshaltungskosten, obwohl man mitten in einer der lebendigsten Metropolen Europas lebt, haben den Boom verursacht. Frauen können schnell wieder in den Beruf zurückkehren, weil es – dank der aus der DDR hinübergeretteten Kita-Politik – für 79 Prozent der Kinder Ganztagsplätze gibt. Der Babyboom hat einen regelrechten Aufschwung im Einzelhandel bewirkt. Heute gibt es am Prenzlauer Berg 174 Geschäfte, die auf Kinder spezialisiert sind – dreimal so viele wie 1999 – und doppelt so viele Kinder-Secondhandläden wie 1996. Und natürlich ist die Geburtenrate hier deshalb so hoch, weil in den letzten Jahren viele junge Familie bewusst in die „Enklave der Fruchtbarkeit" („Berliner Zeitung") gezogen sind. Wichtiger jedoch: Bei vielen Leuten, die wir getroffen haben, ist ein neuer Lebensentwurf spürbar und die Neugierde, ein neues optimistisches Lebenskonzept zu „basteln".

Positive Erwartungen gegenüber dem Familienleben gehören ebenso dazu wie der Wunsch nach Individualität und Genuss jenseits des Familientrotts – Lebensstil des Sowohl-als-auch:

> *„Wenn es bei den einen beruflich gerade nicht so gut läuft, dann entscheiden sie sich dafür, eine Familie zu gründen, weil sie dann mehr Zeit haben. Und bei den anderen dient gerade der berufliche Erfolg als Legitimation für die Familiengründung – weil man sich's nun leisten kann. Beide Varianten sind hier zulässig. Das sind einfach bestimmte Typen, die sich hier gefunden haben. Was uns hier gefällt, ist auch die Fülle an Freizeitangeboten. Im Umkreis von 1,5 km gibt es hier gut und gerne 30 hervorragende Restaurants. Oder zwei Cocktailbars in unmittelbarer Nachbarschaft, die bereits prämiert wurden, weil sie zu den besten in ganz Berlin gehören."*

Neuer Genuss bedeutet: Detailverliebtes Besorgen und Herrichten

Der Lebensentwurf von Roman Z. und Anna P. ist eine Mischung aus Bildungsbürgertum, Studenten-WG und moderner Neo-Aristokratie. Bildungsbürgerlich, weil man sich auf hohe Qualifikation und hohes Gehalt verlassen kann. Studenten-WG, weil die Haus- und Familienarbeit (wie natürlich auch die Erwerbsarbeit) zwischen Mann und Frau geteilt wird. Neo-aristokratisch, weil für zeitliche Engpässe und um Abhängigkeiten und Frustrationen zu vermeiden, selbstverständlich eine kolumbianische Nanny zur Verfügung steht, die die Tochter auch ein wenig mit Spanisch vertraut machen soll. Alles in allem eine neubürgerliche Lebensform, die genussvoll im Hier-und-Jetzt lebt und ohne schlechtes Gewissen der neuen Lust am Affirmativen frönt.

Die kleinen Ekstasen des Alltags, wie das regelmäßige Essen mit Freunden, werden als Glück empfunden. Weinkennerschaft, eigentlich im Moment ein nervtötender Hype, hat für Roman Z., wie seine verspielte Freude zeigt, wirklich Bedeutung. Plötzlich merken wir, dass Bürgerlichkeit ein Glücksversprechen beinhaltet. Und wir fragen uns: Warum haben wir so lange der bürgerlichen Welt misstraut? Wer hat uns überhaupt gesagt, dass wir dem Bürgerlichen misstrauen müssen? Solche neubürgerlichen Familien umgibt etwas Entspanntes. Wünsche, Bedürfnisse und Entscheidungen werden längst nicht mehr aus dem Fundus gesellschaftlicher Trends und Normen abgeleitet. Dafür ist man zu individuell und unabhängig. Staat und Gesellschaft haben sich um die Rahmenbedingungen zu kümmern. Ansonsten genießen die LOHAS eine Form von Affirmation, die nichts mit kleinbürgerlicher Angepasstheit, ängstlichem Konformismus oder dem Aufspringen auf Trends zu tun hat, die die „oberen Zehntausend" vorleben. Was die LOHAS affirmieren, ist die Realität, die eigene, komplizierte Lebenswirklichkeit und das Dasein im Hier und Jetzt, Deutschland 200X. Dazu gehört eine besondere Achtsamkeit für die Details der eigenen Alltagswelt, Accessoires, Kleinigkeiten bei der Zimmergestaltung, die hübsche Tischdecke und der angesagte Wein, das gesunde, wertige und ethisch-korrekte Kinderspielzeug etc. Auch wenn das nach Neo-Biedermeier klingt – es ist eine Wiederentdeckung der Wirklichkeit, ein neuer Wirklichkeitshunger, der die LOHAS antreibt.

Auch Ulrich M., ein junger Unternehmensberater, den wir in Hamburg trafen, zeichnet sich durch diese besondere Achtsamkeit für Details in seiner privaten Lebenswelt aus. Die Form – nicht das Formale – bekommt plötzlich Bedeutung, Design matters:

> *„Gestaltung ist für mich extrem wichtig, mehr noch als die technische Funktionalität. Und das gilt für alle Bereiche: Im Urlaub übernachten meine Frau und ich immer im Divine-Hotel, weil es für uns wichtig ist, eine sinnlich wohltuende Umgebung zu haben. Es soll dann schon schöner sein als zu Hause. Obwohl ich bei der eigenen Wohnung auch sehr viel Wert auf das Erscheinungsbild lege: Ich habe da eine Mischung aus Design-Klassikern und skandinavischen Elementen."*

Lucia B., 41, glücklich geschiedene PR-Frau, Unternehmerin und alleinerziehend, bringt das Selbstvertrauen und die stilsichere Gelassenheit (der LOHAS) auf den Punkt:

> *„Bei Möbeln suche ich nach zeitlosem Design und mache damit ganz schön Eindruck. Da kommen dann Leute in mein Wohnzimmer und sagen ‚Wow! Das sieht toll aus!' Das macht mich dann schon stolz. Dabei bin ich eine absolute Schnäppchenjägerin. So was lernt man, wenn man in einer siebenköpfigen Familie aufwächst. Ich habe auch keine Scheu davor, No-name-Produkte zu kaufen. Reine Markenprodukte, Statusobjekte, liegen mir nicht so sehr. Das ist zu weit weg von mir. Vielleicht verliebe ich mich mal in ein Einzelstück, aber sonst mache ich eher vom Basic-Angebot Gebrauch. Auch bei Kleidern suche ich mir oft was im Katalog heraus oder mache mich im Sommerschlussverkauf auf die Jagd. Was Besonderes gönne ich mir vielleicht mal in Berlin, in den kleinen Schneiderläden, die mir sehr gefallen. Das macht mir Spaß, da schneidern die was für mich."*

Markenterror, ficht sie nicht an. Statuskonsum, ist nicht ihre Sache. Materieller Wohlstand, ist eine Grundvoraussetzung, aber nicht das (einzige) Lebensziel. Nichtsdestotrotz sind die geschilderten Lebensentwürfe auch höchst fragil und häufig auch auf Widerruf angelegt. Bürgerlichkeit im 21. Jahrhundert ist in gleicher Weise ein leicht kündbares Lebensabschnittsprojekt wie die meisten unserer Jobs. Dass das Gesamtkonstrukt in nur wenigen Jahren schon wieder völlig anders aussehen kann, ist jedem klar. Schließlich haben wir die bürgerliche Pflichtkultur der 1950er- und 1960er-Jahre bewusst hinter uns gelassen. Glück, so lernen wir, fängt dort an, wo über alte Grenzziehungen hinweg neue Synthesen hergestellt werden. Modernität und Tradition fließen im Lebensstil der LOHAS zusammen, das So-Sein der Gegenwart (Kind-Karriere-Problem) wird ebenso akzeptiert wie es einen neuen, positiven und vorurteilslosen Zugriff auf Vergangenheit gibt (Deutschland feiert sich selbst, und wird doch nicht Weltmeister). Das Zeitalter der Ideologien und Utopien ist vorbei, wir verlassen die Epoche der Postmoderne und kommen an in der Kultur der LOHAS.

Der Lebensstil des Sowohl-als-auch

LOHAS sind auf fast militante Weise unideologisch und dem Faktischen zugewandt. Utopien und ideologisch Komplettentwürfe einer besseren Welt werden von ihnen mit größter Vorsicht beäugt, denn die berufliche und private Realität könnte am nächsten Tag schon ganz anders aussehen. Wenn es sich bei den LOHAS denn um eine Generation handelte, könnte man sagen, hier wächst eine neue skeptische Generation heran. Tatsächlich sind wir Heilsversprechen und Patentlösungen gegenüber hochskeptisch, genauso wie die „skeptische Generation" der Nachkriegszeit, die die mörderischen Luftschlösser der Nazis in sich zusammenstürzen sah. Wir sind keine notorischen Bedenkenträger, wir verlangen von uns und unserer Mitwelt einen robusten Realitätsbezug. Und wenn wir Sehnsüchte entwickeln, dann träumen wir von Dingen, die authentisch, geerdet, wertvoll und mehrdimensional sind. Wir zweifeln, wo der große Wurf (der „Aufschwung", die „gerechte Gesellschaft") angekündigt wird, vertrauen auf die eigene Kunst des Alltagsmanagements und lieben es, Erfahrungen aus erster Hand zu machen. Was unser Credo ist? Wir entdecken die Wirklichkeit wieder, die zu lange von ideologischen Trutzburgen verstellt war, und bringen über unsere kulturellen Synapsen, Realitätsbereiche miteinander in Kontakt, die bislang sprachlos nebeneinanderstanden.

Das folgende Panorama unserer Sehnsüchte erklärt, was uns wirklich wichtig ist:

➤ **Verantwortung STATT Gewissheit:** Was die LOHAS-Kultur verspricht, das ist die Unabhängigkeit von festen Weltbildern und mühselig zusammenkonstruierten Gewissheiten. Die LOHAS verlangen „the whole picture", die Wirklichkeit, unser Leben als gesamtes Bild. Brüche, Widersprüche und Inkonsistenzen mit inbegriffen. Indem wir die zweigeteilte Welt des Entweder-oder hinter uns lassen, tut sich für uns eine komplexere, aber auch eine mehrdimensionale, vielstimmige Realität auf.

➤ **Realitätsnah STATT erlösungssüchtig:** Wir erleben gerade auf vielen Ebenen eine Rückkehr zur Realität. Selbst die Werbung, die Traumfabrik für unsere Wünsche und Sehnsüchte, hat erkannt, dass sie die Bedürfnisse, die wir haben, bedienen muss und endlich den Versuch aufgibt, Produkte mit Heilsversprechen zu versehen.

➤ **Aktiv-fordernd STATT passiv-konsumptiv:** Wir alle können dem Konsum nicht entkommen. Aber wir haben die Chance (und unsere Einflussmöglichkeiten werden immer größer), die Märkte nach unseren Wünschen zu gestalten. Die Zeitenwende hat begonnen. Wir verhalten uns bei der Bundestagswahl genauso zickig bis wählerisch wie im Supermarkt. Wir kaufen nicht mehr alles, und schon gar nicht zu jedem Preis. Die Politik strafen wir mit Supermarkt-Mentalität. Und die Konsummärkte haben wir mit Hilfe des Internets politisiert. Wir verlangen, dass die Märkte unseren Lebensstil des Sowohl-als-auch akzeptieren.

➤ **Holistisch STATT eindimensional:** Die LOHAS verlangen das ganze Bild. Ganzheitlichkeit ist keine Wortschöpfung der Esoteriker. Ganzheitlichkeit hat überhaupt nichts mit Übersinnlichem und noch nicht einmal mit dem traditionellen Glauben zu tun. „The whole picture" bedeutet, dass wir bei allem, was wir tun, berücksichtigen, dass wir es in Zusammenhängen tun. Wir fragen nach Zusammenhängen, um die Realität zu verstehen, wir bauen unser Weltbild nicht auf Glaubenssätzen, aber auf Überzeugungen auf. Komplexität ist eine Chance, Dinge genauer und umfassender zu verstehen – und mit größerer Intensität zu beobachten, zu denken, zu genießen und zu leben.

Natürlich basiert der LOHAS-Lebensstil zuallererst auf dem UND, dem Sowohl-als-auch. Eine Auswahl der wichtigsten Synthesen, die den Lebensstil besonders auszeichnen:

➤ **Ich UND Gemeinschaft**: Dänische Forscher haben eine neue Jugendkultur der sogenannten „Mewes" ausgemacht. Gerade über die Communitys des Internets und gerade von jungen Menschen werden verstärkt Gemeinschaftserlebnisse gesucht, das Internet ist dabei immer häufiger nur der Anlass für Kontakte, die „offline" weitergepflegt werden. Die LOHAS bekennen sich zu den Segnungen der Individualisierung, wie sie sich im Laufe des 20. Jahrhunderts vollzogen haben (Unabhängigkeit von Religion, Moral und Traditionen, Emanzipation, offene Märkte). Inneres Wachstum, Erfahrungen aus erster Hand, Konsumentensouveränität – alles das ist ihnen enorm wichtig. Gleichzeitig sehnen sie sich intensiv nach neuen Formen der Vergesellschaftung und nach einer neuen Form der Öffentlichkeit, was durchaus alles auch im Internet passieren kann.

➤ **Familie UND Individualität / Kind UND Karriere**: Mütter, die in der Kinderfalle versauern und Hausfrauendepressionen entwickeln, kommen in der LOHAS-Welt nicht mehr vor. Männer und Frauen werden Familien- und Erwerbsarbeit in Zukunft noch stärker untereinander aufteilen. Dabei werden die meisten der klassischen Rollenzuschreibungen aufgelöst. Zu den LOHAS zu gehören, das heißt ganz stark: Arbeit und Familie, Selbstverwirklichung und Erziehungs- bzw. Gefühlsarbeit neu zu definieren. Vieles wird neu gewichtet. Erwerbsarbeit verliert tendenziell die Rolle des Notwendigen, des Lebensmittelpunkts, nach dem sich alles ausrichtet. LOHAS sind Freunde von Sabbaticals und von kreativen Auszeiten. Kindererziehung wird stärker als Beziehungs- und Gefühlsarbeit interpretiert, rückt stärker in den Mittelpunkt und ist nicht mehr nur Frauensache. Individualität (der Kinder, des Vaters, der Mutter oder anderer Erziehungspartner) bekommt in diesen neuen familiären Netzwerken deutlich mehr Raum.

➤ **Konsum UND Kommunikation:** Social-Commerce-Portale wie eBay faszinieren uns, weil wir hier nicht nur als Verbraucher vorkommen. Wir können sowohl als Käufer als auch als Verkäufer agieren, wir können die Rollen wechseln. Wir lieben das Internet wegen seines Sowohl-als-auch-Charakters, denn wir können im *world wide web* einkaufen, kommunizieren, Informationen abrufen, überprüfen und vieles andere mehr. Wir lieben die Bio-Supermärkte, wie sie die amerikanischen LOHAS von Whole Foods Market erfunden ha-

119

ben. Nicht nur, weil die Produkte uns hier als gesund UND genussvoll präsentiert werden. In den Whole Foods Märkten sind wir keine Massenkäufer, auf der Suche nach billigen Massenprodukten. Aus Supermärkten wurden Lebens- und Genussräume: Alnatura, Basic und andere haben dieses Konzept mittlerweile mit großem Erfolg in Deutschland etabliert.

➤ **Ethik UND Vergnügen:** LOHAS sind keine neuen Puritaner oder verhärmte Asketen. Ihre Sehnsucht nach besonderen Erfahrungen und Genüssen ist ebenso stark wie ihr Sinn für Werte. Vergnügen beinhaltet für sie nicht den Erlebnisstress der Spaß- und Freizeitparkgesellschaft. Ethik verbinden sie nicht mit Pflichtbewusstsein oder der Zwangskultur der Sekundärtugenden. Aber: Die Orientierung an Werten ist ihnen wichtig und leitet ihr Handeln.

➤ **Gesundheit UND Genuss:** Die Fernsehköche machen es uns vor: Genuss in Vollendung funktioniert schlechterdings nur noch auf der Basis hochwertiger und gesunder Produkte. In den nächsten fünf bis zehn Jahren wird die Sterne-Gastronomie sowohl genussvoll als auch gesund sein, Bio beginnt dort schon jetzt seinen Siegeszug anzutreten. Auch in unserem kulinarischen Alltag werden wir kaum noch einen Unterschied zwischen gesund und genussvoll machen. Ja, die Bedeutung der beiden Begriffe wird sich in unserer Kultur bis zur Unkenntlichkeit vermischen. „Iss das mal, das ist gesund", diese Aufforderung stammt aus einer anderen Zeit. Gesundes Essen und ein gesunder Lebenswandel werden künftig nicht mehr als bittere Medizin wahrgenommen, sondern als Bestandteil eines Lebensstils.

➤ **Bürgerlichkeit, Affirmation UND kritisches Bewusstsein:** Die sympathische LOHAS-Idylle von Roman Z. und Anna P. auf dem Prenzlauer Berg beschreibt nicht zwangsläufig eine Gegenwelt zur „Protest-Party" in Heiligendamm. Die Affirmation einer bürgerlichen Vorstellungswelt schließt die kritische Auseinandersetzung mit der „großen Politik" nicht aus. Bürgerlichkeit darf dabei nicht zu einer neuen Pflicht- und Normierungskultur werden, die kritische Auseinandersetzung mit der zeitgenössischen Realität erschöpft sich nicht in einem mechanischen Dagegensein.

➤ **Natur UND Technik:** Der Zusammenbruch der New Economy steht uns noch vor Augen. Wir haben daraus die Erkenntnis abgeleitet, dass digitale Revolution und Informationsgesellschaft Lebensentwürfe beeinflussen können, aber selbst – trotz aller zur Schau gestellten Macht – keine neuen Lebenskonzepte liefern. Die LOHAS haben daraus gelernt. Im Gegensatz zu konservativen Kulturkritikern und den Ökos der 1980er-Jahre sind sie mitunter äußerst technik- und medienaffin – wenn Technik und Medien einen konkreten Nutzwert haben oder neue Wege des Genusses und des Vergnügens erschließen. Die strategische Offenheit gegenüber Technik geht gleichzeitig einher mit dem Wunsch nach einer „neuen Verabredung mit der Natur" (siehe den gleichnamigen Abschnitt in Kapitel 1).

Wenn wir von einer Wohlfühlgesellschaft sprechen, das zu betonen ist uns wichtig, dann hat das definitiv nichts zu tun mit Wellness, Whirlpool und Dampfsauna. Es hat vor allem zu tun mit einer neuen Lust am Hier-und-Jetzt. Es hat aber auch zu tun mit der Lust an (und dem unvermeidlichen Akzeptieren von) Komplexität. Es gehört zu den Standardreflexen der Intellektuellenkultur der 1990er-Jahre, „Komplexitätsreduktion" als Allheilmittel gegen die Zumutungen der modernen Welt ins Feld zu führen. Die LOHAS weichen der Komplexitätszumutung in der modernen Welt nicht aus, Lebensstil des Sowohl-als-auch heißt nicht zuletzt: Komplexitäts-Management, Beschleunigung, Stress, wenn es geht, in homöopathischen Dosen.

Wohlfühlen bedeutet für die LOHAS: Keine Kompromisse!

Individualität und Familie, Konsum und Kultur, Natur und Technik – dieses Kapitel hat gezeigt, dass die Anhänger des neuen Lebensstils nicht zuletzt vor allem ein großes Bedürfnis nach authentischem Genuss ohne Reue verbindet. Sie wollen immer beides – ein Anspruch, der sich vor allem bei Food, also allem rund um Lebensmittel und Gastronomie, exzellent verbinden lässt. Im kommenden Kapitel erfahren Sie, wie die Branche zunehmend von diesen neuen Sehnsüchten geprägt wird und sich immer mehr auf die Sowohl-als-auch-Kultur der Konsumenten einstellt: Regionale Bio-Produkte auf Gourmetniveau, transparente Nahrungsproduktionsketten vom Feld bis auf den Teller oder Einweck-Rezepte vom Spitzenkoch.

4. Sehnsucht nach dem Echten und Ehrlichen: LOHAS transformieren die Food-Märkte

„Es gibt sie noch, die guten Dinge", heißt es bei Manufactum so schön – eine Botschaft, die unserem Bedürfnis nach grundehrlichen Produkten direkt aus dem Herzen spricht. Zum Erfolg des Online-Warenhauses oder auch von Plattformen wie Slowfood tragen aber zu nicht unerheblichem Teil die Menschen bei, die hinter den Erzeugnissen stehen. Es gibt sie also noch, die Fantasten und Idealisten, die mit Herzblut „ihr Ding" durchziehen. Solche, die qualitativ hochwertige Produkte herstellen, die vor Echtheit nur so strotzen und für die es keinen besseren Begriff als „authentisch" gibt. Die aber dafür sorgen, dass wir genießen dürfen – ohne Reue, aber mit Verstand.

Willkommen in der global-lokalen Genusswelt von morgen

Nordöstlich von Frankfurt gibt es einen Obsthof, der dieses Rundum-Genusserlebnis aus Authentizität, Glaubwürdigkeit, Transparenz und Erlebnis bietet. Der Obsthof am Steinberg ist einfach hundertprozentig echt und ehrlich. Andreas Schneider produziert Apfelweine, die es qualitativ mit jedem Wein aufnehmen können und selbst schon den rheinhessischen Bio-Winzer Philipp Wittmann bei einer Verkostung für das Magazin Essen & Trinken ins Schwärmen gebracht haben. Aus biologischem Anbau sind Schneiders Apfelweinspezialitäten schon seit mehr als zehn Jahren, die Ingredienzien oftmals alte Apfel- und auch Birnensorten, deren Ursprünge teilweise bis auf das 16. Jahrhundert zurückgehen. Natürlich haben die Produkte ihren stolzen Preis, wenn die „Berliner Schafsnase" oder der „Bohnapfel" sortenrein gekeltert werden. Schneider schafft es in Jeans und Pulli aus dem verrufenen Apfelwein eine Luxus-Delikatesse in Öko-Qualität zu machen. Doch nicht nur der Inhalt überzeugt selbst Nicht-Hessen, sondern bereits die Namen der Produkte lassen einen schmunzeln und verraten, mit welcher Leidenschaft der Obstbauer seiner Arbeit nachgeht. So ist die „Weißblüte" ein „Apfelwein von glücklichen Bäumen", der „Dämmerschoppen" trägt das Kürzel Ü-60 und wird zum Ausspannen empfohlen und nicht zuletzt überzeugt den Neo-Ökologisten natürlich der „Heimat-Cuvée", der direkt von den Obst-Plantagen rund um den Obsthof in Nieder-Eschbach stammt. Schneiders Apfelweine geben uns etwas, das im Überangebot der Warenwelt verloren gegangen ist: den direkten Bezug zur Nahrung. Denn sie sind Unikate, die jedes Jahr anders schmecken und heißen – je nach Ernte und Jahrgang.

Ein Fixum ist der jährliche Besuch des Obsthofs am 1. Mai. Dann versammeln sich zur Eröffnung der Gartenwirtschaft Hunderte Stadtflüchtige aus dem Ballungsraum unter den Obstbäumen: Junge Erziehungsgeldbezieher in rosa Poloshirts teilen sich die Apfelweinbänke mit 40-jährigen Karrieristinnen im ausgefallenen Retro-Punk-Look. Würden sie sich im Alltag gegenseitig als „Schnösel" und „Ästheto" bezeichnen, verbindet die globalen Lokalpatrioten hier das Erlebnis, Heimat und Ursprünglichkeit leben zu können. Heimat wird nicht länger als Ort oder Ideologie verstanden, sondern als wohliges Gefühl, das eben dort zelebriert wird, wo man gerade ist. In diesem ländlich-urbanen Idyll vor den Toren der globalen Finanzmetropole Frankfurt am Main können die modernen Genießer ihre Sowohl-als-auch-Kultur pflegen. Während sich draußen vor dem Tor des Obsthofes, von Lupo über Sportcoupé bis Familienkutsche, die Autos Stoßstange an Stoßstange reihen, entsteht trotz der individuellen Lebensmodelle zwischen den Apfelbäumen bei Bratwurst vom Bio-Bauernhof aus Südhessen mit Brot vom Öko-Bäcker aus Frankfurt-Bornheim ein neues Miteinander. Es herrscht Einigkeit darüber, dass es im Rhein-Main-Gebiet viel zu wenig Betreuungsangebote mit Frühförderung für die Kids gibt, dass das Nordend endlich mehr verkehrsberuhigte Zonen braucht und der Bio-Supermarkt „Basic" durch die Lidl-Aktionäre endgültig an Glaubwürdigkeit verloren hat. Die Kinder turnen unterdessen in den Apfelbäumen und spielen mit Strohballen, während der Nachmittag in den Abend übergeht und ein alters-, geschlechts- und einkommensunabhängiges Einverständnis bei den Gästen darüber herrscht, dass der Obsthof eine grüne Oase ist, die unterstützt werden muss.

Die Identifikationsebene, die der kleine Obsthof uns anbietet, kann mit jener sinnstiftenden Funktion der sozialen Bewegungen des letzten Jahrhunderts verglichen werden. Es ist ein neues „Wir-Gefühl", das sich allerdings nicht über Ideologien konstituiert. Vielmehr ist es der fehlende Dogmatismus, der uns verbindet. Wir wollen Gegensätze leben nach dem Ikea-Prinzip „alles können, nichts müssen". Frankfurt lebt diese LOHAS-Prinzipien auf beispielhafte Weise: Die Stadt ist Weltmetropole mit Dorf-Charakter, verbindet Skyline mit Feldern, Börse mit Bembel, schafft es, einen internationalen Airport mit einem eigenen Weinberg unter einen Hut zu bringen, kann sich Multi-Kultur und Lokalkolorit leisten, ist tagsüber laut und nachts ganz leise.

In Frankfurt kann man innerhalb weniger Kilometer zwischen den Zeitaltern „reisen". Während an diesem 1. Mai 15 Kilometer weiter gen Zentrum der Bankenmetropole die letzten Überbleibsel des Industriezeitalters mit roten Nelken und klassenkämpferischen Fahnen einer sterbenden Protest-Kultur huldigen, zelebriert die neue Schicht der Kreativen, Denker und Wissensarbeiter ihre ganz eigene, hybride Form von Moral, sozialer Gerechtigkeit, Gemeinsinn und Verantwortung – bei hausgemachtem Kuchen und Quittensaft, Bio-Bratwürstchen und Schoppen. Doch trotz dieser Gemeinsamkeiten sind es eben gerade die individuellen Unterschiede, die uns gesunde Genießer im Alltag kennzeichnen und auf die wir so viel Wert legen. Was uns prägt, ist auf der einen Seite der Wunsch nach dem Öko-Apfel, an dessen bessere Qualität wir glauben dürfen, andererseits aber die Angst vor Einschränkungen in der individuellen Entfaltung. Wir wollen regionale Produkte, aber dafür dem schnellen Essen nicht den Rücken kehren müssen. Heute möchte ich Heimat im Glas und auf dem Teller genießen, morgen aber nicht auf das Thai-Curry in der Mittagspause verzichten.

Nur eine Handvoll der Besucher des Obsthofes würde sich wohl selbst als Neo-Ökologisten, LOHAS oder moralische Hedonisten bezeichnen oder gar eingestehen, mit dem Tischnachbarn einen gemeinsamen Lebensstil zu pflegen. Und doch sind sie sich einig darin, dass regionale Produkte direkt vom Erzeuger die bessere Wahl sind. Jeder würde erwähnen, dass es einfach ein gutes Gefühl vermittelt, wenn man sieht, woher die Lebensmittel stammen, dass es „wichtig" ist, sich mit dem Bauern über Ernteschäden zu unterhalten und darüber, dass es auch ohne Chemie möglich ist, gegen Pflanzenschädlinge vorzugehen.

Auch wenn sich keiner der gesunden Genießer offiziell dem neuen Lebensstil zuordnen würde – zu sehr würde das die eigene Individualität einschränken –, der Bio-Food-Boom ist ihr Verdienst. Kaum einer hielt es noch vor fünf Jahren im deutschsprachigen Raum für möglich, dass die LOHAS zu Konsum-Avantgardisten aufsteigen könnten und dass in Geschäften von Aldi bis Feinkost-Tempel Bio-Produkte das Sortiment prägen. Wie stark der Bio-Trend mittlerweile unser Einkaufsverhalten dominiert, ergab eine Untersuchung der GfK im Februar 2008: Neun von zehn Haushalten haben im vorangegangenen Jahr mindestens ein Bio-Produkt gekauft. Die Tendenz ist trotz Finanzkrise weiter steigend. Natürlich lässt uns auch das immer größer werdende Angebot und die immer bessere Auswahl an Öko-Lebensmitteln häufiger zur „Bio"-Variante greifen. Es ist eine Frage des guten Gewissens, mit der wir uns im Supermarkt herumschlagen, wenn wir im Kühlregal zwischen dem Putenbrustfilet aus konventioneller Zucht und der Bio-Pute wählen müssen. Und eine Frage der Gesundheit, wenn in der linken Hand konventionelle spanische Paprika liegt und in der rechten die Paprika aus organischem Anbau.

„Man lebt nicht, um zu essen, sondern man isst, um zu leben", soll einst Sokrates gesagt haben. Mag der berühmte griechische Philosoph in vielen anderen Punkten höchste Aktualität haben, mit dieser Haltung ist er hoffnungslos anachronistisch. Die Askese, der Verzicht (etwa auf Tiefkühlprodukte, Fertiggerichte oder Delikatessen) mag für die alten Ökos der 1980er-Jahre noch gegolten haben. Doch wir leben und inszenieren längst unser Leben, um zu essen. Essen ist nicht mehr nur ein Über-Lebensmittel, sondern reflektiert unseren Lebensstil und unsere Haltung zur Realität. Wer heutzutage zu einer Flasche Wasser greift, so haben wir gesehen, tut das nicht allein des Durstes wegen. Wasser ist zum Aushängeschild eines ganzen Ernährungsstils geworden. Natürlich suggeriert es erst einmal Gesundheitsbewusstsein, denn keinem anderen Lebensmittel haftet so viel Reinheit und Ursprünglichkeit an wie dem Trinkwasser. Doch dann wird es schon schwierig, wir müssen Position beziehen: Trink- oder Mineralwasser, Sprudel oder Still, Plastik oder Glas, Mehrweg oder Einweg, Discounter oder Bio-Laden, Billig-Marke oder Luxus-Label, cheap oder chic? Während wir uns auf der einen Seite den Preis von über vier Euro für einen Liter Wasser von den Fidschi-Inseln durch dessen Herkunft aus einem geschützten Ökosystems erklären, nicken wir auf der anderen Seite anerkennend, wenn New York aus umweltpolitischer Motivation den Kampf gegen Wasserflaschen aufnimmt und für Leitungswasser plädiert. Seit langer Zeit war es nicht mehr so einfach, Lebensmittel zu genießen und sich dabei rundum gut zu fühlen.

Nahrung wird zum Symbol für einen Lebensstil, wenn nicht sogar für ein Lebensmodell und Weltbild, und verschafft uns auf eine entspannte Weise eine Zugehörigkeit zu einem Kreis Gleichgesinnter. Doch ohne dass wir dabei alle unsere Freiheiten und Bequemlichkeiten aufgeben müssen. Das gilt natürlich im gleichen Maße für andere Nahrungsmittel wie etwa Käse: Kaufe ich einen geschnittenen Bergkäse aus dem Kühlregal, ein Stück „Möhrenlaibchen" vom Demeterhof oder zeige ich, dass ich eine Connaisseure bin und frage an der Theke nach einem Burata?

Jeder meiner Besuche der Frankfurter Kleinmarkthalle, dem Genusseldorado der Mainmetropole, ist daher viel mehr als nur ein Einkauf. Hier beziehe ich Position, wenn ich eine Gref-Völsings esse, einer Frankfurter Rindswurst mit über 100-jähriger Geschichte, oder im schicken, neuen Querbeet-Bistro einen vegetarischen Bio-Gemüsekuchen ordere. Am Geflügelstand erkundige ich mich, ob die Poularde auch ein Bresse-Huhn mit AOC-Siegel ist, bevor ich beim italienischen Gemüsehändler Cime di Rapa kaufe, ein italienisches Wildgemüse, das ich im Kochseminar eines lokalen Feinschmeckertempels kennengelernt habe.

Während ich mich mit der Käsebedienung in der Markthalle über die apulische Käsespezialität, den Burata, austausche, die Vorteile gegenüber Büffelmozarella und den industriell gefertigten Käsebällchen erörtere, bekommt der Lebensmitteleinkauf wieder etwas Konkretes und Greifbares. Die Lücke, die durch die industrielle Herstellung und Vermarktung der Lebensmittel entstanden ist, wird durch ein neues Zugehörigkeitsgefühl zu einem scheinbar auserlesenen Kennerkreis wieder gefüllt. Wir betreiben eine neue Form von sozialer Interaktion, wenn wir zu den lokalen Spezialitäten und regionalen Besonderheiten greifen. Mag sein, dass sie sogar ein Stück Statussymbol sind, die sich nicht über den Preis definieren, sondern erst das Wissen über deren Existenz sie zu diesem werden lässt. Aber auf jeden Fall sind sie eine Identifikationsebene und viel mehr als nur ein Lebensmittel respektive ein Mittel zum Leben.

Der Wunsch nach Wissen, Sicherheit und Unterhaltung

Aber wir sind auch ständig auf der Hut und fragen uns bei jedem Produkt nach der alten Sesamstraßentaktik: wer, wie, was. Was ist drin? Kann mir das schaden? Wie, wo und unter welchen Bedingungen wurde es hergestellt? Wer steht hinter der Marke? Denn nicht zuletzt seit den Lebensmittelskandalen wie Acrylamid, BSE oder Cumin ist die Skepsis gegenüber den Herstellern gestiegen. Dabei geht es gerade bei Lebensmitteln um eine große Portion Vertrauen. Es sind Produkte, die wir täglich in uns aufnehmen, und über deren Herkunft und Qualität, deren Zusammensetzung und deren Herstellung wir daher mehr wissen wollen als über andere Konsumwaren. Fakt ist aber, dass kaum noch jemand von uns weiß, wie man Brot backt oder wurstet. Aber mit dieser Skepsis wächst gerade auch die Neugierde in der „Sendung-mit-der-Maus-Generation", wir wollen sehen, wie etwas produziert wird. Und so drücken wir uns unsere Nasen an der langen Glasscheibe in der Fleischfabrik Wiltmann platt. Hier dürfen wir den Mitarbeitern in der „Gläsernen Produktion" über die Schulter schauen, zusehen, wie aus einem Stück Fleisch eine Scheibe Salami wird und dabei erleben, dass Menschen und nicht Maschinen

127

das Fleisch zerlegen und erfahren, dass die Salami so gut schmeckt, weil sie ohne die Reifung beschleunigende Zusatzstoffe naturgereift ist.

Es ist der Bezug des Verbrauchers zum Produkt, der durch den Austausch über selbiges wieder hergestellt wird. Nicht länger der automatische Gang durch die Supermärkte, das automatische Greifen nach abgepacktem Schinken, dessen Herkunft nicht mal der Produzent kennt, oder Tiefkühl-Pizza, deren Zutatenliste von E-Nummern dominiert wird, steht im Vordergrund, sondern ein Genusserlebnis lange vor dem eigentlichen Essen, das auf Authentizität, Glaubwürdigkeit, Transparenz und Erlebnis basiert.

Moderne Traditionalisten und innovative Konservative erobern die Küchen

Auch Haltbarmachen ist in diesem Zusammenhang eine Tätigkeit, die ich für mich entdeckt habe. Und so krieche ich stundenlang im Juni über Bio-Erdbeer-felder, arbeite mich im August durch stachelige Brombeersträucher und klaue im September ein paar von Nachbars Äpfeln. Jede Frucht ist quasi handverlesen, um veredelt mit Minze, Zitrone oder Zimt zu Marmelade zu werden. Zahlreiche Kochbücher erobern gegenwärtig den Büchermarkt, erzählen übers Vakuumieren und Einfrieren, Einlegen und Einkochen, Einwecken und Einmachen, Trocknen und Räuchern, Salzen und Säuern. Wir kehren zurück zur Substitutionswirtschaft – doch diesmal nicht aus Mangel, sondern wir veredeln die Grundprodukte selbst. Oder wie es das Deutsche Institut für Koch- und Lebenskunst so schön bezeichnet: „Konservieren für innovative Konservative". Längst ist Haltbarmachen nicht mehr mit dem Aspekt Kosten zu sparen verknüpft, sondern es ist ganz im Gegenteil kostenintensiv, wenn wir Vanilleschoten aus Tahiti zu den Weinbergpfirsichen geben. Und zeitintensiv, wenn wir die Pflaumen stundenlang einköcheln lassen. Ein wahrer Luxus in Zeiten permanenten Zeitmangels. Aber der Rundum-Genuss ist es uns wert. Zum einen produzieren wir etwas selbst, bekommen wieder eine Beziehung zum Produkt, zum anderen können wir auf diese Weise sicher sein, dass ausschließlich „Natur" verarbeitet wird. Wir können den Eigengeschmack der Zutaten wieder entdecken, denn nur die besten Früchte eignen sich fürs Ein-kochen. Denn je einfacher die Rezepturen, desto mehr steht das Ausgangsprodukt im Mittelpunkt. Wir müssen „Respekt vor dem Produkt" haben, mahnt Eckart Witzigmann. Der Jahrhundertkoch plädiert für „Gemüse aus dem eigenen Gar-ten". Doch natürlich ist es unrealistisch, anzunehmen, dass die drei Tomatenpflanzen auf dem Balkon mehr als drei Gläser Tomatenmarmelade ergeben. Es geht auch gar nicht um große Mengen für die Vorratshaltung, sondern darum, die Kraft der Aromen, den Genuss für besondere Momente zu konservieren.

Im Alltag greifen wir auf die modernen Nahversorger zurück, die uns Genuss, Gesundheit und Convenience garantieren. Zu wahren LOHAS-Tempeln sind in den letzten Jahren dabei die Bio-Supermärkte à la Alnatura, Vierlinden oder Feneberg avanciert. Im Durchschnitt kaum teurer als konventionelle Supermärkte, bieten sie uns von Kartoffelbrei bis indisches Ghee-Fett, von Smoothie bis Premier Cru und von Kartoffel bis Ananas eine Auswahl, die Studenten wie Banker überzeugt. Wer hier einkauft, erledigt nur selten seinen Wocheneinkauf. Mit einem Anteil von drei Prozent am deutschen Lebensmittelmarkt wäre es vermessen zu behaupten, Bio sie die Regel, dennoch ist es längst zum Mainstream geworden. Denn auch wenn nur ein Prozent der Bevölkerung laut Ökobarometer 2007 ausschließlich Öko-Waren kaufen, so kauft immerhin jeder Fünfte von uns häufig Bio und über die Hälfte gelegentlich. So sind es dann auch häufig die spontanen Lustkäufe auf der Heimfahrt von der Arbeit, die neben obligatorischen Frischeprodukten wie Äpfeln, Milch und Brot das Laufband zieren: geräucherte Forelle, gefüllte Weinblätter, Caprese-Spießchen oder marinierte Oliven.

Natürlich finden wir es auch ein wenig schick, „Bio" zu kaufen und uns in der „Szene" der Health-Hedonists blicken zu lassen, zu der wir natürlich gehören, obwohl wir uns selbst ganz anders sehen. So können wir uns selbst auf die Schulter klopfen, wenn die Diskussion beim Grillabend auf das Thema „kritischer Konsum" fällt. Können über die neuesten Öko-Waren bei Aldi plaudern („Hast du schon gesehen, die haben jetzt sogar Bio-Wein") und uns ein wenig als Elite positionieren. Doch so sehr die Neo-Ökos ihr Avantgardisten-Dasein pflegen, so sehr ist auch die ethische Komponente von Bedeutung. Welche Brisanz das Thema Öko-Supermarkt bekommen kann, verdeutlicht der Einstieg der Schwarz-Lidl-Gruppe bei der Basic AG. „Bio hat doch vor allem etwas mit Vertrauen zu tun", schimpfte eine ältere Dame entrüstet im Interview mit der „Taz".

Think global, eat local! Warum Heimat so ganz unverwechselbar gut schmeckt

Vertrauen und die nötigen Informationen sind die Basis, auf der die Neo-Ökologisten ihre Entscheidungen für oder gegen ein Lebensmittel, Restaurant oder Geschäft fällen. Der Gründer der Slowfood-Bewegung, Carlo Petrini, spricht diesem neuen Grundbedürfnis voll aus dem Herzen, wenn er sagt:

„Ich möchte die Geschichte einer Speise kennen. Ich möchte wissen, woher die Nahrung kommt. Ich stelle mir gerne die Hände derer vor, die das, was ich esse, angebaut, verarbeitet und gekocht haben." (aus „Gut, sauber & fair").

Doch Bio allein schafft das nicht. Das Vertrauen in Öko-Lebensmittel ist tief, aber nie hundertprozentig, denn immer schwebt die Frage im Raum: „Ist überall Bio drin, wo Bio drauf steht?"

Absolute Verlässlichkeit erhalten wir nur beim Einkauf direkt beim Erzeuger, ab Hof, auf dem Markt oder in speziellen Läden, welche die regionalen Bio-Produkte vertreiben. Hier können wir uns überzeugen, dass es den Pflanzen gutgeht, die Tiere glücklich sind und auch Mitarbeiter ordentlich behandelt – vielleicht sogar noch im Rahmen von integrativen Förderprojekten besonders geschult werden. Lokale Erzeuger werden in den Regionen zu den neuen Marken. So kann man etwa die Käse des Dottenfelder Hofs nicht nur direkt vor Ort in Bad Vilbel vor den Toren Frankfurts beziehen, sondern bekommt sie auf Erzeugermärkten und mittlerweile sogar bereits in gut sortierten Lebensmittelläden. Auch die Produkte von Bauer Etzel aus Wehrheim im Taunus tauchen immer häufiger auf und suggerieren durch die Kombination aus Region plus Bio absolute Verlässlichkeit.

Mit offenem Mund staunen wir, welche Sprengkraft wir als Verbraucher entwickeln können, und wie wir durch unsere Lust auf Ursprünglichkeit und Ehrlichkeit einen ganzen Industriezweig ins Wanken bringen. Wir sind selbst überrascht von uns, wie wir das globale Internet nutzen, um unsere lokalen Besonderheiten zu entdecken, zu unterstützen und zu kommunizieren. Nicht ohne dabei stolz zu sein auf unseren reflektierten, kritischen Konsum. Im März 2007 teaserte (teaser = Anreißer) das Magazin „Time" provokativ „Forget Organic. Eat Local" – das wirklich bessere Essen wachse im eigenen Hinterhof. Damit knüpft die Zeitschrift an eine Diskussion an, die in den USA und UK bereits im vollen Gange ist und mit der Diskussion über den Klimawandel nach und nach auch den europäischen Kontinent überrollt. Immer häufiger müssen wir Neo-Ökos uns in letzter Zeit nicht nur mit der Frage herumschlagen, ob Bio für die eigene Gesundheit die bessere Wahl ist, sondern darüber hinaus auch mit der Überlegung, ob wir mit dem Kauf eines Bio-Apfels aus Neuseeland nicht unfreiwillig zum Klimakiller werden. Das für die Herstellung der Ware verbrauchte Kohlendioxid wird dabei zum neuen Stigma für Lebensmittel. Zusätzlich zu dem Wunsch nach dem gesundheitlichen Mehrwert der Produkte wächst der Gedanke an die Umweltunverträglichkeit eines langen Transports, der Lagerung der Produkte in Kühlräumen und der aufgewendeten Energie für die Verpackung. Warum ein Öko-Steak aus Argentinien, wenn die Filets lokaler Rindviecher ohne lange Transportwege genauso gut schmecken? Dass dadurch zudem die regionalen Erzeuger unterstützt werden, die man möglicherweise sogar persönlich kennenlernen kann, macht die Sache natürlich noch attraktiver für uns Gewissenskäufer.

Nachfragen können, sich informieren können, fast ein wenig investigativen Bürgerjournalismus betreiben – das ist es, was den Reiz ausmacht und Beruhigung verschafft. Und so kaufen wir bei Rewe unter dem Label Landmarkt Lammbratwürstchen aus der Rhön und untersuchen bei Plus die kleine Landkarte auf der „Alpa"-Milch, die verrät, wo die Kuh gemolken wurde. Die Region bekommt neben dem neuen Heimatgefühl somit eine weitere Bedeutung für die LOHAS. Sie wird zum Ethik-Label, das garantiert, dass Tomaten, Käse und Brot nicht nur „ursprünglich" angebaut wurden (nämlich vom Bauern und nicht vom Lebensmittelchemiker), sondern darüber hinaus, dass es ethischen und umweltrelevanten Standards entspricht. Wenn es außerdem noch eine lokale Spezialität ist – umso besser.

Regional wird zum globalen Markenzeichen

Als ich vor einigen Jahren meinem Kollegen von einem Gastronomen erzählte, der sich gut vorstellen konnte, sein Gemüse mit Herkunftsangaben auf die Karte zu setzen, lachte dieser den Wirt noch herzlich aus. Ähnlich wie die Lagen auf einem guten Wein notiert werden, wollte der Gastronom eine Rübchen einem Acker zuweisen. Schließlich würde der Gast den Unterschied schmecken. Der damals noch so skeptische Freund hat sich heute selbst zum Terroir-Pionier gewandelt. Vom Müritzer Wiesenlamm bis hin zu Bentheimer Buntschweinen, vom Bamberger Hörnchen bis zum Blauen Frühburgunder ist er den regionalen Besonderheiten auf der Spur. Seit Neuestem rühmt er die Champagner Bratbirne. Dieses jüngste Mitglied in der internationalen Slowfood-Arche des Geschmacks ist eine wiederentdeckte Lokalspezialität, deren Rettungsaktion die Genießer aus unterschiedlichsten Motiven vereint. Am Rand der Schwäbischen Alb produziert die Manufaktur Jörg Geiger aus der alten Obstsorte einen Birnenschaumwein, der die Genießerwelt ganz aufgeregt werden lässt. Dabei ist es natürlich die Qualität der gelben Birnen, die einen erheblichen Teil dazu beitragen, sicherlich auch die handwerklichen Erfahrungen. Aber noch viel wichtiger sind das Engagement auf allen Seiten, die Liebe zum Produkt und der Reiz des Originären. So stehen im Herbst die Autos der Streuobstwiesenbesitzer Stoßstange an Stoßstange in Jörg Geigers Hof, um ihre Ernte abzuliefern. Sie haben erkannt, welche Bedeutung ihre alten Birnen sowohl für die regionale Identität, den Schutz der Kulturlandschaft wie auch die Genießerwelt haben. Und die zahlt gut für jeden Schluck Region, ohne dass Jörg Geiger für seine Produkte groß überzeugen muss.

Unter Wein-Liebhabern ist der Begriff des „Terroir" schon lange das Qualitätskriterium für einen guten Tropfen. Der Boden, die Lage, die Rebsorte, die Handschrift des Kellermeisters und nicht zuletzt der Moment des Öffnens machen den Wein zu einem Getränk mit individuellem Charakter. Wein ist das LOHAS-Genussmittel schlechthin, denn es erlaubt uns lustvollen Konsum mit offiziellem Gesundheitssiegel. So enttäuschend es auf den ersten Blick scheint, dass fast jeder zweite Wein im Discounter gekauft wird, so wenig überrascht es doch, dass die Weine, die gekauft werden, am häufigsten aus Deutschland kommen. Auch das für die Weinkultur aufgewendete Budget steigt kontinuierlich und löst die „Geiz ist geil"-Fanfare durch ein „Genuss ist geil" ab. So ist es kein Wunder, dass Aldi jüngst den Edel-Winzer Fritz Keller unter Vertrag genommen hat. „Ich habe in Zeitungskolumnen über den Preisverfall im Handel gewettert. Dadurch wurde man auf mich aufmerksam und wollte ein Konzept, wie man gute Weine besser verkaufen kann", so der Winzer und Patron des „Schwarzen Adler" zum Weinmagazin „Vinum". Er konzipiert für den Discounter eine badische Edelmarke, die es als Rot- und Weißwein erstmals mit dem Jahrgang 2007 für fünf bis sieben Euro geben wird.

Die Sehnsucht nach dem authentischen Genusserlebnis hat im Alltag längst Einzug gehalten, davon berichtete jüngst auch der Master- und Mediensommelier Hendrik Thoma: „Bitte keinen Chardonnay! Bringen Sie mir lieber einen einfachen Chablis", habe ein Gast gewünscht, berichtete er in einer Kolumne in der „Allgemeinen Hotel- und Gastronomiezeitung". Eine Bestellung, die auf den ersten Blick zumindest Weinkenner schmunzeln lässt, werden doch alle aus dem Chablis stammenden Weine aus Chardonnay-Trauben gekeltert. Doch auch Thoma erkannte den eigentlichen Wunsch: Der Gast wollte den speziellen, unnachahmlichen Charakter eines Weines erleben und nicht ein 08/15-Geschmackserlebnis serviert bekommen.

Das trifft für Wein wie für Essen wie für das Ambiente zu. Es sind nicht mehr die klassischen Luxus-Gerichte, die uns reizen. Die haben spätestens seit sie die All-you-can-eat-Buffets der Clubanlagen von Sharm El-Sheikh bis „Domrep" im

Übermaß zieren, ihre Wirkung verloren. Zudem: Warum einen Hummer lebend ins Wasser geben, wenn man mit dem Verspeisen einer Königskrabbe aus der Barentssee nicht nur feineres Fleisch verzehren kann, sondern zudem den lokalen Fischbestand Nordnorwegens sichert? Oder warum muss es unbedingt eine Stör-Variation vom Kaviar als Amuse-Gueule sein, wenn doch in Radieschenvinaigrette marinierter Tafelspitz wahre Geschmacksexplosionen auslöst und dieser Gruß aus der Küche vom Charme des Bodenständigen begleitet wird. Und so fällen wir unsere Entscheidung für oder gegen ein Restaurant heute nicht mehr nach dem Sternenhimmel, sondern anhand der Philosophie des Küchenchefs und Patrons, denn das macht die wahre Aura und Authentizität der Produkte aus.

Die neue Botschaft des Genusses: Tradition plus Moderne, Bodenständigkeit plus Avantgarde, Qualität ohne Kompromisse

Als ich Vincent Klink nur aus dem Fernsehen kannte, hatte ich eigentlich keine Ahnung von dem, was den Koch so besonders machte. Als ich die Ausgaben von „Häuptling eigener Herd" verschlang, bekam ich eine Idee von dem, was ihn umtreibt – ein Vorgeschmack, der sich bei der Lektüre von „Wurst" bestätigte. Es ist die Mischung aus Stil und Bodenständigkeit, Blumenarrangements und schnörkelloser Eleganz, Kalbshirn mit Spargel, Kuttelwurst mit Koriander, die mich nach einer Fahrt mit der Zahnradbahn auf der Wielandshöhe erwartete. Vincent Klink ist jemand, der vor Originalität nur so strotzt, wenn er von Tisch zu Tisch geht und die Gäste begrüßt. Nichts scheint an ihm unecht zu sein, er nimmt kein Blatt vor den Mund, wenn es darum geht, gesellschaftliche, politische und nicht zuletzt kulinarische Missstände anzuprangern. „Genau!", rufe ich begeistert, wenn er in seinem Tagebuch auf der Webseite der Wielandshöhe schreibt:

> *„Es heißt immer, gutes Essen könnten sich viele Leute nicht leisten. Freilich, es gibt wirklich unverschuldete Armut in Deutschland. Es gibt aber auch jede Menge doofe Konsorten, und die treffe ich dann an der Tankstelle, wo sie den teuersten Junk kaufen."*

Statt dem „Ruf nach Raffinesse" zu folgen, hält Klink seine Antwort auf den Zeitgeist in Grundregeln fest, die sich wie die 10 Küchen-Gebote der LOHAS lesen. Danach wird die Qualität des Produkts erst vom Geschmack und dann erst vom Aussehen bestimmt, haben Bio-Produkte dann Vorrang, wenn es sich nicht um grün geerntete Demeter-Tomaten handelt, Lebensmittel – ob Gemüse oder ein Reh – werden ganz verarbeitet, weshalb kaum Abfall entsteht. Dass keine geschmacksmanipulierenden Zutaten wie etwa Glutamat eingesetzt werden, ist so selbstverständlich wie der Bezug des Fleisches vom Bauern aus der Region. Der sympathisch-eigenwillige Fernsehkoch möchte für Zunge, Gaumen und für Leute kochen, deren Geschmackssinne noch funktionieren. Dass die Wielandshöhe solch einen Reiz ausübt, liegt nicht zuletzt an der Kompromisslosigkeit des Küchenchefs: Vor den individuellen Wünschen des Gastes steht stets seine Küchenpolitik. So geht es dem Fernsehkoch nicht darum, alle glücklich zu machen, sondern sich eine Anhängerschaft aufzubauen. Klink „funktioniert" mit dieser Einstellung als Botschafter des Genusses.

So verändert der Trend zu regionalen Gerichten mit Charakter auch die Gastro-Szene. Köche und Pächter, die sich vor allem durch Eigensinnigkeit, Willensstärke und Kompromisslosigkeit auszeichnen, übernehmen an den Töpfen das Regime. Sie verkörpern die LOHAS-Ideale Autonomie und Persönlichkeit par excellence. Mit einer gehörigen Portion Sturheit ziehen sie ihr „Ding" durch – ohne Rücksicht auf eventuelle Launen und Vorlieben der Gäste und Moden in der Gastronomie. Mag doch die ganze Welt Löffelgerichte servieren, bei den neuen Chefs gibt es garantiert nur Gerichte, bei denen jeder Bissen nach einem weiteren verlangt. Unter ihrer Leitung werden die Küchen zu ihren Wurzeln zurückgeführt – ohne dabei Modernität und Innovationen auszusperren. Rote Bete sind die Wiederentdeckung der letzten Jahre, doch warum sie nicht als Carpaccio servieren. Oder Flusskrebse: Klar schmecken sie uns grandios zum Leipziger Allerlei, doch sagen wir auch nicht Nein zu einem Pot-au-feu von Flusskrebsen mit Fenchelsamen, gelben Zucchini und Topinambur-Chips. Wir wollen Tradition, die mit Moderne serviert, Originalität, die mit einem Löffelchen Kreativität verfeinert wird und Bodenständigkeit, die den Filterkaffee gegen Espresso eingetauscht hat.

Ähnlich skurril wie die von Klink wirken auf den ersten Blick die Attitüden von Franz Keller. Der Küchenchef der Adlerwirtschaft im Rheingau gibt seinem Lokal durch die Eigenarten den besonderen Charakter. Wer hier reserviert – und eine Reservierung tut Not –, ist verpflichtet, auch wirklich hier zu essen. Essen bedeutet hier mindestens drei Gänge. Kleinigkeiten gibt es nur bis 17 Uhr, ansonsten kann der Gast zwischen dem Kleinen und Großen Adleressen wählen – allerdings nur tischweise, denn eine Kombination der beiden Menüs ist nicht möglich. Ebenso werden mehr als zwei verschiedene Hauptgerichte pro Tisch nur gegen Aufpreis serviert. Der Sohn des legendären, Anfang 2007 verstorbenen „Rebell vom Kaiserstuhl", Franz Keller, hat nicht nur den Namen geerbt, sondern auch das Talent, aus scheinbar Banalem Köstlichkeiten zu zaubern und das einfache Ambiente als Luxus in seiner Reinform zu definieren. Fleischklößchen auf mit Kreuzkümmel verfeinertem Krautsalat als Amuse Bouche, gebratene Blutwurst vom Bunten Bentheimer-Freilandschwein mit Apfel-Quittenbrei als eine von zwölf der beim Großen Adleressen servierten Vorspeisen und Milchlamm aus dem Martinsthaler Wiesental oder Rehbock aus dem Taunus als Hauptgang sprechen für sich. „Vom Einfachen das Beste" lautet dementsprechend auch die Devise des bekennenden Gesund-Genießers, der 30 Prozent seiner Arbeitszeit in die Suche nach den besten Zutaten steckt. Und wir wissen es zu schätzen, wenn sich die Küche nicht nach der Speisekarte richtet, sondern je nach saisonalem Angebot Überraschungen offenbart. Wenn der Padrone darüber hinaus noch selbst berät und sich zu einem kleinen Schwätzchen kurz vor Schluss auch zu den Gästen an den Tisch gesellt – ist jede andere Form von Luxus nebensächlich.

Luxus ist Genuss, Genuss ist Luxus

Als ich einem finanziell nicht schlecht gestellten Freund zum runden Geburtstag einen Weinstock schenkte, wurden plötzlich alle anderen Geschenke nebensächlich. Für zehn Jahre, so dokumentiert es ein hübsches Zertifikat, gehörte ihm jetzt ein Weinstock in der Lage Winkeler Hasensprung. Seit drei Jahren erhält er nun vom Weingut Fritz Allendorf eine Flasche Wein, und jedes Jahr ruft er mich dann freudestrahlend an, um zu erzählen, dass er wieder ein leckeres Päckchen bekommen hat. Hummer, Champagner und Kaviar haben für uns Health-Hedonisten keinerlei Bedeutung mehr. Diese Status- und Prestigeobjekte sind dekadent, austauschbar und oberflächlich, nicht zuletzt ethisch unmoralisch. Ganz nach dem Motto „Wahrer Genuss kennt keinen Luxus" ist es das Erlebnis des Einfachen, aber Substanziellen, das die neue Lebenslust kennzeichnet. So ist es die sortenreine und traditionsreiche Gourmet-Tomate Mágiqo aus Spanien, die fair gehandelte Lagen-Schokolade mit 85-prozentigem Kakaoanteil oder die Verkostung limitierten Olivenöls, die uns wohlige Schauer über den Rücken jagen. Es ist eine Mischung aus Glück, Euphorie und Ausgelassenheit, wenn wir wie Abenteurer die unerforschten Genusswelten erkunden.

Denn trotz oder gerade wegen unserer neuen Lust an Ursprünglichkeit und dem Einfachen und Elementaren, werden wir immer mehr zu wahren Genuss-Experten. Auf der Suche nach den besten Zutaten und natürlichsten Ingredienzien, müssen wir feststellen, dass das Detail der Königsweg der maximalen Qualität ist. Seitdem zieren vier verschiedene Minzsorten, drei Basilikumarten und diverse Salbeipflanzen aus kontrolliert biologischem Anbau unsere Kräutertöpfe auf der

Fensterbank. Andrea Camilleri, Peter Weiss und Ulrich Wickert mussten im Bücherregal längst Platz machen für Udo Pinis Gourmet-Handbuch, Hugh Johnsons Weinwelt und Jürgen Dollases Kochuniversität.

Seitdem ich darauf erpicht bin, einmal in meinem Leben die Erfahrung zu machen, wie es ist, einen Apfelstrudel von A bis Z herzustellen, Nudeln zu machen oder ein Brot zu backen, steht bei mir im Küchenschrank nicht mehr einfach nur Mehl. Jetzt besitze ich Weizendunst für Spätzle und Strudel, aus Italien importiertes Farina tipo 00 und Bordeauxweizenmehl, das ich im Brot & Butter-Laden entdeckt habe. Es soll sehr gute Backeigenschaften haben, ist durch seinen hohen Proteingehalt gesund und war zu Beginn des letzten Jahrhunderts ein echter Klassiker. Das klingt spannend, und allein deshalb lohnt sich die Investition in das Mehl. Und wenn ich dann einmal genügend Zeit habe, backe ich daraus auch schon mal ein Brot.

Diese Entdecker-Neugierde ist es auch, die Grundnahrungsmitteln zu Luxus-Gütern avancieren lässt. Oder wie Alnatura-Gründer Götz Rehn es ausdrückt:

> *„Die Menschen werden sich immer mehr für das Kochen interessieren und einen asketischen (reduzierten) Lebensstil pflegen. Die Sandkartoffel, golden in der Farbe, von guter Konsistenz und aromatischem Geschmack, wird zum begehrten Objekt."*

Was einst mit dem Aceto Balsamico begann, der den guten, alten „Essig" aus dem Küchenregal verbannte und zu einem Putzutensil machte, gipfelt jetzt in einem schichtübergreifenden, neuen Enthusiasmus für Basiszutaten.

Wer benutzt denn heute einfach irgendein Salz? Die Bezeichnung „weißes Gold" traf nie besser zu als gegenwärtig. Die einst belächelten, puristischen britischen Würzgewohnheiten „nur Salz" erlangt zurzeit bei den neuen Genießern anerkennendes Lächeln. Denn Salz ist längst nicht mehr gleich Salz: Während ein Kilo Salz im Discounter keine 40 Cent kostet, liegen die Kilopreise für in kalifornischen Chardonnay-Fässern geräuchertes Fleur de Sel locker bei mehr als dem 35-Fachen. Natürlich werden die teuren Kochzutaten nur in homöopathischen Dosen in stylischen Döschen, Keramiktöpfchen oder im Baumwollbeutel mit Aromaschutz gekauft. Ob Salzdiamante aus Kaschmir, Fleur de Sel aus allen erdenklichen Teilen der Erde, mit Tahiti-Vanille aromatisiertes Meersalz aus Wales, Himalaya-Mineralsalz oder Steinsalz aus Bergwerken – jedes hat seinen eigenen Charakter und Geschmack, so rechtfertigen wir vor uns selbst die teuren Zutaten. Das Australian Murray River-Salz besteht aus Salzflocken, die auf dem Essen fast zerschmelzen und es nicht dominieren. Ganz anders dagegen das Salz von Halen Môn, das seinen einzigartig-prägnanten Geschmack durch das Räuchern über Holzspänen von 800-jährigen Eichen erhält.

Wir könnten auch blasiert behaupten: Wir moderne Hedonisten wissen einfach, für was es sich lohnt, Geld auszugeben. Denn vorgespielte Glaubwürdigkeit ist heute dank der neuen Transparenz leicht zu durchschauen. Authentizität und Echtheit wird aber belohnt: „Von Anfang an war klar, dass unser Markt im Premium-Bereich liegt", erklärt auch Klaus Schwagrzinna in einem Interview mit „Port Culinaire". Er zählt zu einem der besten Lammfleisch-Produzenten Deutschlands. „Müritzer Weidenlamm" klingt in den Ohren eines modernen Hedonisten wie „Taler" in denen Dagobert Ducks. Ende der 1980er-Jahre hat sich der Fernsehjournalist auf seine „ländlichen Wurzeln besonnen" und in Mecklenburg-Vorpommern begonnen, Lämmer zu züchten, mit einem klaren Bekenntnis zu höchster Qualität, Bio-Standard und permanenter Verbesserung der Zucht.

Lebenslust 2.0: Mittendrin statt nur dabei – staunen, schmecken, lernen

Wir leben bereits im Wissenszeitalter. Immer mehr wird deutlich, dass Wissen unser Schlüssel zur Welt ist. Insbesondere zur kulinarischen. Und so machen wir uns die Vorzüge der Informationsgesellschaft zunutze und lassen uns quasi vom Laptop verführen. Es ist wie eine kleine Zeitreise, die ich unternehme, wenn ich auf der Suche nach einem besonderen Senf, auf den Moutarde Violette de Brive stoße, der einst, so kann ich nachlesen, der Lieblingssenf von Papst Clemens VI. war und jetzt nach dem mittelalterlichen Rezept wiederhergestellt wird. Und da es sich ja nicht lohnt, nur ein Gläschen Senf zu bestellen, ordere ich gleich noch ein paar weitere Neuentdeckungen mit: eine Flasche Tauberschwarz, eine autochthone Rebsorte aus Franken, die zwischenzeitlich fast verschwunden war und jetzt von einigen Überzeugungswinzern wieder angebaut wird. Auch die britischen Käsecracker mit den hübschen Verpackungen, über die ich in der aktuellen Ausgabe von „Essen & Trinken" gestolpert bin, kommen in meinen virtuellen Warenkorb. Via Genussblogs.net, einer Sammlung Weblogs rund um Genuss und Gesundheit, stoße ich dann noch ein auf tolles Blog über alte Tomatensorten und lerne die Ochsenherztomate kennen, nach der ich demnächst beim Feinschmeckerparadies Frischzentrum Ausschau halten werde. Doch noch muss der Spaghettikürbis verarbeitet werden, und obwohl es an Kochbüchern nicht mangelt, erkundige ich mich lieber schnell im Forum von Chefkoch.de nach einem passenden Rezept.

Mit dem Web 2.0 haben die gesunden Genießer gelernt „mittendrin statt nur dabei" zu sein. So wie sie sich online über die Hintergründe der Produktion informieren, die Preise vergleichen und sich im Forum über die Philosophie eines Händlers austauschen, wollen die modernen Hedonisten Konsum generell wieder erleben, die Produkte mit allen Sinnen erfahren, Hintergründe kennenlernen und vor allem als reflektierte Verbraucher ernst genommen werden. Denn ganz wichtig ist, dass wir die Erfahrung, was „Genuss und Gesundheit" heißt, individuell und ohne Leistungsdruck machen möchten. Erhobene Zeigefinger sind dabei ebenso tabu wie Moralapostelei mit Verboten und Geboten. Nicht ein zwanghaftes „man muss", sondern ein individuelles „wir können, wenn wir wollen" zählt. Der Schweizer Koch Manfred Roth beschreibt diesen Prozess als neue Partnerschaft – etwa zwischen dem Gast und dem Koch. Egal, ob Bauer, Winzer, Marktverkäufer, Supermarktbetreiber oder Küchenchef, wir befinden uns mit ihnen auf einer Kommunikationsebene und möchten mit Respekt behandelt werden. Roth nimmt seine Gäste mit eben dieser Wertschätzung an die Hand, erklärt ihnen, was neu und anders ist bei seinen Gerichten, erklärt die Zutaten. Denn: „Jedes Produkt hat eine Geschichte, und sei sie noch so klein. Und die will ich erzählen." Doch die letzte Hürde, die Wiederentdeckung des Geschmacks, muss von uns genommen werden und dafür ist entsprechende Neugierde notwendig.

Dieser Wissenshunger ist es, der aus uns moderne Genießer macht. Wir saugen die Informationen über Lebensmittel und Küchenaccessoires, Zubereitungstechniken und Qualitätsmerkmale genauso gierig in uns auf, wie zuvor bei Juan Amador die Sauce aus der Pipette. Denn selbst wenn man als durchschnittlich, weltgewandter Bürger ein Amuse-Gueule nicht für den örtlichen Rotlichtbezirk hält und Adria nicht nur für einen Küstenstreifen, so scheint es, dass – wenn man erst an der Oberfläche des Food-Horizonts gekratzt hat – sich eine scheinbar unendliche Genusslandschaft auftut. Mangels Zeit und Möglichkeit, in die Fußstapfen eines Genusshandwerkers oder Food-Hunters zu treten, pilgern wir stattdessen zu Genießermessen. Hier bekommen wir Zugang zu Köstlichkeiten, die sich auch nicht mit viel Geld erkaufen lassen, sondern die Informationen, Erfahrungen und Kenntnisse implizieren. Hier bekommen wir Wissen über ein gutes Produkt, ein Restaurant oder eine kulinarische Besonderheit vermittelt, das wie eine Eintrittskarte zu einem erlesenen Gourmetzirkel ist. Es ermöglicht uns aber nicht nur Zugang zu einem Kreis Gleichgesinnter, sondern – vor allem auch – Zugang zu bis dato unbekannten, multisensorischen Genusserlebnissen.

Kaum eine Stadt, die nicht mittlerweile „ihre" Genussmesse vorzeigen kann: In Köln und Hamburg ist es die „Eat'n'Style", in Stuttgart heißt es „Lust auf Genuss" und in Zürich „Gourmesse". Frankfurts moderne Hedonisten und Gourmets treffen sich seit mittlerweile fünf Jahren im Oktober auf der „Kulinart", der „Messe für Genuss und Stil". Nie zuvor war unser Interesse an einem Zusammentreffen mit Produzenten, Herstellern und Experten größer. Dahinter steht natürlich zum einen der Wunsch nach Wissen und Informationen, aber auch die Lust am Erlebnis. Ein Schwätzchen mit dem bevorzugten Weinhändler, ein Plausch mit der Olivenöl-Fachfrau über die Qualität der letzten Ernte und ein Blick über die Schulter der Lieblingskonditorin: Auf Verbrauchermessen dürfen wir probieren, fragen und uns zugehörig fühlen. Hier können wir abstecken, was gesunder Genuss heißt und was er für uns persönlich bedeutet.

Ein solches das ganze Jahr über geöffnete Genießer-Eldorado hat jüngst in Turin eröffnet. Eataly ist nach eigenen Angaben das weltweit größte Food- und Wein-Center. Auf dem Gelände einer alten Vermouth-Fabrik befinden sich zehn Megastores, acht Gourmet-Restaurants, zwei Kaffeehäuser sowie Weinkellerei, Brauerei und eine Eisdiele, die 30 verschiedene Sorten offeriert. Was auf den ersten Blick erschreckend nach Kommerz und weniger nach beschaulichem Genusserlebnis klingt, verleitet auf den zweiten Blick zu einem sofortigen Spontantrip in die norditalienische Industriestadt. Der italienische Investor hinter dem Erlebnis-Zentrum, Oscar Farinetti, spricht uns mit seinem Motto „Besser essen heißt besser leben" aus tiefster Seele. In dem auch als größten Naschmarkt der Welt bezeichneten Food-Tempel mit ausschließlich italienischen Leckereien dreht sich alles ums Erfahren, Probieren und natürlich auch Kaufen. Doch unser Konsum findet hier mit guten Vorzeichen statt, denn alles ist im Sinne der Slow-Food-Philosophie ausgerichtet. In einem Manifest sind die Grundsätze von Eataly festgehalten, unter anderem unter dem Punkt „Food Unities": „Gutes Essen bringt uns zusammen, generiert eine Community, die verschiedene soziale Schichten vereint und hilft, gemeinsame Standpunkte zwischen Menschen zu finden, die ansonsten unterschiedlich denken." Der Punkt „Honesty" verspricht, dass Eataly uns niemals mehr verkaufen will als wir auch wirklich brauchen. Überhaupt geht es gar nicht nur ums Kaufen und Essen, sondern vor allem auch ums Lernen. Und das können wir im Rahmen der jährlich 200 Veranstaltungen, von Kochkurs bis Präsentationen und Vorträgen berühmter italienischer Küchenhelden.

Wascht ihr nur eure Autos: Über Zeitgeist wird künftig am Herd entschieden

War es einst das Prestigeobjekt Auto, in das investiert wurde, stecken wir modernen Genießer unser Geld lieber in die Ausstattung der Küche. Denn nicht nur bei Zutaten und Lebensmitteln wurde der Prestigegedanke von einem Wunsch nach Exklusivität im Sinne von Besonderheit verdrängt. „Mein Haus, mein Boot, mein Auto" ist längst durch „meine Mandoline von Bron, mein Messer aus Japan, meine Espressomaschine mit Siebträger" abgelöst. Dafür, dass wir unter der Woche kaum Zeit finden, wirklich zu kochen, gleichen unsere Küchen denen eines Kochstudios.

Zu meinem persönlichen Hoflieferanten habe ich Manufactum auserkoren. Hier bekomme ich ausschließlich Produkte, die vor Authentizität, Stil und Qualität nur so strotzen. Bei dem Online-Händler bestelle ich nicht irgendeine Pfanne, sondern eine gusseiserne von Skeppshult, der letzten schwedischen Gießerei für Haushaltswaren. Jede Pfanne ein Unikat und so schwer, dass ich sie mit einer Hand kaum heben kann. Oder die Mandoline von Bron – den Mercedes unter den Gemüsehobeln – gibt es bei Manufactum nicht wie anderswo mit Plastikgriff, sondern in einer Sonderanfertigung für das Online-Warenhaus aus Holz. Die japanischen Messer, die Hocho, sind hingegen alles andere als Extraanfertigungen: Sie sind selbst in Japan so begehrt, dass sie normalerweise gar nicht für den Export gedacht sind. Ich liebäugele mit einem Universalmesser, das ich sowohl für Fleisch, wie Fisch als auch für Gemüse verwenden kann und das aus einer Schmiede mit 300-jähriger Geschichte stammt. Gern hätte ich auch meine neue Espressomaschine bei dem Warenhaus gekauft. Dass es eine Bezzera werden sollte, war nach viermonatiger Recherche im Forum Kaffee-netz.de klar, schließlich ist das Mailänder Unternehmen die Wiege der Espressomaschinentechnik. Doch bei einem Besuch der Filiale in München stellte sich heraus, dass es nur das kleine Modell gab. Dafür habe ich im „Alten Hof" den perfekten Mixer entdeckt, der aus den USA kommt und einfach alles kleinkriegt und eine original „Flotte Lotte" (für das jährliche Glas Brombeergelee) einschließlich verschiedener Lochscheiben. Es muss nicht zwangsläufig praktisch sein, sondern den Charakter des Einzigartigen besitzen, die Handschrift der Manufaktur tragen und den Zeitgeist zum Klassiker haben. Nicht die Menge an Ausstattung zählt, sondern das Einzelstück wird gewürdigt.

Während das Tchibo-Waffeleisen, die Aldi-Pfanne und das Plastik-Salatbesteck schon längst bei eBay eingestellt wurden, sind Flohmarkt, Sperrmüll oder Keller Tabubegriffe für unsere neuen Lieblingsstücke. Denn diese sind mit Bedacht ausgewählt und gekauft worden. Was beim Kauf von Produkten im Vordergrund steht, ist nicht mehr die Frage, ob wir sie uns leisten können, sondern, ob wir sie uns leisten wollen. Das Wer, Wie, Wo und Wieso löst die Frage nach dem Wie viel ab. Wir wollen die Geschichten rund um die Produkte erfahren, dadurch bekommen sie einen für uns individuellen Charakter, und wir entwickeln eine fast liebevolle Beziehung zu den Objekten. Natürlich ist das Rezept für einen Kuchen wichtig, doch mindestens genauso interessant ist die Backform, wenn es sich eben nicht um eine 08/15-Springform handelt, sondern diese sogar einen Namen hat. Bessy liegt mir am Herzen, weil sie nach uralten Holzmodellen gegossen wurde, welche bei der traditionsreichen Berliner Metallwarenfabrik Hugo Bräuer wiederentdeckt wurden. Mein Topfuntersetzer heißt Bruce, und ich liebe ihn nicht nur, weil die Designer von Roomsafari mit Bruce einen Küchenklassiker entworfen haben, sondern weil er von behinderten Menschen in der Vereinigung für Jugendhilfe hergestellt wird. Und auch mein neues Waffeleisen hat solch eine wichtige moralische Komponente: Es ist eins von Werkhaus, da jedes Waffeleisen komplett von einem Mitarbeiter in Deutschland montiert wird, dessen Namen ich sogar im beiliegenden Prüfzertifikat nachlesen kann. Zwar ist es nicht beschichtet und muss bei jeder Waffel eingefettet werden, aber das ist nebensächlich, denn das Produkt überzeugt in seinem Ganzen und hat durch die Geschichte Persönlichkeit.

Waffeln backen, ein neues Rezept von Jamie Oliver ausprobieren oder das Probierpaket vom Weingut Tesch gemeinsam verkosten – Zeit fürs Kochen und Genießen finden wir häufig nur am Wochenende. Das Zelebrieren der Küchenkultur bekommt dabei einen wichtigen sozialen Aspekt. Die Neu-Inszenierung ersetzt die gemeinsamen Mahlzeiten mit der Familie, wie wir sie aus Kindheitstagen kennen und mangels Familie und/oder Zeit nicht mehr praktizieren können. Gemeinsame Koch-Events werden zum neuen Ritual, das immer mit hohen Erwartungen verknüpft ist, denn Essen wird dabei zur schönsten Nebensache. Während das Zubereiten von Mahlzeiten für unsere Müttergeneration vor allem noch ein notwendiges Übel war und nicht als Lust, sondern als Last empfunden wurde, bedeutet es für uns vor allem Entspannung. Den Unterschied macht die Optionalität, die wir besitzen. Denn wir müssen nicht kochen, um den gesunden Genuss zu praktizieren. Genauso gut könnten wir noch schnell ein paar Rollen Sushi vom japanischen Supermarkt holen, aber wir haben schlichtweg Lust, uns heute an Linguine mit Venusmuscheln zu versuchen. Nicht ohne Stolz präsentieren wir den Freunden unseren neuen Pasta Pot von Alessi, für den Alain Ducasse als Berater zur Seite stand. Natürlich könnte man auch in jedem anderen Topf nach traditioneller Methode der Olivenpflücker die Nudeln oder ein Risotto kochen, doch beim Pasta Pot verbinden sich nicht nur perfekt Aromen, sondern er dient auch gleichzeitig als Schüssel, in der die Pasta serviert wird. Doch uns LOHAS überzeugt der neue Wundertopf, weil er auf so wunderbare Weise Tradition und Moderne, Gesundheit und Genuss, Stil und Convenience verbindet.

Heute selbst gemacht, morgen aus dem Glas: Wir verzichten auf nichts

Denn trotz der hohen Ansprüche an Genuss oder gerade deswegen – auf Bequemlichkeiten möchten wir nicht verzichten. Deshalb lieben wir Tim Mälzer, der uns in unserer Sowohl-als-auch-Kochkultur den Rücken stärkt. Er ist zwar prinzipiell gegen Fertigprodukte, doch der Küchenbulle verteufelt sie nicht und gibt zu, sie selbst zu Hause zu benutzen. Convenience hatte lange Zeit immer diesen Negativtouch, wurde gleichgesetzt mit Dosenravioli, Fix-Gerichten und Tiefkühlpizza und schnitt auf der Skala der ungesunden Ernährungsweisen nur unwesentlich besser ab als Hamburger, Döner & Co. Doch mit der neuen Lust sowohl auf Gesundheit wie Genuss, Bequemlichkeit als auch Qualität haben wir gesunden Genießer ein Umdenken bei den Herstellern erzwungen. Spätestens seit Frosta sein Reinheitsgebot abgelegt hatte und wieder schwarze Zahlen schrieb, begann die Metamorphose der Tütensuppe zum intelligenten Gourmet-Convenience-Produkt. Statt Pizza-Snack aus dem Toaster mit mehr E-Stoffen und Zusätzen als sonstigen Bestandteilen, bereiten wir jetzt tiefgekühltes Bio-Dampfgemüse und Bio-Pizza zu, kaufen Bio-Chilled-Food wie Germknödel, Reis-Curry-Gerichte und Salate.

Längst ist es üblich, Fertigprodukte in Bio-Qualität zu kaufen, im Angebot ist nichts, was es nicht auch aus konventionellem Anbau an den Food-Theken und in den Gefrierschränken der Supermärkte geben würde. Gegen den schnellen Hunger vor dem Essen noch eine Portion Obst in Form eines Smoothie und zum Nachtisch gönnen wir uns ein Töpfchen Tiramisu – natürlich beides auch in Öko-Qualität. Aber auch unser Bedürfnis nach Regionalität wird befriedigt, wenn wir uns Eintopf im Glas und Schokopudding im Plastikbecher von der Domäne Mechthildshausen mitnehmen.

Speziell in der Mittagspause ist es für uns moderne Hedonisten bis vor Kurzem noch gar nicht so einfach gewesen, unseren Bedürfnissen nach „lecker, gesund und qualitativ hochwertig" gerecht zu werden. Kantinenversorgung gibt es in Zeiten von Creative Work und den vielen kleinen Unternehmen nur noch vereinzelt

– von deren kulinarischem Angebot ganz zu schweigen. Übrig blieben die Imbisse und Snack-Points, Take-Aways und Fast-Food-Ketten. „Ich ärgere mich jedes Mal, wenn ich mir gemeinsam mit den Kollegen was vom Thailänder bestelle. Der Fisch ist in schlechtem Öl frittiert, und was in der roten Currypaste alles drin ist, daran darf ich gar nicht denken. Aber nur weil McDonald's jetzt Bionade verkauft, sind die Burger auch keine Alternative.", beschwerte sich letztens eine Bekannte und thematisierte das Dilemma: Die Ära des Henkelmanns hat definitiv ausgedient, doch die bis dato gängigen Konzepte der Schnellküchen sind ebenso überholt. Unsere modernen On-the-run- und To-go-Ernährungsvorlieben verbunden mit dem neuen Bewusstsein für Gesundheit verlangen nach neuen Fast-Gourmet-Tempeln, die schnelles Essen mit Qualität vereinen.

Meine Bekannte hat beschlossen, den Thailänder und McDonald's links liegen zu lassen und sich dafür die Rosinen rauszupicken. Dafür nimmt sie auch in Kauf, zwei Straßen weiter laufen zu müssen, um eine Slowfood-Pasta zu bekommen oder sie bittet den Praktikanten, dass er schnell mit dem Firmenmofa den Bio-Burger für die Mittagspause abholt. Die Kollegen mussten nicht lange überzeugt werden. Bei „Die Kuh die lacht" strahlt auch unser LOHAS-Herz, denn alles ist nicht nur Bio und/oder aus der Region, sondern auch noch gesund, denn die Burger werden frisch und fettfrei auf einem Grill zubereitet. Die Burger-Brötchen werden in einer Steinofenbäckerei in der Wetterau eigens für die Burgerbar gefertigt. Verzichten müssen wir hier auf gar nichts – nur auf Konservierungsstoffe, Geschmacksverstärker und sonstige E-Stoffe.

Auch beim Stil legen wir hohen Wert auf Qualität. Denn: Natürlich finden wir es viel besser in einem schicken Ambiente unsere Pommes zu essen und an unserer Öko-Brause zu nippen als in einer unerotischen 08/15-Imbissbude, nach dessen Besuch wir noch tagelang nach Frittierfett riechen. Deshalb gehen wir lieber in den Berliner Fettnapf am Prenzlauer Berg, um Pommes zu essen. Andächtig staunen wir, während wir in dem völlig fettfreien, puristischen Ambiente auf die Edel-Pommes warten, die extra aus Belgien importierte Friteuse, die ihrem Namen „Perfekta" alle Ehre macht. Der Fettnapf spricht uns mit seinen Gegensätzlichkeiten aus tiefster Seele: Er verbindet Fast Food mit Gesundheit, denn die Fritten saugen durch ein spezielles Frittierverfahren weniger Fett auf. Er verbindet Fast Food mit Genuss, denn der Chefkoch hat sogar bei Witzigmann gearbeitet und serviert zu den Pommes auch Entrecôte und Meerbarbe. Der Fettnapf verbindet Fast Food mit Edel-Küche, denn neben dem Imbiss ist ein schickes Restaurant eingerichtet. Er verbindet Fast Food mit Design, denn einer der Gründer, Achim Spindler, ist eigentlich Architekt, und das sieht man. Und er verbindet Fast Food mit gutem Gewissen, denn die Produkte stammen vorzugsweise aus der Region und Bio-Anbau. „Der Widerspruch ist bei uns Prinzip", so Spindler.

Wo Brot noch wie Brot schmeckt und Tomaten nach Tomaten

Doch so sehr wir das puristisch modernen Ambiente der neuen Health-Gastro-Locations mögen, es muss nicht immer eine solche gestylte Burger- oder durchdesignte Frittenbar sein. Häufig übermannt uns der Wunsch nach dem Original, nach Ursprünglichkeit und absoluter Authentizität. Wo nicht die Professionalität und Perfektion den Reiz ausmachen, sondern die Patina den Charme verleiht. Dann sehnen wir uns nach einem Geschäft, das mit den Jahren in seiner Ursprünglichkeit gewachsen ist. Wo die Würste und Schinken duftend von der Decke baumeln, die rundlichen Besitzer hinter der Theke jeden begrüßen, als wäre er der wieder heimgekehrte Sohn. Ein Ort, an dem die Staubschicht auf den Weinflaschen von der Vergangenheit erzählt. Ein Food-Tempel, der gleichzeitig Überraschungen auf Lager hat, aber auch Kontinuität verspricht: Kein „Ach, die haben ja hier auch …", sondern ein „Hier gibt es das beste Holzofenbrot" und „Was ist das den für eine spannende Salami?" Wenn man sich dann noch gleich vor Ort an gemütlichen Holztischen niederlassen und einen Happen essen kann, umso besser.

Wir modernen Genießer wollen das Echte, wünschen uns nichts sehnlicher als Ehrlichkeit bei Produzenten und Produkten und haben das starke Bedürfnis, den „Dingen" wieder glauben zu dürfen. Wir wollen ein Brot, das noch wirklich nach Brot schmeckt. Keine, die in Asien produziert und in einem Backshop in den Ofen geschoben werden. Sondern Brote aus richtigem Sauerteig, die lange Gehzeiten hinter sich haben und denen man den Holzofen ansieht und schmeckt. Denn wenn wir auf die Produkte achten, die wir kaufen und essen, tun wir uns selbst etwas Gutes, verwöhnen uns und das ist gesund für Körper, Geist und Seele.

Wir kennen solche kleinen, individuellen Läden aus mediterranen Ländern, wo sich Tante Emma viel länger gehalten hat als bei uns. Aber auch hierzulande gibt es versteckt diese Geschäfte, die uns mit ihrem kleinen, feinen Angebot nicht überfordern, deren Auswahl uns dennoch den Mund wässrig macht. Es ist diese Sehnsucht nach dem Kontakt mit dem Inhaber, der jeden Artikel persönlich aussucht und eine Geschichte erzählen kann. Ich kaufe also mein Balsamico ausschließlich in dem kleinen Obst- und Gemüseladen auf dem Weg zum Zukunftsinstitut. Der Inhaber erzählt von der kleinen spanischen Manufaktur, die ihn herstellt, die er letztens selbst besucht hat, die aber gelegentlich Lieferschwierigkeiten hat. Und so muss ich auf meinen Lieblingsessig manchmal auch ein paar Wochen verzichten. Es macht trotzdem einfach Spaß dort einzukaufen, es vermittelt mir ein wohliges Gefühl, wenn die Verkäufer mit den Kunden vergnüglich schäkern und aufmerksam nachfragen, wo den der Rest meiner Fahrgemeinschaft ist. Da ist nichts gekünstelt oder gestellt. In solchen Läden laufen wir keine Gefahr, dass man versucht, uns etwas unterzujubeln, denn die Geschäftsbetreiber stehen hinter ihren Produkten. Da macht es nichts, dass ich die Tomaten nebenan beim Rewe günstiger bekommen würde. Denn in dem kleinen Obst- und Gemüseladen scheinen die Tomaten immer zu schmecken. Davon überzeuge ich mich natürlich vorher selbst und nehme dankend die kleine Roma-Tomate zum Probieren entgegen. Und erlebe ein hundertprozentig ehrliches Produkt.

Die Genuss-Märkte sind die Luxus-Märkte der Zukunft

Fassen wir zusammen, dann müssen wir zugeben, dass diese neue Sehnsucht Food natürlich nur noch peripher etwas mit dem ureigenen Zweck der Ernährung zu tun hat: dem Sattwerden. Ob extravagante Salze oder eingekochte Weinbergpfirsiche mit Tahiti-Vanille – diesem Genuss-Bedürfnis haftet etwas vermeintlich Dekadentes an, auch wenn es authentisch zugeht und in Bio-Qualität. Doch Pleasure Food ist heute viel weniger ein Mittel der Distinktion und der gesellschaftlichen Abgrenzung wie einst Kaviar oder Champagner. Es impliziert eine neue Form des Luxus – nämlich das Wissen um die Authentizität, die Originalität, die Gesichte der Produkte. Bewusst und informiert genießen können ist eine neue Form des Luxus. Wie der Neue Luxus mit Verantwortungsbewusstsein und moralisch wie ethischen Prinzipien der LOHAS harmoniert, lesen Sie im folgenden Kapitel.

5. Der Neue Luxus

Warum LOHAS den Neuen Luxus so anziehend finden

Kann Luxus verantwortungsbewusst sein? Gibt es mit anderen Worten einen Neuen Luxus, der von den LOHAS geprägt wird? Luxus hat in der Tat unter dem Einfluss der moralischen Hedonisten in den vergangenen rund zehn Jahren eine markante Veränderung erlebt: Es gibt einen Luxus des Immateriellen und der Erfahrung. Geheiligte Grundsätze des Designs und die Regeln des Markenkultes werden dabei außer Kraft gesetzt. Die LOHAS entwickeln ein neues Verständnis davon, „was einem lieb und teuer ist". Nirgendwo lässt sich das besser ablesen als an Neuem Luxus in den Hotels. Aber auch die Konsumwelt und die Sphäre des kulinarischen Genusses werden von der Luxus-Revolution angesteckt. Und selbst Fastfood bekommt eine zweite Chance.

Haus Hirt klingt nach Alpenglühen und Bauernstube, Hirschhorn-Eleganz und Loden-Folklore. Als wir ankamen, fanden wir das Hotel zunächst gar nicht unter den vielen grünen Schildchen, die hier auf unzählige Herbergen hinweisen. Wir befinden uns in Bad Gastein, mitten in den Tiroler Alpen, 1 083 Meter über dem Meeresspiegel. Dass der Ort seine besten Zeiten hinter sich hat, ist schon daran ablesbar, dass auf der schmalen Flaniermeile des Ortes viele Läden leer stehen, andere noch den anachronistischen Charme der 1970er-Jahre ausstrahlen. In den 20er-Jahren des vergangenen Jahrhunderts war hier alles möglich. Bad Gastein galt als das österreichische Davos. Kaiserin Sissi pflegte hier zu kuren, später kamen Künstler von Weltrang wie Thomas Mann und Stefan Zweig. Die Hoteliers wurden steinreich und mussten dafür nur vier Monate im Jahr öffnen. In den 1970er-Jahren, als der Wintersport das große Geschäft versprach, stellten sich die Gasteiner ein unsagbar geschmackloses Kongresszentrum in ihr Zentrum („Die Zeit": „Als sei mitten im Dorf ein Raumschiff gelandet und dann von den Außerirdischen verlassen worden"), direkt gegenüber dem beeindruckenden Wasserfall. Bad Gastein verschuldete sich und kam seitdem nicht mehr aus den Schulden heraus. Trotzdem (oder gerade deshalb) zieht uns der Ort an. Belle-Époque-Architektur in den Alpen, großstädtisches Flair inmitten atemberaubender Bergnatur, wo gibt es das sonst. LOHAS sind neugierige Menschen: Wer sich zum Urlaub nicht nur in der Sauna einschließen oder am Lift die Beine abfrieren möchte, der findet den moribunden Charme von Bad Gastein berückend. Und das Haus Hirt glänzt mit Herzlichkeit und Weltläufigkeit zugleich.

LOHAS-Hotels bringen Spa- und Wohnzimmeratmosphäre in Einklang

Reisen ist eine zentrale Sehnsucht in der Vorstellungswelt der LOHAS. Wir leben gern in der globalen Welt, in der Grenzen immer unwichtiger werden. Für uns als moralische Hedonisten bedeutet Unterwegssein etwas sehr Existenzielles. Erst in der Bewegung und im Ortswechsel „er-fahren" wir die Welt, so wie der durch die Wohnung robbende Säugling seine Welt durch Bewegung begreifen lernt. LOHAS gehören in großer Zahl zu den Projektmenschen und Vielreisenden, wir sind moderne Nomaden oder postmoderne Welteroberer mit, zugegeben, schlechtem Gewissen, was unsere CO2-Bilanz angeht. Doch Mobilität und Reisen bedeutet für uns Teilhabe an der Welt und Kommunikation. Web 2.0 ist schön, doch ohne die Inaugenscheinnahme der Realität konkret und vor Ort, ohne die „analoge" Vernetzung mit den Menschen würde uns ein großes Stück an Lebenselan verloren gehen.

Kluge Hoteliers und Tourismusexperten haben das begriffen. LOHAS suchen gerade im Reisen einen Neuen Luxus der Lebensqualität und des Zeitgenusses. Andere Hotels, die uns erreichen wollen, müssen umdenken. Es geht nicht nur um Nachhaltigkeit oder ein ordentliches Frühstückbuffet in Bio-Qualität. Wir möchten uns im Unterwegssein einrichten können. „Home-away-from-Home" ist ein Schlagwort, das dem Neuen Luxus in den Hotels immer stärker Gestalt gibt. Wir sehnen uns nach einem neuen, nachhaltigen Luxus des Wohlfühlens, der weniger designte Perfektion vor uns aufbaut, sondern uns beim Self-Design unseres Lebens unterstützt. Diese Sehnsucht verlangt nicht nur nach anderen Hotels, nach einem anderen Tourismus, sondern nach anderem Fastfood – nach einer neuen Genusskultur für unterwegs.

Das Haus Hirt ist, nach eigenen Angaben, ein alpiner Spa, ein Hotel mit Familienanschluss, im Winter ein verschneites Wolkenkuckucksheim und noch viel mehr. Bestechend ist die Aufmerksamkeit, die nicht gespielt, dafür aber höchst professionell ist. Hier hat jemand begriffen, dass luxuriöser Urlaub bei authentischer Kommunikation anfängt. In der Lobby des Hauses Hirt entsteht im Handumdrehen das Gefühl, mit Freunden und Gleichgesinnten versammelt zu sein. Mit dem Zukunftsinstitut haben wir viele Veranstaltungen in klassischen Design-Hotels gemacht. Aber immer seltener hat uns deren „totaler" Ansatz überzeugt. Die perfekten Design-Hotels lassen einen mit dem Gefühl zurück, dass man, egal, was man anzieht, der perfekten Design-Inszenierung, in der man sich bewegt, nicht gerecht werden kann. Einfacher gesagt: Wir fühlten uns immer ein bisschen deplatziert und ungenügend – Luxus, den man anbeten kann, der einen aber nicht ankommen lässt. Im Haus Hirt hat die Lobby Wohnzimmercharakter, ein nonchalantes Design, bestehend aus Fundstücken und Einzelstücken. Aber der Raum zwingt uns keine Choreografie auf, Lobby, Bar und Restaurant gehen ineinander über. Aus Gästen werden im Handumdrehen Familienmitglieder. Individualisten oder ganze Patchwork-Familiensysteme, versammelt zu einem Urlaub im Gebirge, können hier Teil einer Community werden – aber nur, wenn sie wollen. Gemeinschaft und Einzelgängertum, beides ist möglich. Social Design ist vielleicht das richtige Wort dafür, was wir von den Wohlfühllandschaften der Zukunft erwarten. Wir wollen nicht geduldeter Betrachter einer Design-Inszenierung sein, modernes Design soll unseren Wünschen entgegenkommen und sie gestalten. Hier in Bad Gastein und im Haus Hirt, aber auch in anderen Hotels an anderen schönen Orten dieser Welt, wird aus Hotel-Design immer häufiger Social-Design, werden bewohnbare Wohlfühlwelten.

In dieser Hinsicht konterkariert die LOHAS-Kultur auch die gerade abflachende Konjunktur der Design-Hotels. Die aseptischen Räume der Design-Hotels wollten einfach nicht das tun, wofür sie eigentlich entworfen wurden, nämlich Menschen aufnehmen und ihnen das Gefühl geben, dass sie dort aufgehoben sind. Tyler Brulé, legendärer Gründer des britischen Design-Magazins „Wallpaper", bringt es auf den Punkt, wenn er fordert, dass zeitgenössisches Design kein hoher Markenkult mehr sein dürfe und sich seiner Verantwortung (für den Gast, den Konsumenten) klar werden müsse:

> *„Luxury is about having things that are unique, that are not ubiquitous. Legitimacy is important; people are looking for legitimate experiences. The hollow brand is dead."*

Die schillernde Vokabel „Design" ist offenbar nicht nur in der Reisebranche zum leeren Versprechen verkommen. Design hat zu oft eine unsichtbare Mauer errichtet: Zu sehr verschwand der Einzelne hinter der perfekten Inszenierung. Wenn wir uns heute nach neuem Luxus sehnen, dann suchen wir „Design-in-reach", Räume, mit denen wir etwas anfangen können, Räume, die Kommunikation erzeugen, Räume, die unsere Bedürfnisse und Gefühle respektieren.

In den vergangenen Jahren sind viele „Beherbergungskonzepte", wie Fachjournalisten sagen, über den Haufen geworfen worden. Die klassischen Luxushotels haben eine schwere Krise durchgemacht. Die Hilton Group und die französische Kette Accor mussten 2004 Gewinneinbußen um 50 Prozent hinnehmen. Bei einem Gesamtumsatz von 17,2 Milliarden Euro hatten die deutschen Luxus-Hotels im Jahr 2003 einen Umsatzverlust von 2,7 Prozent zu verkraften. Der Lebensstil der LOHAS hat viel dazu beigetragen, dass sich die Erwartungen den Hotels gegenüber verändert haben. Was wir als Neuen Luxus bezeichnen, ist ein Gefühl, das sich einlässt auf diese Brüche und Schönheitsfehler und trotzdem eine Liebe fürs Detail offenbart. Und vor allem: den einzelnen mit Achtsamkeit und einer unprätentiösen Aufmerksamkeit entgegentritt. Den klassischen Luxus, wie wir ihn von unseren Eltern und Großeltern aus dem 20. Jahrhundert überliefert bekommen haben, hatte Status und Prestige auszudrücken. Glatte Flächen, edle Materialien, eine bruchlose Inszenierung, das Überzeitliche eines Rolls Royce, die angeblich zeitlose, aber eigentlich sehr altbackene Eleganz von Cartier, Ritz und Rolex. Luxus, der uns heute anspricht, soll unser Selbst nicht künstlich überhöhen, indem er uns perfekte Szenarien anbietet. Neuer Luxus zielt darauf, uns in unseren Wünschen und Bedürfnissen zu unterstützen. Der Neue Luxus adressiert mehr uns selbst, unsere eigenen Körper und unsere Befindlichkeit.

Ike und Evelyn Ikrath, die Besitzer des Hauses Hirt, wollten ein Unikat schaffen, ihrer Sehnsucht nach sozialem Sein und Individualität eine Form geben, bei der der Gast im Mittelpunkt steht – kein zusammengekauftes Kunstwerk, sondern ein heimeliges Interieur, das einen in die Arme nimmt. Wie Bad Gastein nur noch in architektonischen Fragmenten und Trümmern an eine Belle-Époque erinnert, so ist das „Haus Hirt" ein Lebensqualitätsprojekt, das gerade noch dem Vergessen entrissen wurde. Eigentlich sollte das Haus Hirt gesprengt werden, weil Bad Gastein immer mehr vor die Hunde ging und es nur noch ein Berghotel unter Tausend anderen war. Das sympathisch Vorläufige der Innenräume verweist an vielen Stellen auf diese Geschichte. Wer genau hinschaut, sieht, dass das Gebäude dem Verfall gerade noch entrissen wurde. Trotzdem vermag es Wärme auszustrahlen. Und wo der standardisierte 5-Sterne-Plüsch eine bizarre Zwischenwelt aus wilhelminischem Pomp und Außendienstler-Lifestyle errichtet, eröffnen Hotels wie das „Haus Hirt" einen individuellen Raum für die Gäste.

Wenn wir uns nicht täuschen, dann ist die Sehnsucht nach dem Gefühl des Zuhauseseins und Ankommenkönnens momentan größer denn je. Dafür ironisieren die Besitzer Evelyn und Ike Ikrath auf ihre unverwechselbare Art auch einen der klassischen Hotel-Topoi: die Bar. In der Standardchoreografie der Welthotels ist die Bar der Kristallisationspunkt für die Begegnung einer anonymen Masse, interessante Gespräche nicht ausgeschlossen. Auf langbeinigen, unbequemen Hockern treffen sich die Gäste wie Gestrandete in *splendid isolation*. Edward Hoppers „Nighthawks", bis zum Überdruss in jeder Stehpizzeria und in Tausenden von ideenlosen Cafés an der Wand verewigt, erzählt von diesem melancholisch-romantischen Ort. Im Haus Hirt sind die Stelzenhocker ersetzt durch zwergenhaft kurze, aber bequeme Fernsehsessel. Auf diese Weise bekommt die coole Bar etwas unglaublich Gemütliches, das zum Verweilen einlädt und auch die Kids nicht davon abhält, die „schnelldrehenden" Fernsehsessel tagsüber in Beschlag zu nehmen.

So wird der Neue Luxus der nächsten Jahre aussehen, puristisch, ökologisch, ohne wolkige Ornamentik, aber klar auf die Bedürfnislagen der Menschen zugeschnitten. Neuer Luxus muss nicht immer so anheimelnd daherkommen wie in unserem Haus Hirt. Er kann auch sachlicher sein, bis hin zum Funktionalen. Mit einem ähnlichen Stil aus Gelassenheit und Minimalismus macht seit einiger Zeit in Barcelona das Bany's Oriental auf sich aufmerksam. Die Macher haben die Sehnsüchte der modernen Gäste genau studiert: Luxus, so ihr Credo, heißt Komfort und Lebensqualität für den Gast, was sich aber nicht in pompösen, meterhohen Jugendstilräumen und auf einem anachronistischen Tiefflauschteppichboden austoben muss. Das kleine Hotel liegt im Gotischen Viertel der katalanischen Metropole, bietet kleine, aber funktionale Zimmer und garantiert Niedrigpreisniveau: maximal 100 Euro für eine Nacht. Hier findet Neuer Luxus in Reinkultur statt: Internet gibt es überall und kostenlos, dafür steht kein Roomservice zur Verfügung. Statt der üblichen Minibar wird Wasser in Flaschen aus dem Kühlschrank gereicht, riesige Obstschalen und mehrere Tageszeitungen liegen stets griffbereit. Luxuriös ist die angebotene Freiheit von jedem Ballast und Überflüssigem. Design ist zeitgemäß, weil es nur dezent und unterstützend wirkt, es ist ein Ferment für den Wunsch des Reisenden, sich auf das Wesentliche konzentrieren zu können: auf sich selbst und die Stadt. Das Bany's gehört laut Geo-Saison (wie das Haus Hirt auch) zu den 70 besten Hotels Europas und wurde mit einem ersten Preis ausgezeichnet.

Noch einmal zurück in unser alpines Hotel. Was charakterisiert diesen Neuen Luxus? Es ist die Handschrift der Besitzer. Das Hotel ist ein Familienbetrieb. Die Besitzer sind ständig vor Ort. Und da der Familiennachwuchs noch nicht den Windeln entwachsen ist, auch mit Babysitter. Home-away-from-Home ist das Gefühl, das beide in ihren Gästen hervorrufen wollen. Ike Ikrath setzt neben der Lebensaufgabe Hotel seine Arbeit als freier Architekt fort. Und er ist Mitbegründer der Initiative „Project.Badgastein", das den Ort aus dem Dornröschenschlaf erwecken soll. Designer, Künstler und Architekten aus der Gegend sollen den Ort (wieder) zu einem kreativen Kristallisationspunkt mit Zukunft machen. Auch ein Zeichen für den organischen Charakter des Hotels. Arbeiten und Leben soll im Haus Hirt gleichermaßen möglich sein, gerade weil sich beide Bereiche immer stärker annähern. Schwangere können hier spezielle Wellnessprogramme absolvieren. Und demnächst soll ein Montessori-Kindergarten um das Haus herum entstehen. Das Haus Hirt ist also nicht nur ein „Aufenthaltsraum" und eines von vielen Hotelformaten mit bestimmten Features, sondern der Anlass für weitere gesellschaftliche Aktivitäten. Regelmäßig werden Künstler eingeladen, die die Räume des Hotels nach eigenen Ideen neu gestalten können. Jedes Zimmer hat eine Grundausstattung, wird aber auch bewusst individualisiert, Standard und Variation. Fast an jeden Stuhl und an jedes Sofa wurde individuell Hand angelegt. Die Hausherren haben aus Liebhaberei repariert, aufgearbeitet und gerettet. Das Interieur offenbart Gebrauchsspuren, demonstriert aber auch, dass sie nicht nur Standard-Accessoires in einem verwechselbaren, globalen Übernachtungsbetrieb sind, sondern lebendige Bestandteile eines Lebenszusammenhangs. Tatsächlich ist das Haus Hirt eine Heimat für ihre Besitzer. Und sie wird mitbewohnt von einer Heerschar an Gästen.

LOHAS wollen keine Zuschauer, keine Gäste in der Wirklichkeit sein. Bei ihrer Reisesehnsucht gilt das umso mehr. Neuer Luxus soll uns erlauben, dass wir uns einschwingen können auf eine gewachsene Lebenswelt, in einen existierenden Lebenszusammenhang eintreten, der dabei möglichst authentisch bleibt. Es geht auch nicht um die perfekte Performance von Service. Service, das lernen wir hier, während wir den atemberaubenden Talblick genießen, ist im Grunde das Gegenteil von Neuem Luxus. Service beschreibt ein Set an erwartbaren Aufmerksamkeitsdienstleistungen, die ein Hotelgast für einen bestimmten Preis per Knopfdruck abrufen kann. Service ist nichts anderes als eine internationale Währung für das *global business*, eine kalte Währung, die Reisenden dabei behilflich ist, die Unconvenience des Unterwegsseins mit funktionalen Hilfestellungen zeitlich befristet zu kompensieren. Professionelle Höflichkeit als Ersatz für persönliche Ansprache, penetrante Hilfsbereitschaft als Ersatz für Vertrautheit in der eigenen Welt, spezialisierte Dienstleistungen (der Nachtportier, das Zimmermädchen, der Koch, der Masseur, der Kellner) als Ersatz für das eigene Zuhause.

Noch ein Beispiel von einem ganz anderen Ort in der Welt, aus Argentinien: Das Faena Hotel and Universe in Buenos Aires ist mehr als ein Hotel, es ist ein eigenes kleines Universum, in dem wir als Gäste nach Hause kommen. Philippe Starck hat das Hotel in der argentinischen Hauptstadt entworfen. Jedem Gast wird – wenn er denn möchte – ein sogenannter Experience-Manager zur Seite gestellt, der ihn zum Polo oder in Tangobars begleitet. Der Gast bekommt keinen Service zur Verfügung gestellt – der Service kommt direkt zu ihm. Rokoko und Barock, europäische Anklänge und südamerikanische Tradition prägen das Ambiente. Es gibt keine Rezeption, an der man vorsprechen und einchecken muss. Der Gast soll sich wie Zuhause fühlen – eine Zuhause jedoch ohne Alltag und Termindiktate, Eigenzeit statt Terminkalender: Home-away-from-Home. Im sympathischen Kleinformat bieten Hotels wie das Hotel Daniel in Graz ebenfalls Wohnzimmeratmosphäre und Hightech-Vernetzung, erschwingliche Preise und kleine Besonderheiten, wie einen jederzeit benutzbaren Motorroller vor der Tür. Zu diesen Home-away-from-home-Hotels gehören auch die „XYZ-Hotels" der Starwood-Gruppe oder die All Seasons Motel.

Vielen Hotels ist in den vergangenen Jahren erfreulicherweise bewusst geworden, dass das sogenannte Gastgewerbe viel mehr ist als ein Substitut für verlorene Heimatlichkeit. Unterwegssein kann eine Genussqualität entwickeln, die sich vom vertrauten Zuhausesein wie von der perfekten Hotel-Dienstleistung markant unterscheidet. Unterwegssein wird für viele von uns immer mehr zu einer ersehnten Gegenwelt. Unterwegssein und das zeitlich befristete Leben in anderen Räumen führt uns aus den Routinen des Alltags heraus und erlaubt uns eine alternative Form der Wahrnehmung, vor allem: eine alternative Form der Selbst-Wahrnehmung. LOHAS lieben es, Eigenzeit zu erleben, qualitative Zeit, die nicht von anderen wegverwaltet wird, Zeitwohlstand als die ultimative Form von Neuem Luxus.

Es verwundert nicht, dass wichtige Impulse bei den Neuen Luxus-Hotels von branchenfremder Seite kommen. Jeder von uns kennt das besondere Gefühl, Camper-Schuhe zu tragen, Neuer Luxus für die Füße (und den notorischen Fußgänger), ein Gemisch aus Turnschuhgefühl (aber gesünder) und maximale Einfachheit (aber nicht weniger komfortabel). Das Casa Camper in Barcelona ist nicht nur deshalb interessant, weil es sich um ein Hotel der mallorquinischen Schuhmanufaktur Camper handelt, sondern auch, weil es genauso wie auch die Schuhe signifikant anders ist. „Hostal"-Strukturen werden übernommen, dabei aber ein höchstes Maß an Komfort, Bequemlichkeit und Eigensinn gewahrt. Zentral inmitten der City gelegen, ist es Anlaufstelle für all diejenigen, denen Ökologie, Natur, Gesundheit und Lifestyle wichtig sind. Als LOHAS brauchen wir keine Butler, wir können uns um uns selbst kümmern, Unabhängigkeit ist uns wichtiger als Pseudo-Service. Folglich müssen sich die Gäste des Casa Camper mit einer Vielzahl von Reglements abfinden: Das Casa Camper ist zum Beispiel ein strenges Nichtraucherhotel, es rät zur Benutzung der Treppe statt des Aufzugs und verleiht Gästen Fahrräder, mit denen sie die Stadt erkunden können. Für Spanien eine wahre Revolution.

Im Hotel steht allen Gästen neben einem Schlafzimmer, das Richtung eines vertikalen Gartens mit 117 tropischen Pflanzen geht, immer auch ein Wohnraum zur

Verfügung. Auch das Badezimmer ist anders: Es verwöhnt nicht nur durch Tageslicht, dank eines weiteren Fensters zum Innenhof, sondern auch durch ein natürliches Wasserrecycling-System. Und das bedeutet für den hyperkritischen Reisenden: Duschen und Baden ohne schlechtes Gewissen. Erwärmt wird das gesamte Wasser des Hotels durch Solar-Energie. Die Wohnräume sind puristisch gehalten und dennoch mit allem technischen Schnickschnack, wie Plasmabildschirm oder W-Lan, versehen. Als Gegengewicht zur modernen Welt laden Hängematten zum Relaxen ein. In der Hauptetage gibt es einen Gemeinschaftsraum (den sogenannten Tentempié), in dem sich die Gäste an einem Self-Service-Buffet rund um die Uhr kostenlos Snacks und Getränke nehmen können – selbstverständlich gesund, leicht und in Bio-Qualität.

Was hat diesen Mentalitätswandel in unserer Wahrnehmung von Luxus hervorgerufen? Er lässt sich kaum mit einem Argument erklären. Interessant ist, dass das Bedürfnis der LOHAS nach reinen und gradlinigen Formen („reduce to the max") hier eine wichtige Rolle spielt. Ende der 1990er-Jahre hat sich sozusagen der sanfte Lifestyle-Putsch ereignet, an dem maßgeblich auch die LOHAS beteiligt waren. In den 1950er-Jahren gab es Luxus und Prestige nur für die *happy few*, die Mehrheiten erfreute sich am flächendeckenden Wohlstand. In den 1970er-Jahren setzte die militante Konsumkritik ein, gleichzeitig erlebte der Status-Luxus seinen Höhepunkt. Die 1980er-Jahre waren das Jahrzehnt der großen Luxusmarken wie Gucci, Boss und Armani. In den 1990er-Jahren erlebten wir die Demokratisierung des Status-Luxus, zeitgleich begann die Erosion der großen Marken, Philippe Starck erfand den Luxus des Minimalistischen und Manufactum predigte leicht melancholisch: „Es gibt sie noch, die guten Dinge". Seit der Jahrhundertwende setzen die LOHAS die Prioritäten neu. An die Stelle von Statuswünschen trat die Sehnsucht nach mehr Lebensqualität, die soziale Funktion von Luxus veränderte sich. Es veränderten sich aber auch die Konsummotive: Statt sich anhand von Luxusprodukten von den „anderen" abzuheben und Unterscheidungsgewinne zu erzielen, geht es uns jetzt darum, unser individuelles Wohlergehen herzustellen. Körper und Befindlichkeit werden wichtiger als das soziale Prestige, innere Werte werden wichtiger als die Bewertung von außen.

Flaneure und neue Dandys

Wie gesagt, die Home-away-from-Home-Hotels sind nur ein, wenn auch zentrales Beispiel für diesen kollektiven Bewusstseinswandel. Im Herzen der LOHAS-

Idee, das ist an dieser Stelle wichtig, steht der einzelne als Flaneur bzw. als eine Art Neo-Dandy, der sich am liebsten in Schönheit ergeht. Leben bedeutet für ihn Lebenskunst, zumindest streben die LOHAS an, ihr Leben in Begriffen von Schönheit und Ästhetik zu leben. Auch wenn es in der Welt des 21. Jahrhunderts altmodisch und pathetisch klingt: LOHAS möchten zu den Poeten ihres eigenen Daseins werden, sie sind moderne Existenzialisten, die im Zweifelsfall an das Gute im Menschen glauben und die Zukunft für lebenswert erachten. Ein Neo-Dandy strebt nach innerem Wachstum, Sein ist wichtiger als Haben, Erfahrungen sind wichtiger als Besitztümer. Dabei ist er kein narzisstischer Selbstdarsteller. Keiner der LOHAS-Anhänger legt großen Wert auf die Pose oder den wirkungsvollen Auftritt. Es ist sein ausgeprägter Wirklichkeitshunger, die Lust an Details und Nebensächlichkeiten, das Interesse an der konkreten Dingwelt im Hier-und-Jetzt, die sie zu Flaneuren zwischen Aldi und Armani, Muji, Kunstausstellung und Kommerztempel macht. Was ihn deutlich von seinen historischen Vorgängern unterscheidet, ist das Bedürfnis, in Einklang mit Mitwelt und Umwelt zu leben. Den Dandys von heute geht das Asoziale, Schamlose, Rücksichtslose und Egomanische der Jünger Oscar Wildes aus dem 19. und frühen 20. Jahrhundert ab („Ich lebe zwar über meine Verhältnisse, aber immer noch unter meinem Niveau"). Dafür tauchen sie mit frei schwebender Aufmerksamkeit in die unterschiedlichsten Konsum- und Kulturbereiche ein.

Der Neue Luxus: Vom Geld- zum Zeitwohlstand

	Klassischer Status-Luxus	Neuer Luxus
Soziale Funktion	Status, Prestige	Mehr Lebensqualität
Konsummotiv	Soziale Differenzierung	Individuelles Wohlergehen
Tiefenstruktur	Konkurrenz	Inneres Wachstum
Epoche	Massengesellschaft	Gesellschaft der Individuen
Objekte	Cadillac, Patek, Gucci	Mass-Customization, Eigenzeit
Objektbezug	Fetisch	Service- und Erlebnisqualität
Lebensziel	Mehr Geld	Mehr Zeit

Quelle: © Zukunftsinstitut GmbH

Welche Bedeutung hat dann der Luxus-Konsum für den LOHAS-Lifestyle? Neuen Luxus, das haben wir bei unseren Expeditionen in die Welt der neugrünen Sehnsüchte gelernt, ist nicht das, was man in den einschlägigen Edelboutiquen dieser Welt findet, in denen Boris Becker oder Hugh Grant ihre Poloshirts einkaufen. Der Luxus-Shopper der Zukunft ist kein demonstrativer Konsument. Wenn wir heute Luxus wollen, dann suchen wir nach einer besonderen Intensität des Erlebens, Luxus ist etwas von innen Geleitetes, wir sind keine Prasser und Protzer. Markenanbetung ist uns völlig fremd. Wir unterwerfen uns keinen vorformulierten Geschmacksdiktaten, ebenso wenig suchen wir Orientierung oder den geliehenen Glamour eines Labels. Flanierende LOHAS sind die Romantiker des modernen Konsums, Konsumrebellen und Anbeter der schönen Dinge zugleich. Sie sehnen sich nach einem Aufbruch aus der Normalität, nach Wiederverzauberung und Überschreitung. Gleichzeitig sind sie Wissende in der weiten Welt des Genusses. Oder anders gesagt: Bewusstsein und bewusstes Genießen sind den LOHAS wichtiger als formales Wissen und instrumentelle Vernunft. Sie möchten das, was ihnen wirklich wichtig ist, mit besonderer Aufmerksamkeit goutieren. LOHAS streben nach Selbstvervollkommnung und bewusstem Genuss. Auch Konsumwelten sollen Teil ihres quasi-künstlerischen Lebensentwurfs sein. Das ist eigentlich nur konsequent, denn wer sich selbst als Poet seines Daseins begreift, macht grundsätzlich keinen Unterschied zwischen einem Hotelzimmer, einem Theaterabend und dem täglichen Einkauf. Konsum und Kunst, Kommerz und Kultur rücken für die LOHAS auf eine Stufe, denn sie haben allesamt die gleiche Aufgabe: Lebensqualität zu steigern. Auch Luxus-Shopping ist für die moralischen Hedonisten – wenn es gut geht – ein Aufbruch, eine Reise zu neuen Ufern und neuen Erfahrungen.

Seit drei oder vier Jahren entdecken wir immer mehr kulinarische Konzepte, die diesen Anspruch ernst nehmen. Mehr Lebensqualität im Alltag, mehr Fantasie, Stil und Genuss selbst beim Thema Fastfood. Mit Komfort und neuen Ideen für die kalte Küche hat sich zum Beispiel Panera Bread die Re-Traditionalisierung des Essens auf die Fahnen geschrieben. Seitdem freut sich die Business-Elite New Yorks in der Mittagspause über italienisches Rosmarinbrot und Roastbeef statt Hamburger und Fritten. Panera (ein Kunstwort aus pane = Brot und era = Zeit) europäisiert zurzeit gerade die amerikanische Systemgastronomie. Gegrillte Hähnchenbrust mit Pesto-Mayonnaise, dazu Tomaten, rote Zwiebeln und Balsamico-Vinaigrette in einem italienischen Rosmarinbrot oder frisches Roastbeef aus dem Ofen mit rauchigem Cheddar und einer Meerrettichsoße auf einem Käsebaguette – die Produkte beschreiben den substanziellen Wandel von Fastfood zu Fast Casual. Täglich werden die Filialen der Sandwich-Kette Panera Bread mit frischem Teig beliefert, der vor Ort in das herrlich krustige Brot verwandelt wird. Ein alteuropäisches, fast schon mythisches Kulturgut erobert von hier den amerikanischen Fastfood-Markt: Das urige Sauerteigbrot gehört zu den Bestsellern der hippen Kette. Daneben stehen den Kunden noch mehr als zehn weitere Brotvarianten zur Auswahl.

In Frankreich zelebriert Sternekoch Alain Ducasse den Neuen Luxus auf ähnliche Weise. Auch der Maître bekennt sich zum Brot. In seinen „be"-Shops verkauft er Sandwiches der Extra-Klasse. Der betörende Duft von frisch gebackenem Brot markiert eine neue Ära in der Geschichte des Fastfoods und symbolisiert den Wandel des Genussalltags. Also nicht nur in Amerika erlebt das Fastfood durch Brot eine Neubewertung. Ducasse ließ es sich nicht nehmen, seine Bäckerei zu eröffnen. Wie man Frankreich und Ducasse kennt, ist das „be" natürlich keine herkömmliche Bäckerei: „be" steht für Boulangerie und Epicerie, für Bäckerei und Lebensmittelgeschäft, eine Mischung aus traditionellem Tante-Emma-Laden und exquisitem Deli-Shop. Ein riesiger Ofen dominiert den Laden, in dem die Brote nach alten Rezepten gebacken werden. Jeder Laib trägt eine Prägung, die den Zeitpunkt der Herstellung verrät. Die Lebensmittelabteilung des „be" umfasst rund 350 Grundnahrungsmittel – von neapolitanischem Olivenöl bis hin zu Ziegenkäse. Produkte, die natürlich auch auf den frisch zubereiteten Sandwiches wiederzufinden sind: Olivenbrot mit in Olivenöl marinierten Sardinen und sonnengetrockneten Tomaten, Meeresalgen-Brot mit geräuchertem Thunfisch, Bottarga und Winterkresse oder Vollkornbrot mit altem Comté-Käse.

Sowohl Panera Bread als auch „be" verkaufen den Gegenentwurf zum klassischen Fastfood: frische, ursprüngliche Zutaten, Fantasie in Highend-Qualität. Es ist das Bedürfnis nach Authentizität und Originalität, das beide Konzepte so unwiderstehlich macht. Beide Ansätze zentrieren sich um die Themen Authentizität und Herkunft und spielen gleichzeitig mit den Erwartungen die wir normalerweise an Fastfood herantragen. Machen wir uns nichts vor. Wir leben im 21. Jahrhundert, und als gesunde Genießer lieben wir nicht nur *slow food*, sondern auch das schnelle Essen. In der 24/7-Gesellschaft bleibt uns oft auch einfach nichts anderes übrig. Allerdings hatten wir bislang wenig Gelegenheit, unserer Lust am schnellen Genuss im Vorbeigehen zu frönen. Essen findet ja tatsächlich immer weniger zu Hause, sondern unterwegs, im Gehen, beim Autofahren oder in einem der unzähligen Fast-Food-Restaurants statt. Zu Beginn der 1990er-Jahre wurden 43 Milliarden Euro mit Außer-Haus-Verköstigung umgesetzt. 2010 werden es voraussichtlich mehr als 75 Milliarden sein. „Sehnsucht Grün" funktioniert auch in der Fastfood-

Welt. Gerade die Panera- oder be-Produkte versprechen für eine Sandwichlänge den Wiedergewinn von Erdung, Natürlichkeit und jahrhundertealtem Handwerk. Es steckt ohne Zweifel eine subtile Ironie dahinter, dass die gesunde und genussvolle Fastfood-Kette Panera Bread ausgerechnet in der „neuen Welt" USA und in seinem Geschmackszentrum New York aus der übel beleumundeten Fastfood-Tradition eine europäische Genussveranstaltung gemacht hat.

Und die LOHAS brechen ein weiteres Tabu. Beziehungsweise möchten die modernen Gesundgenießer mit dem Vorurteil aufräumen, dass sich in den früher so abstoßenden Food-Automaten an Bahnhöfen und Flugplätzen nur verdorbener, ungesunder und billiger Ramsch befindet. Die neue Generation der sogenannten Vending-Automaten liefert frische, biologische, individuelle Produkte in Fair-Trade- und Bio-Qualität. Schon jetzt werden jährlich mit dem Außer-Haus-Verzehr von Bio (worunter auch die Automaten fallen) 260 Millionen Euro verdient. Der Automaten-Gastronom Blum aus Düsseldorf hat gerade eine „Green-Line"-Offensive angekündigt: Das Unternehmen packt täglich 3 000 Brötchen und vieles mehr in die Automaten der Rhein-Ruhr-Region – ein Drittel davon bereits in Bio-Qualität. Luxus heißt in Zukunft: Gesundes und Leckeres zu jeder Zeit an jedem Ort essen zu können.

Kehren wir noch einmal für einen kurzen Moment nach New York zurück. Trader Joe's ist eine amerikanische Supermarktkette, die grazil zwischen Neuem Luxus und Discount, Minimalismus des Angebots und lokaler Produktauswahl balanciert. Schon der Internetauftritt mit einem putzigen Seefahrermotiv erinnert kaum an Aldi oder Penny. Wer einmal in New York in der 14. Straße in der Nähe des Union Square vorbeikommt, sollte sich das Erlebnis Trader Joe's nicht entgehen lassen. Trader Joe's startete 1970 in Kalifornien und erzählt uns eine Geschichte, die an einen alten Kolonialwarenhändler erinnert. Die Produkte selbst sind in der Regel in keinem anderen amerikanischen Supermarkt zu bekommen. Wichtig ist, dass sie ungewöhnlich sind. Ob koschere Salami, hautfreundliches Soja-Duschgel oder Jägermeister aus Old Germany, es muss Feinschmeckerware sein – und sie muss für gesunde Ernährung stehen. In den Filialen erklingt schmalzige Aloha-Musik, und die Mitarbeiter tragen bunte Hawaii-Hemden. Auf der anderen Seite fährt Trader Joe's eine knallharte Preisstrategie und spielt virtuos mit der Kunst des Reduzierens. Das Sortiment ist mit 3 000 Artikeln winzig, vor allem im US-Maßstab, wo eher 35 000 Artikel die Norm sind (zum Vergleich: Das Aldi-Sortiment in Deutschland umfasst 500 bis 700 Artikel). Das Unternehmen erwirtschaftet mit seinen 7 500 Mitarbeitern doppelt so viel Umsatz pro Fläche wie ein durchschnittlicher Supermarkt, etwas über vier Milliarden US-Dollar, und ist profitabel. Genaueres weiß man allerdings nicht. Warum? Seit 1979 gehört Trader Joe's zu Aldi Nord und aus diesem Hause ist Verschwiegenheit bekannt.

Ortswechsel. Wir befinden uns wieder, umgeben von gigantischen Dreitausendern, im Salzburger Land. Wer von Kufstein aus in die Hohen Tauern fährt und das mondäne Kitzbühel hinter sich lässt, kommt irgendwann nach Wattens. Hier steht einer von 145 MPreis-Supermärkten. Die hübschen roten Würfel mit dem MPreis-Logo weisen von Weitem auf moderne Konsumkultur mit Wurzeln hin. Die MPreis-Läden atmen den kühnen Sowohl-als-auch-Stil der vor allem in Vorarlberg und Tirol ausgeprägten Architektur: moderner Traditionalismus, postmoderne Folklore, die Weite und Helligkeit großzügiger Glasdächer gepaart mit dem kernigen Holz aus der Region. Als wir vor Jahren auf der Durchreise mehr oder weniger zufällig den Supermarkt in Wattens betraten, ging uns deutschen Supermarktkunden im wahrsten Sinne des Wortes ein Licht auf. Ein Supermarkt ohne quälendes Kunstlicht, stattdessen frisches Tageslicht und – wenn die Wolken den Blick auf die Alpen freigeben – eine Überfülle an Sonne. Die Produkte, die in den Regalen liegen, bekommen dadurch sofort eine andere Anmutung. Die MPreis-Läden sind alle einfach strukturiert, mit langen Regalreihen, nicht zu hoch, die Fleischtheke mit wunderbar designten Geräten und einem großzügigen Blick in die Metzgerei hinein. Wer hier schnell einkaufen möchte, kommt zügig durch, wer länger bleiben möchte, findet in den meisten MPreis-Läden ein kleines Café oder ein Bistro.

Die Aufmerksamkeit für die Kunden und die unverkennbare Liebe zu den Lebensmitteln zahlt sich aus. Das österreichische Familienunternehmen setzt nicht nur auf Architektur, sondern auch auf Poesie und natürlich auf gute Lebensmittel. Jeder Laden wird speziell für den Standort erfunden und ist dennoch wiedererkennbar. Und neben den natürlich ausgeleuchteten Lebensmitteln verkaufen die Design-Märkte Lyrik auf dem Wurstpapier. Die Wiener Künstlerin Michaela Schweeger gestaltet das MPreis-Packpapier mit Gedichten von Eugen Roth oder Ringelnatz. MPreis handelt mit Werten: Die Bewahrung von Familie und Tradition, Natur und Regionalität, Mensch und Arbeit, Kommunikation und Begegnung, Qualität und Preis, Abwechslung und Vielfalt zählen zu den niedergeschriebenen Firmengrundsätzen. Käufer können über die Internetseite die regionalen Lieferanten von MPreis abrufen und erfahren, dass die Bio-Eier aus Baumkirchen-Hasenhof kommen, Herr Josef Zimmermann aus Fritzens die Äpfel liefert und die Sennerei Walchsee für den Bio-Bergkäse zuständig ist. Der Anteil regionaler Bioprodukte wird ständig aufgestockt, mittlerweile sind es mehr als 400 Produkte, die in der Regel aus der näheren Umgebung bezogen werden.

Überhaupt Österreich. Nirgendwo sind wir bei unseren Recherchen nach dem Neuen Luxus häufiger fündig geworden als in dem kleinen Alpenland. Die Alpenrepublik ist der Feinkostladen Europas. Mit viel Geschick hat sich das kulinarische Österreich in den vergangenen Jahren für die globale Zukunft fit gemacht. Österreich ist mit 15 Prozent Anteil Biofläche weltweit führend. Kein anderes europäisches Land hat eine derart entschlossene Genuss-Politik vorzuweisen wie die Alpenregion. Schon vor mehr als zehn Jahren, zum EU-Beitritt 1995, wurde mit dem Slogan „Österreich, der Feinkostladen Europas" Schlagzeile gemacht. Seit April 2005 gibt es eine neue offizielle Initiative seitens des Lebensministeriums, des Agrarmarkts Austria sowie der Bundesländer: Die „Genuss Region Österreich" soll die Identität regionaler Produkte und lokaler Esskultur stärken, Bauern damit in ihrer Existenz sichern und nicht zuletzt dem Verbraucher mehr Informationen über Qualität und Herkunft der Lebensmittel bieten. Ein Ansatz, von dem speziell regionale Familienunternehmen profitieren und der österreichische Spitzenprodukte weit über die Grenzen der Alpenrepublik hinaus bekannt gemacht hat.

Bereits während mehrerer Genuss-Exkursionen in den Jahren 2005 bis 2007 haben wir die Erfahrung gemacht, dass man vielen österreichischen Genuss-Tüftlern gar nichts von neuen Genussphilosophien zu erzählen braucht. Dass 1a-Qualität und besondere Geschmacksnuancen selbstverständlich nur in einer biologisch einwandfreien und nachhaltigen Herstellung gelingen können, ist hier längst Gesetz. Der Niederösterreicher Peter Brauchl beispielsweise holt das Meer in die Berge: Aquakultur in den Alpen. Brauchl ist Wasserwirt und züchtet seit 20 Jahren fernab der Weltmeere Alpenlachse, die als kulinarische Spitzenprodukte gelten können. Brauchls Alpenlachse demonstrieren auf wunderbare Weise, wie bei neogrünen Produkten Tradition und Moderne ineinander übergehen. Nach einem patentierten Verfahren werden die Fische mit selbst entwickelten Futtermitteln aus ökologischem Anbau und kalt gepressten Saatölen mit essenziellen Fettsäuren gefüttert. Ebenfalls patentiert ist Brauchls Verfahren, das für ausreichend Bewegung und Muskelaufbau der Fische sorgt. Die Königs-, Silber-, Kavaliers- und Arktischen Lachse wachsen in den mit klarem Bergwasser gefüllten, sich selbst reinigenden Teichanlagen bis zum Smolt-Stadium heran – die Entwicklungsstufe, in der sie normalerweise ins Salzwasser abwandern. Köche, Gastronomen und Gourmets sind von den Alpen-Fischen begeistert, da sie gesunden Genuss garantieren. Um der steigenden Nachfrage gerecht zu werden, vermarktet Kommerzialrat Brauchl seine in Mitteleuropa einzigartige Idee mittlerweile als Franchise-System. Rund ein Dutzend Partner zählt der Wasserwirt.

Als wir im Jahr 2007 für unsere Studie „Lebensstile 2020" Interviews führten, trafen wir auf viele gesunde Genießer, die sich in ganz unterschiedlichen Altersgruppen ansiedelten. Einer von ihnen, Diethard G., ein sportlicher Erfahrungskundler und Pensionsverweigerer, mit dem wir lange über den Zusammenhang von Genuss und verantwortungsvollem Konsum sprachen, hat uns eine kleine Geschichte erzählt, an der sich ablesen lässt, wie stark der Wunsch nach gesunder Qualität und ethischer Korrektheit das Leben der Menschen bestimmt. Auf seine unumwundene Art sorgt der Medizinprofessor im Unruhestand in seinem Lebensumfeld für Verbraucheraufklärung. Eine kleines Seminar für moralische Hedonisten an der Fischtheke mitten im Altstadtkern von Marburg an der Lahn:

> „Als Mediziner und Biologe weiß ich viel über die Natur und wie pfleglich man mit ihr umgehen muss. Natürlich bringt es nichts, wenn ich diesen Lebensstil allein praktiziere, aber wir haben doch einen ganz erheblichen Einfluss auf unsere Mitmenschen. Wenn einer sich korrekt verhält, ist das durchaus Anlass dafür, dass sich zehn Leute um ihn herum korrekt verhalten. Und diese zehn Leute werden weitere Menschen dazu veranlassen, sich umzuorientieren. Deshalb lohnt es sich, dass man sich auch als Einzelner ganz bewusst verhält und mit anderen darüber redet. Nach dem Motto: Verhalte dich nachhaltig und rede auch darüber! Kürzlich hatte ich Ärger mit meinem Fischhändler. Er hatte den sogenannten Viktoriabarsch in seinem Sortiment. Da habe ich gesagt: ‚Den können Sie nicht verkaufen!' Der Viktoriabarsch wurde ursprünglich vom Nil in den Viktoriasee eingesetzt und, auch wenn er vielleicht gut schmeckt, er macht die ganze interessante biologische Vielfalt im Viktoriasee kaputt. Derzeit wird er mit Flugzeugen hierhergebracht, die Bevölkerung in Afrika wird dabei ausgebeutet und auf dem Rückflug werden auch noch Waffen runter geliefert. Und der Fischhändler meint: Das dürfe ich nicht sagen, von irgendetwas müsse er ja schließlich auch leben. Aber da scheue ich mich dann nicht, mir auch Feinde zu machen. Das sage ich dann auch zu Kunden. ‚Den Fisch können Sie nicht kaufen, das ist nicht vertretbar!'"

Dass hochkarätige Regionalprodukte tatsächlich nicht nur um den Kirchturm herum Kultstatus haben, sondern auch zu globalen und ethisch korrekten Marken heranwachsen können, das hat Hans Staud, ein Wiener Spezialist für Konfitüren, Gelees, Kompotten und Pickles unter Beweis gestellt. Die Produkte des Traditionsunternehmens werden weltweit vertrieben – in Deutschland, Italien, der Schweiz, den USA und sogar in Japan kann man die österreichischen Delikatessen kaufen. Stauds hat den Spagat zwischen globaler Vermarktung und regionaler Verankerung geschafft. Denn nach wie vor stehen die in achteckige Gläser abgefüllten Marmeladen auf den Frühstücksbüfetts internationaler Spitzenhotels und die Gemüsedelikatessen in den Regalen der besten Feinkostgeschäfte. Die Nachfrage ist größer als das Angebot, und so könnte Hans Staud locker seine Produktion vergrößern. Der Unternehmensgründer selbst, so formulierte es die „Lebensmittelzeitung", spricht von seinen Produkten wie von „limitierten Drucken" („Von dieser Marmelade wurden am 12. August 1 318 Gläser abgefüllt") oder erlesenen Weinen. Staud verriet dem Fachblatt schon 1997: „Wir wollen Qualitätsführer sein, nicht Marktführer." Spitzenreiter in Sachen Effizienz ist er jetzt schon: Seit gut 30 Jahren erwirtschaften in Ottakring bei Wien 35 Mitarbeiter jährlich rund neun Millionen Euro. Qualität kommt für Staud vor Massenware. Um fünf bis acht Prozent steigt der Umsatz jährlich, mehr soll es auch nicht sein, sonst würde die exzellente Qualität leiden. Doch der weltweite Markt (Exporte machen 40 Prozent des Umsatzes aus) sichert die regionale Qualität der authentischen Marmelade.

Österreichs Genussstrategen verstehen es ohnehin vorzüglich, ihre individuellen Klasseprodukte in immer neuen Vernetzungen einzuspinnen und damit immer neue Hybride der geschmacklichen Verfeinerung zu komponieren. So stellt Marmeladenfabrikant Staud mit Weinkönig Alois Kracher Gelees aus Beerenauslese-Weinen her, die wiederum die Schokoladen von Tiroler Edle verfeinern – Nomen est Omen: Edel & Gut, so der Name der Schokoladenmarke. Tiroler Edle wurde von der engagierten Agrarökonomin Therese Fiegl 2001 ins Leben gerufen mit der Absicht, aus dem Rahm des erlesenen Tiroler Grauviehs ein besonderes Produkt zu kreieren. Nicht nur dass die Qualität der Rohstoffe und des Endproduktes, dank Konditor Hansjörg Haag, höchst edel ist – der Name steht für gewachsene Tradition. Schon immer bezeichneten die Tiroler Bauern ihre Graukühe als „die Edle". Den gesunden Genießer erwartet damit nicht nur Weltklasse-Schokolade auf der Basis von unbedenklichen Rohstoffen (die Couverturen stammen von den Spitzenproduzenten Callebaut, Valrhona oder Domori), sondern mit jedem Riegel auch ein Stück bodenständige Bauerntradition.

Dieses Kapitel hat gezeigt, dass der Neue Luxus geprägt ist von Individualisierung und Empathie, Wissen und Bildung sowie einem neuen Convenience-Gedanke im Sinne von Service und Qualität. Eigenschaften und Schlüsselqualifikationen, die vor allem Frauen heutzutage aufweisen. Und so ist es nicht weiter verwunderlich, dass Frauen zu den Avantgardistinnen gehören, die den Lebensstil maßgeblich mit prägen und vorantreiben. Was LOHAS, Neuer Luxus und Frauen verbindet, können Sie im folgenden Kapitel nachlesen.

6. Die Feminisierung unserer Lebenswelt: Frauen sind die Bewusstseinselite von morgen

Weibliche Hollywood-Ikonen übernachten für ihre Überzeugungen auf Bäumen, Managerinnen steigen aus, weil sie den tieferen Sinn im Erklimmen der nächsten Karriereleiter nicht sehen können. Frauen feminisieren unsere Arbeits- und Lebenswelten. Vor allem sie sind es, die den LOHAS-Lifestyle im Alltag verankern. LOHAS-Lifestyle heißt zu großen Stücken auch: Feminisierung des Konsums und der Kultur. Die neuen Frauen suchen alternative Wege zwischen Matriarchat und duldendem Hausfrauendasein – und machen dabei auch die Männer zu gesunden Genießern.

Ein wichtiger Aspekt, um den neuen ganzheitlichen Lebensstil der LOHAS richtig zu verstehen, ist der Fakt, dass gerade Frauen und weibliche Wunschwelten die Popularität des ethisch korrekten Lifestyles vorantreiben. Selbstverwirklichung, Kreativität und ganzheitliches Denken sind Eigenschaften, die gegenwärtig vor allem von Frauen gelebt werden – und im Alltag wie auch in der Arbeitswelt immer wichtiger werden. Es sind die Frauen, die – mal wieder – die Gesellschaft verändern.

Doch längst geht es uns nicht mehr darum, das Private zum Politikum zu machen, wie es einst das angestrebte Ziel der Neuen Frauenbewegung war. Heute drehen wir den Spieß wieder um und integrieren das Politikum in unser Privatleben. Selbsterfahrungsgruppen, in denen über monströse Theoriegebilde und gesellschaftliche Herrschaftsmodelle diskutiert wurde, sind uns fremd und fern. Auch heute noch treffen wir uns natürlich mit Freundinnen, um beim Tee Probleme zu wälzen. Das ist so selbstverständlich, wie es längst wieder hip ist, dabei das Strickzeug auszupacken. Ob Madonna, Cameron Diaz oder Julia Roberts – sie alle haben sich zu Nadeln und Wollknäuel bekannt. Doch während einst das Thema männliche Dominanz im Vordergrund stand, drehen sich heute die Gespräche um Karriere, Kinder, Liebe. Wir müssen die Öffentlichkeit nicht mehr ausdrücklich feminisieren, längst hat sich eine Feminisierung der Kultur vollzogen. Wir wollen die Gesellschaft und die Männer nicht vernichten, sondern verändern! Statt die Welt im Großen und Ganzen revolutionieren zu wollen, beginnen wir im Kleinen. Wir sind pragmatische Idealisten, die selbstreflektiert dort ansetzen, wo es je nach unserer individueller Situation möglich ist: Kaufen den Kühlschrank mit Energieeffizienz A++, beantragen Öko-Strom und schicken unseren Göttergatten mit dem Fahrrad statt mit dem Auto zur Kita, den Jüngsten abzuholen. Emanzipation und Geschlechterunterschiede sind kein Thema, wenn wir ebenso spät wie der Liebste von der Arbeit nach Hause kommen, das Auto viel eleganter rückwärts in die Parklücke bugsieren oder beim Weinhändler für uns den schweren Rotwein und für den Schatz den süßen Dessertwein einpacken.

Entschlossenes LOHAS-Bekenntnis oder: Was macht Daryl Hannah auf dem Walnussbaum?

Ja, zugegeben, Prince Charles vermarktet seine Öko-Kekse und bald auch sein erstes Öko-Dorf in der Nähe von Neath in Süd-Wales. Und Al Gore hat sich selbst zum Weltklimaretter ernannt. Aber es waren Halle Berry und Cindy Crawford, die sich Ende 2007 Demonstrationen gegen den Bau einer Erdgasanlage vor der Küste Malibus anschlossen, weil das Projekt nicht den Luftschutzkriterien entsprach. Daryl Hannah harrte gar wochenlang auf einem Walnussbaum aus, um für das Überleben eines Bauernhofs in der Nähe von Los Angeles zu demonstrieren. Für ihre Überzeugung nahm die 45-Jährige sogar eine Verhaftung in Kauf. Cameron Diaz verriet der „Elle", dass sie Bio-Zahnpasta benutzt. Madonna ist mittlerweile das Synonym für einen ganzheitlichen Lebensstil und turnt jeden Morgen ihre Ashtangas. Julia Roberts erklärte in einem Vanity-Fair-Interview, wie sie mit ihrer fünfköpfigen Familie Müll reduziert. Oder Nathalie Portman, die wohl authentischste und überzeugendste Promi-Kämpferin für den LOHAS-Lebensstil, investiert ihr Kapital in die Mikrofinanzbranche, ist überzeugte Vegetarierin, engagierte sich schon als kleines Mädchen für die Umwelt und das alles nicht ohne kleine Schwächen. Sie gibt zu, nicht auf Wollprodukte oder Eier verzichten zu wollen (wegen des Eiweißes) und gesteht auch ihre Shoppinglust ein: „Ich habe 40 T-Shirts, 20 Paar Jeans – es geht so schnell, dass man glaubt, all dieses Zeug zu brauchen. Vielleicht ist das ein New-York-Phänomen", gestand die hübsche 26-Jährige dem britischen „Observer Magazine".

Und natürlich gibt es auch hierzulande die prominenten Vorkämpferinnen und Wegbereiterinnen des neuen Lebensstils, wie Mieze von der Band „Mia", die nicht nur den Öko-Strom besingt, sondern in vielen ihren Texten Missstände in Umwelt und Gesellschaft anspricht. Oder die Vorzeige-Genießerin Sarah Wiener, die immer wieder in Interviews die Vorzüge von ökologisch angebauten Lebensmitteln anpreist („Bio ist nicht gleich Bio, mir geht es um High-Quality-Bio"). Heike Makatsch proklamiert als Oxfam-Botschafterin, alte Sachen lieber für einen guten Zweck zu spenden als wegzuschmeißen. Nicht zuletzt die Schauspielerin, Ärztin und zweifache Mutter Maria Furtwängler ist ein Musterbeispiel der modernen Self-Designerin, die in ihrem Leben Drehtermine und Yoga, Familienglück und soziales Engagement unkompliziert, undogmatisch und bescheiden unter einen Hut bringt. „(Ich) lebe in einem sehr privilegierten Teil unserer Welt. Ich muss mit der Energie, die sich aus dieser privilegierten Situation ergibt, mehr tun, als mich nur daran freuen", bringt die souveräne 41-Jährige die neue Lebenseinstellung der modernen Frauen auf den Punkt.

Egal, ob Gesundheit, Nachhaltigkeit, ethischer Konsum oder bewusster Genuss – wir Frauen sind die Avantgardistinnen unter den LOHAS. Natürlich haben die meisten von uns nicht die finanziellen Möglichkeiten wie etwa Maria Furtwängler (alias Tatort-Kommissarin Charlotte Lindholm), um Kinder, Beruf, Selfness und Charity so elegant miteinander zu verbinden. Auch fehlt uns der prominente Status, um (werbe-)wirksam in der Öffentlichkeit gegen Umweltsauereien zu agieren. Denn spektakuläre Aktionsformen der Frauen- oder Umweltbewegung wie Sit-ins, Sitzblockaden und Demonstrationen sind heute definitiv passé. Den Anspruch, die Welt im Großen und Ganzen zu verändern, haben wir gar nicht. Wir beginnen im Kleinen und Privaten, „infizieren" von dort die männliche Welt mit neuen Idealen, wo sie am schnellsten Erfolg zeigen: im Alltag! Und genau hier, im täglichen Leben, haben wir längst einen Prozess in Gang gesetzt, den man als Feminisierung der Kultur bezeichnen kann. Seit die ersten Frauen auf die Barrikaden gingen und für ihre Rechte und ihren Platz in der Öffentlichkeit eintraten, verändern sie nachhaltig die Gesellschaft mit ihren Werten, Vorstellungen und Normen. Und damit nicht zuletzt auch die Männer. Während Frauen seit knapp zwei Jahrhunderten ihre Rolle als Frau ständig neu überdenken, reflektieren und erfinden, sind Männer erst jetzt wirklich gezwungen, ihre Rolle zu überdenken, wenn sie mit der neuen „Eva-lution" mithalten wollen. Und es ist ja nicht so, dass sie nicht lernwillig, wissbegierig und vielleicht sogar manipulierbar sind: Haben sie erstmal erlebt, dass der neue holistische Lebensstil ihnen selbst, der eigenen Beziehung und dem Umfeld guttut, werden sie quasi zu neuen Männern.

165

Solchen Aussagen haftet ein wenig der bittere Beigeschmack an, den viele Frauen mit Begriffen wie Frauen-Power oder Feminismus assoziieren. Auch das hochtrabend klingende Thema der „Geschlechterdiversitäten" ist ein Kassenschlager, dessen seriöse Behandlung oft zu wünschen übrig lässt. Kaum eine Woche vergeht, in der nicht ein Raunen durch die Presse geht, weil irgendein Wissenschaftler auf Grundlage der Evolutionstheorie erklärt, warum Frauen besser einkaufen könnten (New, J., Krasnow, M.M, Truxaw, D. and Gaulin, S.J.C. (2007): „Spatial adaptations for plant foraging: women excel and calories count.", Proceedings B) oder bevorzugt Rosa tragen (Anya C. Hurlbert, Yazhu Ling (2007): „Biological components of sex differences in color preference", Current Biology). Noch schlimmer sind aber Autodidakten, wie das Pease-Duo, das mit dem missionarischen Eifer eines katholischen Priesters erklärt, warum Frauen weniger zappeln, schlechter einparken oder besser Schuhe kaufen können.

Aber auch wenn die lila Latzhose längst in der Altkleidersammlung gelandet ist, Nassrasierer, BHs und Kochbücher wieder in unseren Badezimmern, Kleiderschränken und Küchen ihre Plätze gefunden haben, sind wir bei Weitem nicht so naiv zu glauben, alles wäre im Lot. Keine Frage, natürlich ist es eine schreiende Ungerechtigkeit, wenn Frauen durchschnittlich 22 Prozent weniger verdienen als Männer, Führungspositionen nur nicht bekommen, weil sie vielleicht irgendwann mal die biologische Uhr ticken hören könnten und sich für jeden Lebensschritt rechtfertigen müssen. „Wie, du arbeitest Vollzeit trotz der Kinder?" oder: „Was, du hast deinen Beruf für die Familie aufgegeben?"

Dass gegenwärtig ein gewaltiger Ruck durch die Geschlechterwelten geht, kann wohl niemand bestreiten. Keiner der Aktivistinnen in den Frauenbildungsvereinen des ausgehenden 19. Jahrhunderts hätte sich jemals träumen lassen, dass Mädchen hundert Jahre später häufiger Abitur machen als Männer, die Mehrzahl der Erstsemestler an den Universitäten stellen und selbstverständlich vor „Kinder" erstmal „Karriere" sagen. Niemand hätte es vor 30 Jahren für möglich gehalten, dass heute Frauen die Kinos nicht unter dem Motto „PorNo!" stürmen, sondern sich beim Porno-Filmfestival in Berlin explizit Sexstreifen ansehen, die von Frauen für Frauen gemacht wurden. Wer bitte hätte vor vier Jahren ernsthaft daran geglaubt, dass wir heute eine Bundeskanzlerin haben? Und seit Deutschlands Fußball-Damen zum zweiten Mal den hoch bezahlten Männern gezeigt haben, wie sich eine Weltmeisterschaft gewinnen lässt, sind sie nun sogar offiziell die „besseren Männer" (Professor Dieter H. Jütting, Direktor des Instituts für Sportkultur, im Interview mit der „Welt", 29.09.2007). Ob Frauen wirklich „bessere Männer" sein wollen, sei dahin gestellt. Fakt ist: Die moderne Frauengeneration weiß, was sie kann und nimmt sich die Freiheit heraus, ihre Ziele mit viel Optimismus und einer gehörigen Portion Realitätssinn zu planen – egal, worum es sich handelt.

Auch in dieser Beziehung sind wir typische LOHAS: anspruchsvoll, fordernd, aber auch pragmatisch. Wir haben das Kriegsbeil längst begraben, wollen gar kein neues Schubladendenken, keine neuen Grabenkämpfe gegen etwas so abstraktes wie das Patriarchat führen, sondern viel lieber gemeinsam mit den neuen Männern neue Wege gehen. Und ihnen gegebenenfalls auf die Sprünge helfen und ihnen zeigen, in welche Richtung die Evolution geht.

Denn im Alltagsleben stößt man als bewusst und reflektiert lebende Frau ständig an die Grenzen maskulin reduzierter Sichtweisen. Wenn ich mich mit männlichen Bekannten verabrede, fühle ich mich oft wie Bill Murry am „Groundhog Day". Es läuft je nach Uhrzeit und Örtlichkeit folgendermaßen ab: Während der Kollege wie ferngesteuert den nächsten Snack-Point anpeilt, ziehe ich ihn selbstbewusst ein paar Schritte weiter zum Sushi-Circle („Erstens kein schlechtes Cholesterin, zweitens nur gute Fettsäuren und drittens mehr Nährstoffe."). Suche ich mit einem Freund ein gemeinsames Mitbringsel für die Party, kann ich ihn gerade noch vor der (im schlimmsten Fall: Supermarkt-)Kasse mit dem kalifornischen Merlot (Nein, er hat „Sideways" nicht gesehen) stoppen, und ihn auf dem Weg zum Weinladen vom Spätburgunder aus der Pfalz überzeugen („Erstens keine CO_2-Belastung durch den Transport, zweitens Bio-Winzer und drittens schmeckt man das Terroir hier viel besser."). Und wenn mein Mitbewohner sich samstags auf einen gemütlichen Fernseh-Formel-1-Nachmittag auf der Couch einstellt, zerre ich ihn vom Sofa in die Laufschuhe und erkläre, während er hinter mir herjappst, dass erstens Öko-Boliden noch in der Entwicklung sind, zweitens Sport nur etwas nützt, wenn man selbst aktiv ist und wir drittens für den „Lauf für mehr Zeit" trainieren müssen.

Der weibliche Werte-Cocktail: Individualität mit Verantwortung

Wenn ich samstagmittags in der kleinen Kaffeerösterei einen Espresso trinke, erstaunt es mich längst nicht mehr, wenn die neuen Mütter souverän mit ihren stylischen Bougaboo-Kinderwagen den Bürgersteig blockieren. Selbstbewusst drücken die schicken Teilzeit-Mammis dem ebenso stylischen Teilzeit-Vater das schreiende Bündel in die Arme, um in Ruhe die Bio-Espresso-Bohnen mit Transfair-Siegel zu bestellen und an ihrem „Latino" zu schlürfen. Auch abends auf der

Party wundert es einen schon lange nicht mehr, wenn sich die Mehrzahl der Ex-Kommilitoninnen über ihre Work-Life-Balance austauschen – über das Pro und Contra von Selbstständigkeit gegenüber einer Festanstellung, während die männlichen Mitstudenten noch immer eben solche sind: Studenten. Mit dafür verantwortlich ist natürlich das neue Selbstverständnis, mit dem wir Frauen uns die Gesellschaft nach und nach zu eigen machen. 44 Prozent aller Frauen zählten sich 2007 laut einer Umfrage durch das Meinungsforschungsinstitut Allensbach zu den emanzipierten, selbstbewussten Frauen.

Das heißt, moderne Frauen von heute planen ihre Zukunft optimistisch, aber mit Realitätssinn und einem neuen Selbstbewusstsein. Dahinter steht natürlich nicht zuletzt das innerhalb der vergangenen rund zehn Jahre massiv angestiegene Bildungsniveau der Frauen. Sie wissen, was sie können und nehmen sich auch die Freiheit heraus, ihre Ziele konsequent zu verfolgen. Moderne Frauen sind clever und smart! Statistisch gesehen, müssen sich Eltern heute auf Ärger und Probleme einstellen, wenn es bei der Geburt heißt: „Es ist ein Junge." Egal, ob Schreibaby oder Zappelphilipp, Legastheniker oder Computerjunkie. Jungs beschäftigen die pädagogischen Beratungsstellen weit stärker als Mädchen. Wir Frauen befinden uns dagegen längst auf der Überholspur: Frauen stellten 2005 einen Anteil von 57 Prozent an den Abiturientinnen, und auch an den Hochschulen holen wir beständig auf. So ist das zahlenmäßige Verhältnis zwischen Studentinnen und Studenten mittlerweile fast ausgeglichen. Da dürfte die Überraschung verhalten ausfallen, dass Frauen durch bessere Bildung eben auch aufmerksamer mit sich und ihrer Umwelt umgehen.

Mitverantwortlich für diese Entwicklung ist nicht zuletzt ein Prozess in der Gesellschaft, den wir als Individualisierung bezeichnen. Was nach Ego-Trip und Ich-Bezug klingt, bedeutet jedoch vor allem eins: die Pluralisierung der Lebensformen. Der Megatrend hat maßgeblich die Emanzipation der Frauen aus der Rolle der familiären Versorgerin, Kinderbetreuerin und Hausfrau gestützt. 40 Prozent aller Frauen wollen laut Allensbach einen Job haben, um dadurch unabhängig zu sein. Und mit steigender Erwerbstätigkeit – und damit Selbstständigkeit – entstehen neue Bedürfnisse in den jeweiligen Lebensphasen. Gut ausgebildet und neugierig auf das Leben, wünschen sich etwa viele Frauen berufliche und persönliche Selbstverwirklichung, bevor sie sich mit Familiengründung beschäftigen. Lässt sich beides miteinander verbinden: Noch besser!

Emanze oder Heimchen, auch bei dieser vorgeblichen Alternative erkennen wir, dass Entweder-oder kein Zukunftsmodell ist. Selbstbewusste Frauen lassen sich heute nicht mehr in stereotype Geschlechterrollen pressen. Weder die kühle, Männer wegbeißende Karrieristin noch das Apfelkuchen backende Heimchen am Herd sind unsere angestrebten Ideale. Die Palette an modernen Frauen-Lebensmodellen ist heute so bunt und facettenreich wie nie zuvor. Während die Männer-Gesellschaft noch am überkommenen Rollendenken festhält, sind wir Frauen in unseren Lebensentwürfen längst den entscheidenden Schritt weiter. Und da ist es kein Wunder, dass Welten aufeinanderprallen. Aber in einem sind wir uns einig: Individualisierung gerne, aber nicht auf Kosten anderer. Alice Schwarzer gilt seit Jahren als Synonym für gesellschaftliches Engagement – auch wenn die Feministin erst in den letzten Jahren zum allgegenwärtigen Medienliebling emporgestiegen ist. Und selbst eine Eva Herman ist auf ihre rückschrittliche Art und Weise irgendwie am Wohle der Gemeinschaft interessiert – auch wenn sie genau die Individualisierungstendenzen ablehnt, die sie gleichzeitig lebt.

Es geht auch nicht um einen Ego-Trip, wir suchen nach einer neuen Souveränität der Frauen, die Werte und Moral mit einschließt. Frauen von morgen wollen sich nicht entscheiden müssen zwischen Kind und Karriere, Genuss oder Gesundheit, Individualität oder Gemeinsinn, Luxus oder Nachhaltigkeit. Sie wollen alles kombinieren können, in ihrem individuellen Tempo und nach ihren eigenen Vorstellungen. Moderne Frauen sind somit individualisierter denn je und wollen deshalb möglichst unkompliziert in ihren eigenen, persönlichen Bedürfnissen angesprochen werden. Wer hätte etwa vor zehn Jahren gedacht, dass Männerdomänen wie Baumärkte zu weiblich dominierten LOHAS-Tempeln mutieren? Noch in den 1990ern flimmerte die klare Rollenverteilung „Werkzeuge sind für Männer – Kultur für Frauen" tagtäglich, etwa in Form der Sitcom „Hör mal, wer da hämmert", über unsere Bildschirme. Da grunzte Tim Allen alias Tim Taylor jedes Mal und forderte „mehr Power", wenn es um etwas besonders „Männliches" wie ein neues Werkzeug ging, während seine Serien-Ehefrau Jill die kulturinteressierte, studierende Hausfrau, Mutter und Teilzeitbeschäftigte war. Heute hingegen bekommen uninteressierte Ehemänner, die das passionierte Werkeln ihrer Frau abtun, in der Baumarkt-Werbung kurzerhand den Kopf abgebissen, von mörderischen Walfischen aus dem selbst angelegten Teich der Gattin. Hornbach stellt mit solchen und ähnlichen Spots die heimwerkelnden Frauen in den Vordergrund, die „Keine Angst vor Nagelbruch" mehr haben und die Männer in ihrem Gestaltungstrieb in den Schatten stellen. Der amerikanische Baumarkt-Gigant Home Depot zeigt, wo es in den nächsten Jahren langgeht. Neben regelmäßigen „Ladies Nights" und neuen Produktpaletten überarbeitet der Konzern sein Filialkonzepte: Kleinere Shops sollen die weiblichen Hobby-Handwerkerinnen ansprechen, sie sind nicht mehr mit meterhohen Regalwänden und gigantisch breiten, kalten Fahrstraßen asphaltiert, sondern sollen mit Ladenatmosphäre und Waren auf Augenhöhe überzeugen.

Aber natürlich ist es nicht allein das souveräne „Besetzen" der Medienöffentlichkeit und der Männerdomänen, was für das neue Selbstverständnis der Frauen spricht. Wohlfühlen, Work-Life-Balance, Entspannung und die eigene Gesundheit – das sind die Themen, die bei den modernen Frauen im Mittelpunkt stehen. So glauben von den 14- bis 64-jährigen Frauen in Deutschland nur neun Prozent, dass es sich bei Wellness um eine vorübergehende Modeerscheinung handelt, ergab die Brigitte Kommunikationsanalyse 2006. Wohlfühlen und Gesundheit werden aktiv in die eigenen Hände genommen. Eine Umfrage der „Apotheken Umschau" ergab, dass 40,6 Prozent der Männer rauchen, aber nur 32,1 Prozent der Frauen. Und während fast Dreiviertel der Frauen auf Alkohol weitgehend verzichten, tun dies nur 46,6 Prozent der Männer. Das mangelnde Bewusstsein für einen gesunden Lebensstil zeigt sich auch bei der täglichen Ernährung: Nur knapp über die Hälfte der Männer sagen, dass sie besonderen Wert auf gesunde Ernährung legen, bei Frauen sind es immerhin 72,4 Prozent. 27 Prozent der Frauen stimmen laut der Verbraucheranalyse 2006 der Aussage zu: „Ich kaufe gezielt Natur- und Bioprodukte, auch wenn sie teurer sind." Aber nur 18 Prozent der Männer sind bereit, für Lebensmittel mehr Geld auszugeben, wenn sie Öko-Qualität haben.

Aber Frauen ernähren sich nicht nur gesünder, sie leben generell bewusster. Wenn wir Frauen im Supermarkt zu den Bio-Karotten greifen, wollen wir uns nicht nur gesünder ernähren, sondern einfach auch ganzheitlicher leben. Wir finden den LOHAS-Lifestyle deshalb so anziehend, weil es dabei eben nicht nur um einen verantwortungsvollen Umgang mit der Umwelt geht, sondern eben auch um einen verantwortungsvollen Umgang mit sich selbst und dem eigenen Körper. Selfness (so nennt Matthias Horx den proaktiven Umgang mit der physischen wie psychischen Gesundheit) wird vor allem von Frauen praktiziert. Wer jemals einen Yoga- oder Pilateskurs besucht hat, wird zustimmend nicken. „Pilates? Ist das eine neue Anti-Aging-Creme?", fragte mich mein Mitbewohner letztens höhnisch. Außer Partnern, die von ihren Frauen zwangsverpflichtet wurden, und der Gay Community liegt die männliche Präsenz bei solchen Body-and-Mind-Veranstaltungen faktisch bei null.

Generell sind wir Frauen offener, wenn es um Selbstreflexion und Selbstveränderung geht. Insofern sind Frauen heute tatsächlich so etwas wie eine Bewusstseinselite oder noch genauer eine Bewusstheitselite, die mit der Zeit auch die Lebensentwürfe der Männer verändern wird. Dass laut dem BKK Gesundheitsreport 2005 etwa 75 Prozent mehr Frauen als Männer an psychischen Leiden erkranken, hat weniger mit einer biologischen Geschlechterdifferenz zu tun, als mit der Tatsache, dass die Bereitschaft bei Frauen für *Emotional Management* und Selbstbefragung einfach größer ist. Während die Männer mit Bier und Playstation dem Alltag entfliehen, suchen wir uns Unterstützung bei Coaches, während eines Retreats oder in einem der neuen psychologischen Magazine.

Wie stark die Nachfrage im Alltag nach psychologischer Unterstützung ist, zeigt der neue Trend der Psychologie-Magazine. Während „Psychologie Heute" seit drei Jahrzehnten den populärwissenschaftlichen Markt bedient und mit traditionellem Auftreten und Themen (Leidenschaft plus Ausdauer, Die Stressfalle, oder: Anders alt werden) Frauen wie Männer anspricht (rund 40 Prozent der Leser sind männlich), soll das neue Gruner+Jahr-Magazin „Emotion" in erster Linie Frauen ansprechen. Seit Februar 2006 erscheint monatlich das Magazin für Persönlichkeit, Partnerschaft und Psychologie. Konkurrierende Verlage haben ähnliche Frauenmagazine mit ähnlichem Schwerpunkt in Planung. In anderen europäischen Ländern sind bereits diverse (Frauen-)Zeitschriften zum Thema Psychologie erhältlich, etwa in Frankreich, wo sich „Psychologies Magazine" schon souverän neben „Marie Claire" und „Cosmopolitan" behauptet oder auch in Italien „Per Me", die nach eigenen Angaben „erste psychologische Frauenzeitschrift".

Von der lächelnden Weinkönigin zur erfolgreichen Spitzenwinzerin

Am liebsten richten wir unseren Alltag so aus, dass wir in allen Lebenslagen genießen können. Wir gönnen uns gern etwas Gutes, gerade wenn es um kulinarische Highlights geht. Dreiviertel der 14- bis 64-Jährigen sind laut einer Untersuchung des Gruner+Jahr-Verlags 2006 der Ansicht, dass gute Qualität bei Lebensmitteln auch ihren Preis hat. Dass wir uns und unserer Gesundheit gerne etwas gönnen, belegen Zahlen beim Weinkonsum. Das alte Klischee des grau melierten männlichen Weingenießers ist passé. Und wieder prallen Welten aufeinander, wenn sich die „Herren der Schöpfung" gerne als große Weinexperten gerieren und im Restaurant wie selbstverständlich die Weinkarte gereicht bekommen. Denn längst trinken mehr Frauen als Männer regelmäßig einen guten Tropfen und greifen dann auch nicht zum lieblichen Weißwein, sondern genauso häufig zum Roten wie die Herren der Schöpfung.

Dass Wein nicht mehr „Männersache" ist, zeigen auch die aufstrebenden Winzerinnen, die sich nach und nach die Keller und Vingerts zu eigen machen. Nicht mehr nur hübsch lächeln und Banderolen bei Eröffnungsfeiern durchschneiden – nein, die wahren Weinkönniginnen machen den Wein ab jetzt selbst. Keine wirkliche Überraschung für uns Frauen, warum sollen wir nicht genauso gute Tropfen herstellen können wie Männer. Doch überraschend ist das neue Selbstverständnis, mit dem sich die Winzerinnen vernetzen und dabei auch eine neue Wettbewerbs- bzw. Kooperationskultur ausprägen: „11 Frauen und ihre Weine" kommen aus Österreich, Les Médocaines sind vier Winzerinnen aus dem Médoc, Vinissima ist eine existierende deutsche Vereinigung von Weinfrauen. Allen gemein ist, dass sie sich nicht als Konkurrentinnen betrachten, sondern sich gegenseitig ergänzen und helfen.

Frauen mit LOHAS-Hintergrund machen Karriere und Erfolg auch, aber nicht nur, an einem gefüllten Portemonnaie und an äußerer Bestätigung fest. Es geht uns in erster Linie darum, unseren Ansprüchen zu genügen und uns selbst treu zu bleiben. Wir wollen uns im Beruf wiederfinden, mit unserem Tun vollständig identifizieren können, nicht zuletzt, um innere Zufriedenheit zu erlangen und uns am Abend im Spiegel mit Stolz anschauen zu können. Arbeit muss für uns einen Sinn haben, wir lieben unseren Job, wenn er uns – über den Lohn hinaus – etwas gibt. „An einer Karriere als Selbstzweck liegt mir gar nichts. Ich bin nicht drauf aus, irgendeine imaginäre Hierarchieleiter hochzuklettern. Ich würde mich sogar als komplett ‚hierarchieungeeignet' bezeichnen", trifft die 41-jährige Lucia B. den Nagel auf den Kopf. Der zweifachen Mutter und Unternehmerin, die wir für eine Studie interviewt haben, geht es vor allem um finanzielle Unabhängigkeit und nicht um den „großen Reibach". So wie die kooperierenden Winzerinnen vor allem einen guten Wein herstellen wollen und dann erst an den Profit denken, so geht es den Frauen von heute nicht primär darum, sich den Weg in die Riege der Top-Manager zu bahnen, koste es, was es wolle. Wir wollen selbstbewusst und authentisch unseren eigenen Karriereweg suchen, dabei nicht über Leichen gehen und womöglich auch auf den Spitzenjob verzichten.

Lust an Verantwortung, Selbstverantwortung und am Entwerfen, darin treffen sich viele Karrieren von Frauen mit LOHAS-Lebensstil. Nach den eigenen Spielregeln und Vorstellungen leben und arbeiten, dabei finanziell unabhängig sein und von der Außenwelt wahrgenommen werden, das ist es, was LOHAS-Frauen heute und in Zukunft anstreben. Immerhin bezeichnen sich heute bereits 44 Prozent der Frauen als selbstbewusst und emanzipiert, während noch vor fünf Jahren gerade einmal jede Dritte das von sich behauptete. Eine Tendenz, die mit immer höherer Bildung und damit auch Selbstbewusstsein weiter zunehmen wird. Und dieses neue Selbstverständnis ist es, das den Arbeits- und Lebensstil der Frauengeneration von morgen prägt.

Ganz in diesem Sinne verläuft die Erwerbsbiografie nicht statisch, sondern vielgestaltig. Frauen von heute erfinden sich und ihren „Beruf" immer wieder neu, Umwege sind dabei oft fruchtbarer und konstruktiver als eine Streamline-Karriere. Teilzeitstellen, Projektarbeit oder Selbstständigkeit sind daher die interessantesten Arbeitsformen. Frauen sind die neuen Helden der Arbeit. Sie bringen das mit, was vom traditionellen, männlichen Arbeitsplatz-Inhaber in früheren Zeiten gerade nicht erwartet wurde: Rollenpluralismus und die Fähigkeit, die eigene Identität immer wieder neu zu gestalten. Das birgt Chancen. Abseits linearer Aufstiegs- und Karrierepfade beginnen Frauen, das Karriere-Spiel nach eigenen Spielregeln zu spielen. Und verändern so nach und nach nicht nur die Unternehmen, sondern das gesamtgesellschaftliche Verständnis von Arbeit. Wir wollen je nach Lebensphase verschiedene Arten und Rhythmen von Arbeit kombinieren können. Das muss nicht immer bezahlte Arbeit, sondern kann zum Beispiel auch Familienarbeit sein. Was natürlich im klassischen Karriereverständnis Folgen für den Job hat. Doch der ist uns zwar wichtig, aber eben nicht der alleinige Lebensinhalt.

Mit dem neuen Lebensstil setzen Frauen neue Maßstäbe für Erfolg – gerade auch im gesellschaftlichen Kontext. Wir verändern das allgemeine Verständnis von Arbeit und lösen damit die Widersprüche Erwerbstätigkeit und Freizeit, Arbeit und Familie, Karriere und Ethik auf. „Doing it her way – 15 powerful women running the show", hieß es bezeichnenderweise auf dem Dezember-Titelblatt 2006 von „Newsweek". Die Story, die mit „True to Yourself – True to Your Sex" überschrieben ist, feierte dementsprechend auch keine klassischen Aufsteigerinnen, die möglichst viele Männer aus dem Weg geräumt haben, sondern lässt von der Starköchin bis zur Violinistin erfolgreiche Frauen authentisch, unaufgeregt die Hochs und auch die Tiefs ihrer Karrieren beschreiben.

So wie die Präsidentin und Geschäftsführerin der nordamerikanischen Filiale von Pepsi-Co, die gute Chancen auf einen Posten im Vorstand hatte und sich trotzdem zurückzog. Martha Cabrera, ehemals Vice-President bei JPMorganChase, verließ die Firma um ihrer Kinder willen – jedoch nicht, um Vollzeit-Mutter zu werden. Sie wollte „einfach anders" arbeiten und wechselte als Executive Director zu EM-Power, einem Unternehmen, das Mikro-Kredite in Entwicklungsländern vergibt. Dass das Chefbüro nicht immer das ultimative Ziel sein muss, bestätigt auch Mary Lou Quinlan, die ihren CEO-Posten bei der Werbeagentur N.W. Ayer aufgab.

Auch sie ging freiwillig. „The reason a lot of women aren't shooting for the corner office is that they've seen it up close, and it's not a pretty scene." Inzwischen hat sie sich mit ihrer eigenen Consulting-Firma „Just ask a woman" selbstständig gemacht – und berät große Unternehmen, wie sie Geschäfte mit Frauen machen können. Die Beispiele verdeutlichen, was das neue Selbstbewusstsein der Frauen heute auszeichnet: Der Mut, auch einmal „Nein" zu sagen. Längst geht es auch nicht mehr nur um die Vereinbarkeit von Familie und Beruf bzw. ausreichend Krippenplätze oder familienfreundliche Arbeitszeiten. Das neue Verständnis von Arbeit zielt vor allem auf eine ethische und soziale Komponente.

Das amerikanische Center for Work-Life-Policy hat vor Kurzem herausgefunden, dass in den USA fast vier von zehn hoch qualifizierten Frauen (37 Prozent) an der einen oder anderen Stelle aus freien Stücken aus ihrem Vollzeit-Job aussteigen. Bei Frauen mit Kindern sind es sogar 43 Prozent, während sich der Prozentsatz bei den Männern (seien sie Väter oder nicht) stabil bei 24 Prozent hält. Nach dem Grund befragt, sagten viele Aussteigerinnen, dass sie eine Auszeit nähmen, weil sie für ältere Familienangehörige sorgen oder sich vermehrt um ihren eigenen Haushalt kümmern wollten. Genauer betrachtet also doch keine Freiwilligkeit, weil Familienarbeit immer noch ein Frauenjob ist? Immerhin 17 Prozent der Befragten äußerten jedoch auch unverblümt, dass sie ihre Jobs als nicht zufriedenstellend oder sinnlos empfanden. Die Frage nach dem Sinn war übrigens auch für die Wiedereinsteigerinnen wichtig: 24 Prozent der Befragten gaben als Motivation für ihre Rückkehr an, dass sie der Gesellschaft gerne etwas zurückgeben und die Gemeinschaft durch ihre Arbeit unterstützen möchten.

So sind es nicht zuletzt die neuen Wertevorstellungen der moralischen Hedonistinnen gewesen, die das Kürzel „CSR" in die Arbeitswelt integrierten. Corporate Social Responsibility (CSR), die ethische und soziale Verantwortung der Unternehmen gegenüber der Gesellschaft, hat im letzten Jahr eine Blitzkarriere in der Bedeutung für Unternehmen und die globale Wirtschaft hingelegt. Während sich die Vokabel Engagement bis vor ein paar Jahren auf Sport, Kunst oder prestigeträchtige Charityprojekte beschränkte, ist mittlerweile die Übernahme sozialer Verantwortung für Gesellschaft und Umwelt zu einem festen Bestandteil in den Unternehmenskulturen geworden. Marktwirtschaftliches Handeln und nachhaltiges Denken schließen sich nicht mehr aus, sondern werden ganz im Gegenteil vor allem von Konsumentinnen im Supermarkt und den Mitarbeiterinnen in der Firma eingefordert. In den USA konstituieren sich bereits Management-Abteilungen, deren Aufgabe das Umsetzen einer ausdrücklichen Businessmoral ist. Die neue CSR-Officer, wie sie genannt werden, dienen jedoch nicht nur einer positiven Berichterstattung, sondern auch der internen Kommunikation. Laut einer Untersuchung der Sirota Survey Intelligence unter 1,6 Millionen Angestellten in 70 Organisationen gaben 70 Prozent an, dass sie eine positive Einstellung zu den CSR-Aktivitäten ihrer Arbeitgeber haben.

Wie die grünen Göttinnen einkaufen

Nicht zuletzt verändern wir als kritische LOHAS-Konsumentinnen das Bewusstsein innerhalb der Unternehmen. Frauen sind heute ökonomisch unabhängiger und werden damit als Konsumentinnen immer wichtiger. Immerhin werden zu 80 Prozent alle Kaufentscheidungen von Frauen getroffen. Und da verwundert es nicht, wenn die weibliche Mehrheit der Konsumenten hohe Maßstäbe an Ethik und Nachhaltigkeit anlegt und die Unternehmen zum Umdenken zwingt. Die Konsumbereitschaft der Frauen und die -zurückhaltung der Männer ist natürlich einerseits ein Relikt aus dem Industriezeitalter, als Frauen dafür zu sorgen hatten, dass der Haushalt funktionierte. Doch andererseits ist es die Lust an den neuen schönen Dingen, der uns zu Konsumexpertinnen gemacht hat. Und als Konsumexpertinnen legen wir hohe Maßstäbe an. Das Zeitalter des männlich-dominierten Geiz-ist-geil-Konsums ist definitiv vorbei. Statt Status und Prestige, um mit dem Nachbarn, Freunden, Kollegen mithalten zu können, geht es in der Konsum-Ära des Genuss-ist-geil um bewussten Konsum. Nicht die Frage „Kann ich mir das leisten?" steht im Vordergrund, sondern „Will ich mir das leisten?". Es geht nicht mehr darum, den günstigsten Plasma-TV-Apparat zu bekommen, sondern den stromsparendsten LCD-Plasma-Fernseher. Eine neue Glühbirne muss gekauft werden? Energiesparlampe, ist doch klar!

Mittlerweile hat es sich fast zu einer Glaubensfrage entwickelt, bei welcher Drogerie jemand einkauft. Und jeder, der auch nur die Spur Bewusstsein für Atmosphäre, Menschlichkeit und Ethik hat, zählt heute automatisch zu den DM-Drogerie-Gängern. Eine Freundin, die letztens der Liebe wegen in die Oberpfalz gezogen ist, bekam ein wehmütiges Gesicht, als sie mir erzählte, dass das Leben dort wunderbar ist, die Leute reizend, die Natur herrlich – aber es gäbe keine DM. Die angenehme Art dort Zahnpasta bis Waschmittel einzukaufen, vermisse sie wirklich, und nicht zuletzt die gute und günstige Auswahl an qualitativ hochwertiger Naturkosmetik und ökologisch korrekten Drogerieartikeln.

Welche Auswirkungen weibliches Konsumverhalten auf den Grünfaktor der Branche hat, kann man wunderbar am Naturkosmetikmarkt beobachten. Noch vor wenigen

Jahren musste, wer auf Konservierungsstoffe, PEGs und Derivate in der Creme verzichten wollte, Reformhäuser aufsuchen. Erst als Dr. Hauschka zum Hollywoodstar avancierte, sich jedes Sternchen zur Bio-Kosmetik bekannte und die Nebenwirkungen und Risiken, die herkömmliche Kosmetika für Natur und Tiere und den Konsumenten haben, bekannt wurden, begann sich der Markt zu verändern. In den vergangenen Jahren ist der Naturkosmetikmarkt laut des Handelpanels Biovista um 15 bis 18 Prozent gewachsen. Mittlerweile kann man den Schaumfestiger von Sante selbst bei Ketten wie Tengelmann kaufen und speziell Anbieter von Produkten des Neuen Luxus wie edle Lotions, Spa-Produkte oder Eau de Toilette setzen zunehmend auf die Faktoren Homöopathie, Natur oder Organic. Und weil wir uns nicht mehr mit irgendeinem Lippenstift, Make-up und Eye-Liner aufhübschen wollen, gelangen traditionelle Unternehmen wie Korres auf einmal zu Weltruhm, eröffnen Flagship-Stores inmitten von Großstädten und statten teure Hotels aus. Mitte 2006 eröffnete der erste Weleda-Store in Paris. Zwischen Edel-Cosmeceuticals wie YSL oder Lancôme werden jetzt auf 300 Quadratmetern anthroposophische Schönheitsprodukte verkauft. Ein paar Monate später eröffnete die Börlind GmbH ihren ersten Flagship-Store in Mailand. Hier können die Mailänderinnen im Szeneviertel entlang des Corso Como nicht nur Bio-Glamour-Produkte von Annemarie Börlind, Tautropfen und Dado Sens shoppen, sondern sich außerdem im Spa des Untergeschosses verwöhnen lassen. Selbst auf dem Gebiet der Kosmetik haben Frauen als Bewusstseinselite fungiert. Denn nicht nur der Bereich der Herrenpflege im Allgemeinen prosperiert, sondern vor allem der Markt für Männer-Naturkosmetik, der im letzten Jahr infolge Biovista um satte 37 Prozent wuchs.

Haben wir Frauen die Wahl, greifen wir gerne auf die ethisch korrekte Variante zurück. Wir konsumieren gerne, das kann wohl jeder Mann bestätigen, der mit uns einmal unterwegs war, aber wir wollen unsere Lustkäufe auch mit gutem Gewissen genießen können. Ethisch korrekt handeln, heißt nicht mehr, möglichst oft verzichten. Verantwortungsbewusst konsumieren bedeutet heute mehr denn je, Einfluss auszuüben und ein klein wenig an einer besseren Welt mitzuarbeiten. Unterstützung bekommen wir da nicht zuletzt von den Medien. Die Frontfigur der Frauenmagazine, die „Brigitte", geht einen beispielhaften Weg, um uns das LOHAS-Leben zu erleichtern. Kleine Beileger wie „Komm, wir verbessern die Welt" geben uns Tipps, wie wir von Nahrung über Mode und Urlaub bis Freizeit mit gutem Gewissen konsumieren können. Vor Weihnachten werden uns „50 traumhafte Geschenke" empfohlen, von dem jedes „die Welt vielleicht ein bisschen besser" macht. Und nicht zuletzt die „Brigitte"-Diät: Während sie einst einzig und allein den Äußerlichkeiten, der Bikinifigur diente, sind mit den Jahren neue

Komponenten hinzugekommen. Übergewicht wurde als Indikator für Diabetes ausgemacht, fettreiches Essen als Faktor für Herz-Kreislauferkrankungen und seit die „Brigitte"-Diät mit Frosta zusammenarbeitet, dient Abspecken nicht mehr nur Figur, Gesundheit und Wohlbefinden, sondern sorgt auch für ein gutes Gewissen: Keine Geschmacksverstärker oder künstlichen Aromen, die Fischgerichte lassen die Meere nicht aussterben, und das Fleisch kannte Wiesen und Salzlecksteine.

Doch es ist nicht nur die Authentizität und Transparenz der konsumierten Produkte, die wir erwarten. Gleiches fordern wir von Werbung und Marketing. Doch seit der „Du-Darfst"-Werbung („Ich will so bleiben wie ich bin") und den Dove-Kampagnen („Initiative für wahre Schönheit") hat sich nur wenig bezüglich Ehrlichkeit und Glaubwürdigkeit in der Werbung getan. Zwar hat die immer noch von Männern dominierte Branche das Thema Nachhaltigkeit für sich entdeckt und versucht, uns selbst Atomkraftwerke als ökologisch korrekte Energiequellen zu verkaufen, doch Botschaften, mit denen LOHAS sich identifizieren können, suchen wir in Print-, Radio- oder TV-Werbung vergeblich. Marketing à la Dove wirkt da erfrischend. Auf den Fotos tummeln sich mopsige, alte, runzlige und bleiche Frauen. Das ist die Ehrlichkeit, die wir erwarten, denn jede Frau weiß heute doch längst, dass im Mode-Business Magersucht grassiert und die Retuschier-Software von Photoshop regiert. Wir wollen authentische Werbung, die uns nicht vorgaukelt, dass wir in der Hose in Größe 40 genauso schick aussehen wie das untergewichtige Teenager-Modell. Wir sind auch nicht so naiv zu glauben, dass die neue Anti-Cellulite-Lotion es schafft, in drei Wochen alle Dellen wegzucremen, an denen unser jahrelanges Sportprogramm gescheitert ist. Und Produkte, die nur vordergründig ethisch korrekt sind, Unternehmen, die sich ihre Weste nur grün waschen, durchschauen wir allemal.

Selbst eine so männlich dominierte Welt wie die Finanz- und Versicherungsbranche beginnt sich durch die neuen Werte, die vor allem Frauen leben, nachhaltig zu verändern. Zum einen sind immer mehr Frauen an dem Thema Finanzen interessiert, zum anderen verfügen sie durch vermehrte Berufstätigkeit und Selbstständigkeit auch über ein höheres Anlagekapital. Laut einer Untersuchung der Commerzbank „Frauen 2002: Wünsche, Werte, Wirklichkeit" zählt die finanzielle Unabhängigkeit für 92 Prozent aller Frauen zum Lebensziel. Und beim Thema Geld unterscheiden wir Frauen uns erheblich von den Männern. Während Männer etwa immer sicherheitsliebender werden, je mehr Ahnung sie vom Thema Geldanlage haben, steigt die Risikobereitschaft bei uns Frauen mit der Informationsfülle, die uns zur Verfügung stehen, weiß Prof. Dr. Renate Schubert, die Nationalökonomie an der Universität Zürich lehrt. Aber auch das Thema Service erhält mit zunehmender Finanztätigkeit von Frauen eine immer größere Bedeutung. Die Bedürfnisse, die wir Frauen an einen Finanzdienstleister stellen, zwingen derzeit die Branche zum Umdenken. Natürlich ist es für Frauen wichtig, schnell und unkompliziert ihre Konten und Depots online zu führen, doch ebenso wichtig ist der persönliche Kontakt in der Filiale. Vor-Ort-Service und persönliche Ansprache, wie sie einst für Banken so typisch war, sind dabei nur das i-Tüpfelchen. Ein guter Kaffee, Seminare und speziell auf uns zugeschnittene Finanzangebote, die etwas Familienplanung mit einbeziehen, müssen schon sein. So wie es die private Weberbank in Berlin praktiziert. Mit gleich 20 Beraterinnen wird in einem „Ladies Office" um die weiblichen Kunden geworben. Abendveranstaltungen und ein Familienservice, der Unternehmerinnen und Erbinnen unter die Arme greift, runden das Angebot ab. Daneben tummeln sich eine Vielzahl unabhängiger Beraterinnen auf diesem Feld, die sich unter dem Dach des Verbands Finanz-Fach-Frauen zusammenfassen lassen sowie das Unternehmen Frauen-Vermoegen, die allesamt mit weiblichem Personal, mit besonders flexiblen Finanzprodukten und häufig auch mit ethisch korrekten Anlageformen um ihre Klientel buhlen. Denn es sind vor allem Frauen, die an ethisch korrekten Banken und Anlagemöglichkeiten, Green-Banking oder alternativen Fonds interessiert sind und diese Entwicklung auf den Finanzmärkten forcieren. Während mein Lebensgefährte vor ein paar Monaten noch in Anbetracht des neuen Geldsparfonds bei der Umweltbank mitleidig lächelte und kopfschüttelnd „Frauen gehen viel zu emotional an das Thema Geld heran" seufzte, staunte er nicht schlecht, als er feststellen musste, das sein Tagesgeldkonto beim Bankenglobalist weniger Rendite abwirft, als die kleine Ökobank.

Nachhilfe in Sachen grüner Lifestyle: Männer ändern sich

LOHAS-Pioniere sind weiblich: Frauen praktizieren neuen Lebensstil

Kein Wunder also, dass Frauen – besser gebildet, mit gesundem Selbstbewusstsein und neuer Macht ausgestattet – die Gesellschaft prägen wie nie zuvor. Es ist also kein Zufall, dass gerade die Frauen den LOHAS-Lifestyle tragen und entschlossen in der gesellschaftlichen Mitte verankern. Frauen sind pragmatische Idealisten par excellence: Wir wissen, was wir können und nehmen uns die Freiheit heraus, unsere Ziele mit viel Optimismus, aber auch Realitätssinn zu planen – egal, ob es sich um Karriere, Kinder oder Karriere *und* Kinder handelt. Während sich bei Frauen in den vergangenen Jahrzehnten ein hellwaches Bewusstsein nicht nur für Gesundheit, sondern auch für Nachhaltigkeit herausgebildet hat, scheinen die meisten Männer diese Entwicklungsstufe erst langsam zu durchlaufen. Rückfälle (an der Currywurstbude oder auf der Couch) sind nicht selten, doch die Ignoranz gegenüber den Themen Gesundheit und Nachhaltigkeit weicht. So bestätigt auch das Bundesprogramm Ökologischer Landbau, dass Männer „Nachhilfe in Sachen Bio" brauchen. Jeder vierte Mann kauft nie Bio ein, wird er jedoch (von den LOHAS-Frauen) an das Thema herangeführt, ändert sich seine Haltung schlagartig. Haben wir Frauen sie erst einmal auf den Trichter gebracht, stürmen sie die Bio-Supermärkte: Rund die Hälfte der Bio-Käufer unter den befragten Männern kauft ökologische Lebensmittel, um einen positiven Beitrag zum Umwelt-, Tier- und Klimaschutz zu leisten. Vor allem die Best Ager lassen sich vom hedonistischen Lebensstil gerne überzeugen: Etwa zwei Drittel, darunter viele Männer ab 60 Jahren, greifen zu Bio, weil sie Wert auf eine ausgewogene und gesunde Ernährung legen. Es sind die Männer, die sich von der klassischen Männerbiografie distanzieren und einen zweiten Aufbruch nach Rentenantritt wagen. Diese Gruppe Männer löst sich vom traditionellen Rollenverständnis und genießt bewusst den „zweiten Frühling". Anders als den Jungen ist ihnen klar, dass dafür nur noch eine begrenzte Lebenszeit zur Verfügung steht. Gesundheit und Nachhaltigkeit, hedonistischer Genuss und bewusster Konsum spielen daher eine große Rolle.

Aber auch bei den jüngeren Männer-Generationen, haben wir Frauen das Potenzial für den grünen Lifestyle gelegt. Belauscht man heute die Gespräche von Männerrunden, dreht es sich nicht selten um grüne Geldanlagen, die Vorteile von Hybridmotoren, den neuesten Nike-Schuh, der zum iPod-Kit passt oder auch um die Vorzüge von Bio-Fleisch bei der Kinderernährung. Samstags polieren sie jetzt statt den Mercedes ihre Lamborghini-Kaffeemaschine und heizen dem Porsche-Wasserkocher ordentlich ein, um sich einen grünen Tee aufzubrühen.

In dem Moment, in dem die Küchenutensilien an Design, Stil und Aussagekraft gewinnen und ihre eigentliche Funktion durch Kultcharakter ergänzt wird, verwundert es nicht, dass zunehmend auch unsere Männer die Domäne Küche für sich entdecken. Noch vor einigen Jahren waren kochende Männer die Ausnahme. Während wir unseren Freundinnen neidische Blicke zuwarfen („Wo hast du dir den denn geangelt?"), standen die Hobbyköche bei ihren Freunden im Verdacht, ein verhäuslichter, weibischer Pantoffelheld zu sein. Seit jedoch auf Schürzen Namen wie „Küchenbulle" prangen, Porsche und Lamborghini Küchengeräte herstellen und sich Kochen dank Adriá und Blumenthal zu einem physischen und chemischen Prozess gewandelt hat, kochen echte Männer. Und so ist es längst nicht mehr unmännlich, zu wissen, dass Julienne nicht die neue Affäre des besten Kumpels ist, sondern Gemüsestreifen. So tauschen die Ehegatten und Mitbewohner die Eisenbahn von Märklin im Keller gegen die Krups-Küchenmaschine von Grcic in der Küche ein. Mit entsprechend viel Küchenlatein („Also, ich verwende immer ein Eigelb auf 100 Gramm Hartweizengrieß, das macht den Teig durch seinen höheren Fettgehalt wasserabweisend") wird der Pastateig darin geknetet, um ihn anschließend auf der Jamie Oliver-Pastamaschine auszurollen.

Die neugrünen Pantoffelhelden integrieren umso schneller den neuen Lebensstil, je moderner und undogmatischer sie sind. Der freiberuflich halbtags tätige Familienvater auf dem Prenzlauer Berg hat weniger Ressentiments zu fürchten, wenn er mittags mit Boogaboo-Kinderwagen im Bio-Discounter angetroffen wird, als der klassische 9 to 5 arbeitende Angestellte mit Eigenheim und 430-Euro-Ehefrau, wenn er im Nahkauf in der mikroskopisch kleinen Bio-Ecke mit Vollkornnudeln von der ewig tratschenden Nachbarin erwischt wird. Bei Männern geht es also nicht nur um einen gesunden und nachhaltig orientierten Lebensstil, sondern darüber hinaus auch um eine neue Rollenidentität. Frauen haben in den vergangenen Jahren gelernt, dass Rolle und Identität kein Fixum sind, sondern – zwar immer erkämpft – aber veränderbar sind. Frauen können auf mehr als 150 Jahre Veränderungsgeschichte zurückblicken, ständig waren sie unterwegs.

Isst Mann erst Bio, kocht er auch häufiger, ergab die Umfrage des Ökobarometers. Nach eigenen Angaben schwingen die männlichen Bio-Konsumenten öfter den Kochlöffel, seitdem mehr ökologische Produkte auf ihrem Speiseplan stehen. Der „Naked Chef" ist dabei zum neuen Rolemodel für die neuen Helden in der Küche avanciert. Denn Jamie Oliver verkörpert den neuen Lebensstil durch und durch. Der britische Koch-Entertainer lebt nicht nur einen ethisch korrekten Lifestyle, den er mit Projekten wie „Feed me better" und seinem Bekenntnis zu Regional- („Jamie at Home") und Bio-Food untermauert („I'm a great lover of organic food, and always try to give my kids organic food as I want the best for them, like so many parents"), sondern er engagiert sich auch mit seinem Restaurantprojekt Fifteen für arbeitslose Jugendliche. Darüber hinaus verkörpert er den Berufsjugendlichen, der mit Jeans und T-Shirt auch jenseits der 30 seine Postadoleszenz pflegt – trotz Kinder und Familie! Jamie Oliver schafft perfekt den Sowohl-alsauch-Spagat zwischen Moral und Punk, zwischen Genuss und Gesundheit, zwischen Coolsein und Verantwortung, zwischen Männlichkeit und neuem Rollendenken.

So übt die LOHAS-Kultur zwar auf Frauen eine große Anziehungskraft aus – ist aber keineswegs ein reiner „Frauen-Trend". Vielmehr bedeutet er, dass Geschlechterrollen neu verstanden und interpretiert werden. Wir Gesundheitshedonistinnen tragen zu einer Feminisierung der Kultur bei und verändern auf diese Weise die Gesellschaft von der Arbeits- bis in die Alltagskultur. Die klassischen männlichen 9 to 5-Jobs passen ebenso wenig zum neuen, am Genuss orientierten Lebensstil wie das Bild des Manns als Ernährer und der Frau als dienende Hausfrau. Und da sich eben auch immer mehr Männer zu alternativen Lebenskonzepten bekennen und neue Werte leben, verändert sich ihre Rolle in der LOHAS-Kultur.

Frauen sind also, um es zum Ende dieses Kapitels zusammenzufassen, die Vorbilder und Avantgardistinnen des neuen Lebensstils und ziehen die Männer mit, indem sie ihnen den „Lifestyle of Health und Sustainability" im Alltag vorleben. Doch nicht zuletzt nutzen und informieren sie natürlich auch über die neue mediale Öffentlichkeit. Denn Frauen haben sich durch das Internet auch diesen Raum längst erobert. Dank ihrer Partizipation an den neuen digitalen Medien wird das Thema weiter verbreitet. LOHAS und das Web 2.0 sind nämlich kein Widerspruch, sondern bedingen sich. Die Avantgardistinnen partizipieren bei der Gestaltung des Web 2.0. Denn der neue Lebensstil impliziert eine aktive Teilnahme am globalen Netz, ohne dabei die praktische Umsetzung im lokalen Alltag zu vernachlässigen. Wie das funktioniert, verrät das nächste Kapitel: Die neue Sehnsucht nach Gemeinschaft und der lange Abschied von den Massenmedien.

7. Die neue Sehnsucht nach Gemeinschaft und der lange Abschied von den Massenmedien

Das Fernsehen hat uns die Welt in handlichen Formaten als gemütlichen Hausschuh geliefert, in den wir nur noch hineinschlüpfen mussten. Dabei sind wir jedoch zu Zuschauern der Realität geworden. In Zukunft verlangen wir mehr von den neuen Medien: Sie sollen uns zu Partnern und Gleichgesinnten machen. LOHAS verlangen von den Medien das Ende des Zaungast-Daseins. Das widersinnig Schöne dabei: Die digitale Revolution macht uns nicht zu Bildschirmjunkies – Web 2.0 & Co. läutet ganz im Gegenteil eine Renaissance des Regionalen, Lokalen und Unvermittelten ein.

Ich gebe es zu, ich bin ein Kind des Fernsehens, ein Kind dieses abdankenden Massenmediums. Es hat mich immer wieder aus der Langeweile einer Mittelstandskindheit herausgerissen und mir mit Lassie, Flipper und den vielen anderen putzigen Freunden die weite Welt in die Wohnstube gezaubert. Die Sesamstraße, noch mit Ernie & Bert, Oskar aus der Mülltonne, den tollen, zumeist farbigen Bildschirmerwachsenen (der Coolste von ihnen hieß Bob, glaube ich), die mit meinen Kultfiguren zusammenlebten, wurde von mir täglich gierig wie der Pausenkakao in der Schule eingesogen. Amerika, unlangweilige Erwachsene, eine Kulisse, die rätselhaft zwischen freundlichem Ghetto und Lower-East-Side-Eleganz schwankte, das war ein kindlicher Sehnsuchtsraum, wie ihn nur das allmächtige Fernsehen schaffen konnte. Alles ein bisschen schmutzig und fremd, aber deshalb genau die richtige Kontrastwelt für eine Kindheit in einem mittelhessischen Dorf, das sich damals gerade aufmachte, seine halbwegs stimmige Identität als ländlicher Mikrokosmos gegen einen pseudo-urbanen Neureichtum einzutauschen.

Weshalb Gerhard Schröder nie ein LOHAS wird

Es war die große Zeit der Massenmedien. „Alles, was wir über die Welt wissen, wissen wir über die Massenmedien." Der Satz stammt von Niklas Luhmann, dem vielleicht wichtigsten Philosophen für das beginnende 21. Jahrhundert. Er starb 1998, erlebte also die neue Epoche selbst nicht mehr. Mit seiner Diagnose mag Luhmann Recht gehabt haben, wenn man die Medien – aus der Erfahrung des 20. Jahrhunderts heraus – ausschließlich als Massenmedien und primär als Träger von Information begreift. Luhmann, der intellektuelle Titan, der diese Sätze im Jahr 1995 schrieb, konnte damals nicht wissen, dass die Massenmedien tatsächlich einmal abdanken würden. In der Welt der LOHAS und der individualisierten Medien spielen sie längst nicht mehr eine solch dominante Rolle. Die Medienzukunft findet ohne couch potatoes und willfährige Bildschirmanbeter statt.

Das ist auch der Grund dafür, weshalb Gerhard Schröder niemals ein Vertreter der LOHAS werden wird. Schröder war einer der letzten großen Volkstribune, die „Couchkartoffel" das bevorzugte Opfer der medialen Agitation des Kanzlers. „Bild", „Bams" und Glotze, mehr brauche man nicht zum Regieren, so sein berühmter Ausspruch. Er hat als einer der letzten Staatsmänner des industriellen Zeitalters versucht, sich die Medien zu eigen zu machen, und es ist ihm tatsächlich auch mit großem Talent geglückt. Doch spätestens nach der verloren gegangenen Bundestagswahl 2005 war klar, dass wir den letzten Medienkanzler der Republik erlebt hatten. Und noch während sich der ehemalige Medien-Darling Gerhard „Basta" Schröder in Selbstmitleid suhlte, ob der gemeinen Medien, die (wie der „Stern", aber auch die „Zeit", der „Focus", die „Welt", ARD und ZDF) kurz vor der Wahl umschwenkten und ihn um den erneuten Sieg brachten, hatte seine schlaue Nachfolgerin bereits zum Aufbruch in die digitale Medienzukunft geblasen. Angela Merkel erscheint seit 2006 regelmäßig in einem quasi-persönlichen Regierungspodcast, wo sie, ohne die mächtigen Sender und Verlage bemühen zu müssen, direkt zu den Nutzern spricht. Schröder, das war die Politik mit und über die Massenmedien, die zu diesem Zweck auf Linie gebracht werden mussten. Ironie des Schicksals, dass der Medienkanzler am Ende des Wahlkampfs 2005 ausgerechnet von den Massenmedien gestürzt wurde.

Angela Merkel verkörpert dagegen den pragmatischen Idealismus der LOHAS: Ihre Medien sollen keinen „staatsmännischen Glamour" transportieren, sondern Kommunikation herstellen, schnell, direkt, klar und einfach. Die Kanzlerin, die für ihre Gewandtheit beim SMS-Schreiben während langwieriger Sitzungen bekannt ist, ist die Kanzlerin nach der Ära des Fernsehens, Gerhard Schröder war der

letzte Medien-Kanzler, Angela Merkel wird vielleicht die Kanzlerin der Mikrome-
dien und der Partizipationsmedien werden. Die Botschaft des neuen Super-Me-
diums Internet ist seine Vernetzungs-Intelligenz. Genauso wie Gerhard Schröder
ein Medienkanzler sein konnte, wird Angela Merkel eine Vernetzungskanzlerin
sein. LOHAS-Politik besteht nicht in großen Auftritten und der telegenen Dar-
stellung von Handlungskompetenz, sondern in der Herstellung von gut funkti-
onierenden Kommunikationsflüssen, die zu effektiven Lösungen führen. In dem
Maße, wie das Fernsehen uns das Gefühl vermittelt hat, alles, was wirklich wichtig
wäre, würde in der Flimmerkiste gesendet, verweist uns das Web 2.0 auf Gemeinschaft und Gesellschaft, Communitys und Kommunikation. Das Internet hat entgegen allen Unkenrufen keine autistischen Einzelwesen hervorgebracht, sondern
kommt einer neuen Sehnsucht nach Gemeinschaft und Zusammenhalt entgegen.
Und damit kommen wir dann endlich in der Kommunikationswelt des 21. Jahrhunderts an, in der es mehr um Beziehungen als um Inhalte geht.

Fernsehen, das war in seinen besten Momenten ein Fenster zur Welt mit uns als
faszinierten, aber passiven Zuschauern. In den 1970er-Jahren hat das Fernsehen
uns als jungen und gierigen Zuschauern einige Höhenflüge beschert. „Robbi,
Tobbi und das Fliewatüt" erzählt die Freundschaft zwischen einem Jungen und
einem jungen Roboter, eine innige Freundschaft zwischen Mensch und Maschi-
ne. Tobbi, der eigentlich Tobias Findeisen heißt und in die 3. Klasse geht, träumt
von einem universalen Fortbewegungsmittel, einer Kreuzung aus Flugzeug (Fli),
Boot (Wa) und Auto (Tüt). Treibstoff für das Fliewatüt ist Himbeersaft oder Le-
bertran. Zusammen brechen Robbi und Tobbi zu einer abenteuerlichen Reise
auf. Robbi hat Prüfungsaufgaben zu erledigen, die sie mit dem Fliewatüt bis zum
Nordpol bringen. Die beiden Puppen in ihrem wackeligen Fliewatüt sehen wir
immer in die realen Bilder der Nordsee, Schottlands und des Nordpols hineinpro-
jiziert. Spannend erzählte Kinderwelten, die so wirklichkeitsnah wie möglich sein
wollten. Das öffentlich-rechtliche Fernsehen als Medium für die Sehnsüchte von
Kindern, keine strenge Erziehungsanstalt, sondern ein (technologisch und finanziell aufwendiger) Freundschaftsdienst gegenüber den jungen Zuschauern. Die
Verfilmung der Buchvorlage dauerte sage und schreibe zweieinhalb Jahre.

Die Magie dieses engagierten und lebensweltnahen Fernsehens bestand vor allem
darin, dass es sich mit viel Aufmerksamkeit der Realität von Kindern anschmiegte.
Ein Liebesdienst, für den ich dem öffentlich-rechtlichen System noch heute dank-
bar bin. „Lemmi und die Schmöker" am Sonntagnachmittag war eine zauberhafte
Büchersendung für Kinder. Auch hier wurde Puppenspiel mit neuester Fernseh-
technologie kurzgeschlossen, Schauspieler agierten zusammen mit Puppen. Der

Bücherwurm Lemmi bestand aus einer hellbraunen Stricksocke, schwarzen Fusselhaaren und einer Brille, erfunden von Friedrich Arndt, gestrickt von seiner Frau. „Lemmi" machte auf seine grimmige und strenge Art hungrig auf Bücher. Höhepunkt der Sendung war jedes Mal die Ankunft eines sogenannten Telelifts, der sich mittels einer Einschienenbahn durch die Kulisse (eine Buchhandlung) zog. Im Telelift befand sich ein Zaubertuch, durch das die angesprochenen Bücher in kleinen Spielfilmen dargestellt wurden. Immer wenn das Zaubertuch vor unseren Augen ausgebreitet wurde, startete der Film zum Buch. Herrliche Medienzauberei. Bei Lemmi habe ich mit Beklemmung zum ersten Mal die grauen Herren aus „Momo" kennengelernt, die die Zeit stehlen. Durch elektronische Tricks konnten sich die Protagonisten der Bücher mit den Leuten in der Bibliothek, Lemmi, dem Hausmeister Willibald und der Bibliothekarin Fräulein Silvia unterhalten. Das Fernsehen gab sich neugierig und experimentierfreudig (nicht nur bildungsbeflissen) und berauschte sich an den Möglichkeiten des eigenen Mediums. Man hatte immer ein bisschen das Gefühl, da wurden intellektuelle Jungakademiker auf ein kompliziertes Medium losgelassen. Doch beim Zusammenprall dieser Welten kamen herrlich fantasievolle und kluge televisuelle Kunststücke heraus. Man hatte das Gefühl, Fernsehen bediente nicht nur seine Zielgruppen passgenau, sondern Fernsehen kannte auch die Lebenswelten der Menschen.

Öffentlich-rechtliches Fernsehen konnte noch etwas anderes unvergleichlich gut. Es wiegte einen in der bequemen Sicherheit, als könnte draußen in der Welt gar nichts Katastrophales passieren, weil das Fernsehen jedes Ereignis immer wieder auf das beruhigende Format einer Tagesschau-Nachricht oder eines Fußballnachmittags herunterbrechen würde. Der Kalte Krieg wurde für uns Heranwachsende in Fußball-Europapokalspielen der 1980er-Jahre ausgetragen. An herbstlich-dunklen Nachmittagen nach Hause kommen, Schultasche in die Ecke und Fernseher an. Es empfing einen das psychedelische Giftgrün irgendeines Fußballrasenquadrates irgendwo aus den Weiten des damaligen Ostblocks. Uefa-Pokal 1979: 1. FC Kaiserslautern gegen Diósgyőri VTK (Ungarn), VFB Stuttgart gegen Lokomotive Sofia, Eintracht Frankfurt gegen Dinamo Bukarest, Borussia Mönchengladbach gegen Universitatea Craiova (Rumänien) – die nahezu unschlagbaren deutschen Mannschaften spielten gerade wieder ihre Überlegenheit gegenüber dem Apparatschikfußball der Warschauer-Pakt-Staaten aus. Großen Reiz übten die deutschdeutschen Duelle aus. 1986: Bayer Uerdingen–Dynamo Dresden 7:3, 1988: Werder Bremen–Dynamo Berlin 5:0. Im Fußball kam es selten zu Betriebsunfällen, dass also etwa ein Bundesliga-Verein einmal gegen einen DDR-Oberligisten den Kürzeren zog. Das Wort „Fußballrechte" gab es noch nicht, und wenn irgendwo in Europa ein Spiel angepfiffen wurde, war es im öffentlich-rechtlichen Fernsehen zu sehen.

Das Fernsehen als öffentlich-rechtliche Veranstaltung hatte etwas unheimlich Gemütliches. Deutsche Fußballüberlegenheit, ausgewogen und wortkarg kommentiert von „quasi-beamteten" Sachverständigen wie Ernst Huberty, Jochen Schwarze, Rolf Kramer oder Holger Obermann. Die Welt da draußen war verheißungsvoll und überschaubar zugleich. Wir gewannen eigentlich immer.

Die enorme Bedeutung des Fernsehens in der zweiten Hälfte des 20. Jahrhunderts kann niemand wegdiskutieren. Fernsehen hat unser Bild von der Welt ganz stark beeinflusst. Und es hat darüber hinaus Wirklichkeiten, Gesellschaften und Nationen mit geschaffen. Britische Medientheoretiker sind so weit gegangen, die Entstehung der eigenen Nation vor allem durch die volkspädagogische Wirkung der guten alten BBC, der Mutter aller öffentlich-rechtlichen Fernsehsysteme, zu erklären. Deutschland hat eine ganz eigene Verbindung zur BBC. Denn es waren die hochprofessionellen Redakteure und Kameraleute der BBC, die im Nachkriegsdeutschland das öffentlich-rechtliche Mediensystem einführten. Nach der faschistischen Mobilisierung der Massen gerade über Radio-, Film- und Wochenschaupropaganda sollten die Medien in der Bundesrepublik ein Garant für Aufklärung, Modernität, Ausgewogenheit und kritisch-beobachtende Staatsferne sein, was fraglos auch gelang.

Es ist also keineswegs übertrieben, wenn wir sagen, dass das Fernsehen nach dem Zweiten Weltkrieg in unserem Land die Demokratie und den Parlamentarismus kultiviert hat. Bürger dieser neuen Republik zu sein, hieß Wähler zu sein und zuschauender Staatsbürger vor der Flimmerkiste. In Zukunft jedoch möchten wir keine medialen Zaungäste mehr sein. Her mit dem Internet!

Wir verabschieden uns vom Fernsehen – neue Medien, neue Sehnsüchte

Aber ist das Internet überhaupt noch ein Medium? Bislang hatten wir mit Medien immer Expertentum (Journalisten, Filmemacher) und Autorität (öffentlich-rechtliches System) verbunden, eine autoritäre Instanz, die festlegt, was in unserer Gesellschaft wichtig ist und was nicht. Hier wurde definiert, was gut und böse, was angemessen, was verwerflich, was wahr und falsch ist – und wir waren immer die mehr oder weniger faszinierten oder gelangweilten Beobachter. Doch wir wissen mittlerweile, dass letztgültige Gewissheiten nicht zu haben sind. Wir wollen mitmachen. LOHAS sind keine Zaungäste, wir wollen agieren. Und tatsächlich ist das Web 2.0 so etwas wie ein Super-Medium, das uns neue Freiheiten und ein neues Denken erlaubt.

LOHAS, so haben wir gesagt, verlangen stets das ganze Bild von der Realität, und ihre Kritik ist insofern radikal, als sie versuchen, Dinge von der Wurzel her zu begreifen. Beim Medienkonsum ist das nicht anders. Was unser Unbehagen an den klassischen Massenmedien seit gut zehn Jahren begründet, ist in erster Linie das: Wir verlangen von den Apparaten unsere Zeithoheit zurück. Das ist radikal und naiv zugleich. Wir möchten uns nicht mehr an ein mehrheitsfähiges Programm anschließen lassen, das uns massenkompatible Weltbilder vorsetzt. Das Fernsehen hat in den letzten drei bis vier Jahren seine Stellung als gesellschaftliches Leitmedium eingebüßt. Die Wirtschaft, die Jahrzehnte lang im Fernsehen einen idealen Multiplikator für ihre Werbebotschaften fand, hat das früh erkannt. Industrie- und Werbegiganten wie Coca-Cola und Procter & Gamble haben in den vergangenen zwei bis drei Jahren Milliarden aus der Fernsehwerbung abgezogen und sie in Internetkampagnen und Community-Aktionen gesteckt. Das Ende des Fernsehens war in dem Moment besiegelt, als ein Sender wie Neun Live auf die Bühne trat. Transaktionsfernsehen muss man diese Form des televisuellen Flachsinns wohl nennen. Neun Live ist bei genauerer Betrachtung jedoch Programm für PISA-Opfer. Mit seinen Phone-in-Sendungen hat es bewiesen, dass es einen Programmauftrag eigentlich gar nicht mehr gibt. Denn Neun Live sendet miese kleine Mitmachangebote an die Einsamen und Alleingelassenen in diesem Lande. Dumme Quizsendungen und nuttiges Anmachgestotter der „Moderatorinnen" für Deutschlands männliche Frustsingles am anderen Ende der Leitung sind eines, sie sind hochrentabel. Im Jahr 2002 stieg der Umsatz sprunghaft von 21,1 Millionen Euro (2001) auf satte 60,7 Millionen. Neun Live avancierte in der Hochzeit der Werbekrise zum wachstumsstärksten Sender Deutschlands.

Was bleibt vom ehemaligen gesellschaftlichen Leitmedium? Abgesänge und Parodien. Harald Schmidt konnte sich in den vergangenen Jahren auch deshalb als Intellektueller der ersten Reihe profilieren, weil er Fernsehen gegen das Fernsehen machte. Natürlich macht Schmidt diesen ganzen bildungsbürgerlichen bis dadaistischen Zeitvertreib in den Medien und für die Medien. Was ihm aber die Adelung zum wichtigsten deutschen Intellektuellen („Cicero", April 2006) einbrachte, das ist seine scheinbar selbstverständliche Absage an gewöhnliche dramaturgische Verläufe und Routinen. Warum soll man immer anspruchsvolle Unterhaltung machen, wenn der anspruchsvolle Bildungsbürger längst aus dem Ersten emigriert

ist? Warum dramaturgische Konventionen einhalten (nicht auf die Studioanima-
tion hinweisen), wenn längst ein Fünfjähriger weiß, wie Fernsehen und wie eine
Kamera funktioniert? Warum sich als Alleinunterhalter gerieren, wenn doch jeder
weiß, dass das Fernsehen ganze Kreativschmieden für das Gagschreiben betreibt?
Schmidt hat für sich mit diesem Anti-Fernsehen zugleich das Abdanken des Iro-
nie-Paradigmas elegant überbrückt. Er verweigert den Programm- und Ereignis-
auftrag des Fernsehens. Schmidt ist wie wir alle fernsehmüde und leistet sich seit
Jahren eine quasi-private Situation im Dauerdialog mit seinem (mittlerweile aus-
gemusterten) Sidekick Manuel Andrack, der immer so wirkte, als sei er gerade aus
seiner Stammkneipe in der Kölner Südstadt in die Sendung geschneit.

Parodien beatmen zurzeit das alte Medium Fernsehen, aber vor allem gibt es viele Abgesänge. Die spürbare Offenheit des Web 2.0 macht dem Fernsehen jetzt auf
schmerzliche Art und Weise deutlich, was die Flimmerkiste nicht kann und auch
nicht mehr lernen wird. Walter van Rossum hat in einer ätzenden Kritik auf den
autistischen Charakter der „Tagesschau" aufmerksam gemacht.

Ausgelaugte Bilderkrücken, die seit Jahrzehnten die gleichen sind und nichts sagen: Präsidenten vor Pulten in Pressekonferenzen, fanatisch protestierende und
Fahnen abbrennende Menschenmassen, Korrespondenten vor unvermeidlichen
Regierungsgebäuden. Das angebliche Nachrichtenflaggschiff behauptet vor Ort,
präsent und damit im Besitz der faktischen Wahrheit zu sein. Zusammenhänge
werden von der „Tagesschau" (wie natürlich auch von allen anderen Nachrich-
tensendungen) nach wie vor verweigert, es geht um das tagesaktuelle Ereignis,
das sich zumindest ansatzweise in einem Bildstereotyp „veranschaulichen" lassen muss. Da geht es um Baker-Kommissionen und Mehrheitsverhältnisse bei der
UNO, alles isolierte Nachrichtensplitter, die den Gedanken verscheuchen, dass es
sich um die Grausamkeiten des Iran-Kriegs handelt.

Walter van Rossum in seinem Buch „Die Tagesshow – Wie man in 15 Minuten die
Welt unbegreiflich macht":

> *„Die ewig gleichen kalkulierten Auftritte amerikanischer Präsidenten bei Presse-*
> *konferenzen, auf dem Weg zum Hubschrauber, flankiert von Gattin und Hund,*
> *beim Händeschütteln in Camp David, die völlig austauschbaren weinenden*
> *Frauen im Kosovo, im Irak, in Palästina oder Afghanistan, die verschlossenen*
> *Türen, hinter denen mutmaßlich die Politik arbeitet, die dauerhaft aufgeräumten*
> *Reporter, die vor der schier unvergänglichen Börsenkulisse ihre witzigen Beob-*
> *achtungen zu den Bocksprüngen des Börsenkapitals machen, die wehenden Re-*
> *porterhaare vor dem Weißen Haus in Washington oder dem Bundeskanzleramt*

in Berlin, die Aufräumarbeiten nach dem letzten Bombenattentat in Jerusalem, Bagdad, Kabul, die Aufräumarbeiten nach dem letzten Vergeltungsschlag der Amerikaner, Briten oder Israelis, der permanente Zorn des Mobs in den islamischen Ländern, der anscheinend Zeit hat, den ganzen Tag vor laufenden Kameras irgendwie fanatisch zu protestieren und wahlweise amerikanische, britische oder dänische Flaggen zu verbrennen, das Aufgebot an Polizei und Polizeifahrzeugen bei Fahndungen, Unfällen oder Alarm, der sich meist als Fehlalarm erweist, die mobilen Kanzeln, von denen Präsidenten, Kirchenfürsten, Wirtschaftskapitäne, Parteivorsitzende oder Gewerkschaftsbosse schaurige Reden halten, die sie nie geschrieben haben, die letzte Kraft beim Zieldurchlauf und die identischen Explosionen des Jubels, wenn ein Tor fällt – nichts davon hat das Gewicht irgendeiner besonderen Realität." (S.97)

Es schwingt viel Kulturpessimismus mit in van Rossums Schimpftirade und Ekel gegenüber der eigenen Branche, immerhin arbeitet van Rossum auch für das öffentlich-rechtliche Nachrichtensystem, das er hier für seine Banalität schilt. Aber mit dem letzten Halbsatz trifft er den Nagel auf den Kopf. Die Schwere, das Eigengewicht, aber auch der Zauber und die Weite der Realität teilt sich im Bilder-Autismus der Tageschau und des übrigen Nachrichtenfernsehens nicht mehr mit. Das, nach dem wir uns sehnen, ist eben dieses Gewicht des Realen und der Eindrücke von der Welt, die nicht alles auf einen 1:30 Minuten-Bericht zusammenstutzen.

Wir lesen alle Zeitungen, und im Internet studieren wie selbstverständlich die internationalen Medien. Im Internet-Fernsehen (Zatoo.com) schauen wir uns unverschlüsselt und gebührenfrei Aljazeerah an. Dagegen muten die Bilder des Auslandskorrespondenten, der sich auf irgendeinem Hotelbalkon aufgebaut hat, eher lächerlich an. Er weiß genauso viel wie wir, höchstens, denn er benutzt kaum andere Quellen als die, die wir auch auf unserem Computern abfragen können. Mittlerweile sitzen fast nur noch die Älteren (Durchschnittsalter ARD-Zuschauer 59 Jahre) um 20 Uhr vor der „Tageschau". Die ARD und das gesamte öffentlich-rechtliche Fernsehen haben sich in einem Prozess der „Selbstsenilisierung" ergeben. Keine Rede mehr von einer ganzen Nation, die sich wie zur hochamtlichen Unterrichtung um die Flimmerkiste versammelt. Medien haben in den letzten zwei bis drei Jahren erfreulicherweise eine komplett neue Funktion bekommen. Wir erwarten von den Zukunftsmedien etwas ganz anderes als das „Guten Abend, meine Damen und Herren".

Die Persönlichkeit des Jahres? Wir!

Das amerikanische Magazin „Time" hat zum Jahresende 2006 den einfachen Internetnutzer zum „Man of the Year" gekürt. Auf der Titelseite des Magazins prangte in der Weihnachtswoche in großen Lettern das beziehungsreiche Wörtchen „You". Wir gehen noch weiter und schließen uns der *New York Times* an, die in ihrer Ausgabe vom 18.12.2006 das Wort „self-expression" zum Wort des Jahres erklärte. Denn wichtiger als der technische Tatbestand, dass Inhalte immer stärker von den Nutzern geprägt oder gar hergestellt werden, ist der Trend, dass wir nach Situationen suchen, in denen wir uns selbst unverstellt und authentisch artikulieren können.

Was uns das Web 2.0 jetzt und nach den Medienhypes der vergangenen Jahrzehnte ins Bewusstsein rückt: Die Medien sind nicht das Elementare. Sie haben in der Vergangenheit als Samstagabend-Programmveranstalter, als Meinungsmonopol und Weltbild unseren Alltag organisiert. Doch irgendwann musste der Zeitpunkt kommen, wo die Menschen ihre Zeitsouveränität zurückverlangen und ihre Wünsche nach direkter Teilhabe geltend machen würden.

Bei unserer Suche nach den neuen Internet-Communitys haben wir zwei junge Menschen kennengelernt. Mathias B. (17) und Felix U. (20) passen auf den ersten Blick in das Stereotyp der jungen Internet-Junkies. Mathias lebt in Meißen und arbeitet als Wirtschaftsassistent für Informationsverarbeitung, Felix studiert in Hamburg Wirtschaftsingenieurwesen. Was sie uns über ihre Nutzungsgewohnheiten erzählt haben, hat uns sehr erstaunt. Für Mathias ist der Computer zuallererst ein Hilfsmittel, um mit anderen in ständigem Ideenaustausch zu stehen, sich Rat zu holen und Probleme zu lösen. Problemlösung und Kommunikation stehen für ihn im Vordergrund:

> „Ich kann, wenn ich will, meine Freunde praktisch rund um die Uhr erreichen – per Telefon oder über ICQ. Wenn ich ein Problem habe, dann schreibe ich einen oder mehrere von ihnen an, das wird dann von denen geklärt, und ich habe so eine Frage weniger in meinem Leben."

Für Felix, der irgendwann einmal eine Schule gründen möchte, in der die Schüler und weniger die Verwaltungsvorschriften im Mittelpunkt stehen, sind ebenfalls Kontakte und Informationsbeschaffung die zentralen Eigenschaften:

> „Früher habe ich noch öfter Chatrooms genutzt. Das tut man allerdings nur, wenn man viel Zeit hat, so zum Spaß. Dafür hab ich heute nicht mehr so die Frei-

räume. Mir ist es heute wichtiger, mit den Leuten direkt in Kontakt zu treten, wie man das über die Instant Messenger machen kann. Nach meinem Umzug von Dresden nach Hamburg ist das für mich günstig, um mit meinen alten Schulfreunden in Verbindung zu bleiben. Ansonsten dient das Internet der Informationsbeschaffung. Wikipedia ist natürlich auch wichtig und nützlich für Informationen, genauso wie Google und andere Suchmaschinen.

Hört man genau hin, dann sind Medien für Mathias und Felix gar nicht so wichtig. Sie nutzen das Internet konsequent nach ihren eigenen Bedürfnissen. Medien verplanen nicht ihre Zeit. „Verkauft" wird im Internet nicht mehr nur die wichtige Nachricht oder die staatstragende Person. Wir erleben gerade einen substanziellen Bedeutungswandel: Die neuen Nutzer (und vor allem wir LOHAS) suchen Identität, Gemeinsinn und die Stimulation von Beziehungen. Aus Broadcasting wird Narrowcasting (siehe auch Kapitel 2), aus veranstalteter Medienwirklichkeit wird die neue Medienwelt der kollaborativen Nutzer. Oder wie es der Web 2.0-Experte Jan Schmidt ausdrückt:

„Es geht den (Internet-)Nutzern heute um möglichst niedrigschwellige Möglichkeiten des Identitäts- und des Beziehungsmanagements."

Und selbst die klassischen Medien profitieren vom Narrowcasting:

„Zugespitzt formuliert sind massenmediale Öffentlichkeiten weiterhin dafür zuständig, Themen zu setzen, während persönliche Öffentlichkeiten diese verbreiten, kommentieren und bewerten, also sogar zu einer Steigerung der Aufmerksamkeit für journalistisch erstellte Inhalte beitragen." (Jan Schmidt).

Damit wir nicht falsch verstanden werden: Wir bestreiten nicht die Notwendigkeit von Nachrichten, Berichterstattung über die Welt und journalistischer Themensetzung. Aber der Monopolanspruch zum Beispiel der „Tagesschau" und die Behauptung „Wir kennen die Wahrheit, denn wir haben eine Kamera vor Ort am Kriegsschauplatz postiert" ist nicht mehr haltbar.

Umbrüche in den Medien bedeuten für Gesellschaften (und vor allem Medienmacher) einen enormen Kontrollverlust. Plötzlich lassen sich Botschaften nicht mehr so wirkungsvoll von der einen auf die andere Seite transportieren, Werbung verfängt nicht mehr und lässt sich nicht mehr an die Industrie verkaufen, niemand interessiert sich mehr für einen, Geld geht verloren. Mit dem sogenannten Web 2.0 ist der Kontrollverlust für die klassischen Medien total geworden. Die Zuschauer emigrieren massenhaft aus dem Fernsehsessel, bestellen ihre Tageszeitungen ab und widmen sich dem Internet, weil es einem nicht diktiert, wann und wo man eine Information bekommt. Das Web 1.0 war die Frühphase des Internets, in der die globale Vernetzung technisch möglich wurde. Die „Homepages" der Unternehmen und Institutionen im Netz funktionierten aber noch derart primitiv, dass die Nutzer ihnen wie in den alten Medien Buch und Zeitung lediglich Informationen entnehmen konnten. Das Web 2.0 hat in den letzten rund fünf Jahren globale Information in Kommunikation, Handel und Unterhaltung verwandelt. Durch die Weiterentwicklung des Breitband-Internets und der Durchsetzung des kabellosen Internetzugangs (WLAN) wurde aus einer verheißungsvollen Technologie ein weltumspannendes Teilhabenetz. Eine Metamorphose mit enormen Konsequenzen.

Für uns LOHAS exakt die richtige Metamorphose, um zum „whole picture" vorzustoßen. Die Kommunikationsrevolution des Web 2.0 wird auch Social Web genannt. Und genau das ist es, was LOHAS von den Medien in Zukunft verlangen: Kommunikation, die auf Augenhöhe stattfindet. Aber auch ein Miteinander, das unserer Wahrnehmung neue Wirklichkeitsaspekte hinzufügt. Fernsehen, das war – staatsvertraglich geregelt – Information, Bildung und Unterhaltung. Das Web 2.0 bezieht unsere persönlichen Befindlichkeiten ein. Glaubwürdigkeit, Authentizität, Nähe, Emotionalität, das sind die neuen Qualitäten, die die alten Systeme (journalistische Grundkoordinaten wie Nachricht vs. Kommentar, Information vs. Unterhaltung) unbrauchbar machen.

Web 2.0 zeigt, was wir als verantwortungsbewusste Genießer von Technologien verlangen. Entweder sie versetzen uns in die Lage, uns als soziale und aktive Wesen zu verwirklichen – oder wir lassen sie links liegen. Wir möchten nicht mehr die geduldigen Gäste in der Wirklichkeit sein. Doch was haben Medienexperten angesichts des Internets an Drohgebärden aufgefahren. Unter anderem, dass das moderne Medium die Alten aussperren würde. Internet galt bis vor Kurzem als ausgeprägtes Jugendmedium und als männliche Veranstaltung. Alles falsch. Es gibt kein *generation gap* in der Online-Welt. Ganz im Gegenteil: Die sogenannten Silver Surfer, ältere Internet-Nutzer jenseits der 60 Jahre, überholen die Teens in der Nutzung des neuen Supermediums. Laut einer aktuellen Studie zur Internetverbreitung von ARD und ZDF ergab: Insgesamt 42,7 Millionen Deutsche ab 14 Jahre hatten im Frühjahr 2008 Zugang zum Internet. Von den 50- bis 59-Jährigen nutzen 66 Prozent das Internet (2007: 64 Prozent), bei den Über-60-Jährigen sind es 29 Prozent (2007: 25 Prozent). Und mit 5,1 Millionen Internet-Nutzern in der Altersklasse der Über-60-Jährigen tummeln sich seit 2007 erstmals mehr „Silver Surfer" im Netz als 14- bis 19-Jährige (4,9 Millionen).

Nächstes Internet-Gesetz, das längst sein Gültigkeit verloren hat: Frauen zeigten sich angeblich reserviert gegenüber dem Internet, es sei ein Männermedium, nur Männer kauften dort ein, auf Männerseiten, typische Männerartikel, von der Computermaus zum ekligen Pornofilmchen. Doch das stimmt alles nicht! In den USA kaufen ziemlich exakt genauso viele Frauen wie Männer im Netz ein. Hierzulande kaufen 43,3 Prozent der deutschen Frauen im Internet ein, gegenüber 2003 ist das ein Zuwachs von 4,7 Prozent. In den USA wurden im vergangenen Jahr mit Hosen, Röcken, Anzügen und Schuhen 18,3 Milliarden Dollar umgesetzt. PCs, Drucker und Software erreichten hingegen nur 17,2 Milliarden Dollar.

Individualisierte LOHAS-Medien – Technologien „für uns selbst"

Das neue Internet zieht uns aber vor allem deshalb so intensiv in seinen Bann, weil es uns eine andere Form von Öffentlichkeit verspricht. Es reißt die Grenzen zwischen Berichterstattung und Partizipation endgültig ein. Alles, was im Netz gesagt und verlautbart wird, muss mit einer wie auch immer gearteten Antwort rechnen. Unternehmen, die das soziale Netz zur Kundenmanipulation nutzen möchte, können schnell ein böses Erwachen erleben. Authentizität und Glaubwürdigkeit entsteht durch die „Gesprächsförmigkeit" des Internets. Es ist die exakte Gegenwelt zum Nachrichtenhochamt der Tagesschau und des Fernsehens allgemein. Speziell die Weblogs oder Blogs machen diesen neuen Horizont auf.

Weblogs oder Blogs sind eigentlich Internet-Tagebücher, die Nutzer mithilfe von einfacher Software eigenständig ins weltweite Netz einstellen können. Ihre Inhalte können ebenso leicht jeder Zeit aktualisiert werden. Wichtig ist, dass das Kommentieren und Weiterverweisen auf Bloggerseiten kinderleicht ist und von der Blogosphäre ausführlich genutzt wird. Blogs liefern persönliche Inhalte, die in der Regel so angelegt sind, dass sie das Debattieren mit anderen Bloggern über gemeinsame Themen anregen. Um bestimmte Themen entstehen auf diese Weise mit hoher Geschwindigkeit Communitys aus Gleichgesinnten, die zumindest theoretisch die Gewähr geben, dass kein blanker Unsinn verbreitet wird. Netz-Idealisten sprechen angesichts der ausdrücklich persönlichen, aber in Verweisen und Communitys reflektierten Inhalte von der Weisheit der Masse, die eines Tages die „Expertokratie" der Wissenseliten ablösen könnte. Tatsache ist, dass die Blogs den klassischen Medienapparat auszuhebeln beginnen. Sie sind auf vielen Ebenen näher an der Schwere des Realen. Sie unterlaufen die Konventionen des Journalistischen und setzen neue Maßstäbe, was wirklich und authentisch, was wahr und was falsch, was gut und was böse ist. Neue Maßstäbe, neue Wünsche und Sehnsüchte, die im Netz von den Nutzern formuliert werden, die zugleich Produzenten, Regisseure und Chefredakteure sind.

Es gibt offenkundig einen inneren Zusammenhang, der die Sehnsüchte der LOHAS mit den Potenzialen des Web 2.0 verbindet. Mir wurde das endgültig klar, als ich Ende September 2007 auf der ersten Deutschen LOHAS-Konferenz in Frankfurt sprach. Wir hatten die Veranstaltung fast vollkommen ohne klassische Werbung in den Medien angekündigt. Christoph Harrach, Organisator der ersten LOHAS-Konferenz, hatte den Abend-Event lediglich über sein Weblog karmakonsum angekündigt. Den Rest erledigte die Blogosphäre, die vernetzte Gemeinschaft der Weblogger. Ich hatte im Vorfeld mit einigen Journalisten über die Konferenz geredet, trotzdem wussten wir überhaupt nicht, was uns an dem Abend erwarten würde. Das „Publikum", das wir schließlich in der „Brotfabrik" antrafen, war kein „Publikum", sondern eine zu großen Teilen bereits miteinander vernetzte Community, die sich mit großer Lust und Intensität nicht nur im virtuellen, sondern auch im realen Raum traf. Ich hatte, ehrlich gesagt, die Befürchtung, dass wir mit der Konferenz ein hübsches kleines Feierabend-Event für die Frankfurter Insider-LOHAS kreiert hätten. Doch in der Brotfabrik fand sich ein Heer an jungen Bloggern, Unternehmern und Unternehmensberatern, Medien und Werbeleuten, Bankern, Studenten und Politikern ein, die für den Abend aus der gesamten Republik (und aus Österreich) angereist waren.

LOHAS misstrauen „Botschaften" und „Sendungen" jeder Art, denn das klingt nach altbackener Religion und autoritärer Unterrichtung. Auf der LOHAS-Konferenz habe ich erstmals Menschen von Angesicht zu Angesicht getroffen, mit denen ich im virtuellen Raum fast täglich kommuniziere. Wir hätten uns also gar nicht die Hände zu schütteln brauchen. Auch das ein schönes Beispiel dafür, dass das Web 2.0 keine Freakshow ist für die viel beschworenen Computer-Nerds, die verklemmt vor ihren Kisten hocken, Banken-Codes knacken, Computerspiele bis in den frühen Morgen spielen und anschließend gewalttätig werden. Das Web 2.0 ist ein lebendiges Medium, das mit der wunderbaren Fähigkeit ausgestattet ist, jederzeit in Kontakt mit der „analogen" Realität vor der Haustür zu treten. Oder anders ausgedrückt: Das Soziale am Social Web ist eben, dass es keine autistischen Mediennutzer, couch potatoes oder Computermonster geboren hat, sondern jederzeit anschlussfähig zur Realität bleibt.

Auch der gigantische Erfolg der Partnerschaftsbörsen im Internet spricht gegen das Vorurteil eines kalten globalen Datennetzes. Man mag von den Beziehungsanbahnungs-Portalen halten, was man will. Unbestritten ist, dass das Internet einen neuen Beziehungs-Boom angestoßen hat. Seriöse und klug geführte Seiten wie Parship.de liefern ihren Kunden via Fragebogen eine Kontakt-Software, die offenbar besser funktioniert als die verschämte Kontaktanzeige im Stadtmagazin.

Allein in Deutschland gibt es online mehr als 2 500 Partner- und Kontaktbörsen, Jahresumsatz laut „Online-Dating-Report-2005" des Marktbeobachters single-boersen-vergleich.de im letzten Jahr rund 75 Millionen Euro — eine 250-prozentige Steigerung gegenüber dem Jahr 2003. Ein Großteil des bundesdeutschen Beziehungsstresses tummelt sich im Internet. Neben den Alles-Bieter-Portalen (z.B. www.datingcafe.de) finden sich unzählige, spezialisierte Online-Partnervermittlungen, die sich zum Ziel gesetzt haben, langfristige Partnerschaften zu vermitteln.

Es gibt Anbieter für Akademiker (www.elitepartner.de), Alleinerziehende (www.moms-dads-kids.de), Dicke (www.rubensfan.de), gehörlose Singles (www.gl-sh.de) oder große Menschen (www.grosseleute.de oder www.langesingles.de). Landbewohner haben die Möglichkeit, über www.landflirt.de nach gleichgesinnten Landeiern zu suchen. Wen die Welt hinter Gitterstäben reizt, der kann über www.hinter-gitter.de mit Inhaftierten Kontakt aufnehmen. Außerdem finden sich im Netz religiöse Singlebörsen z.B. für Juden www.jewish-singles.de oder Christen www.cpdienst.de. Beziehungsanbahnungsseiten für ältere Menschen sind zum Beispiel www.50plus-treff.de, www.seniorfriendfinder.com oder www.DerZweite-Fruehling.de, wie parship.de ein Portal der Verlagsgruppe Georg von Holtzbrinck. In den USA haben selbst die Vegetarier ihr exklusives Beziehungsportal (www.veggiedate.com).

Wenn wir uns gerade ohne große Wehmut von den Massenmedien verabschieden, dann auch deshalb, weil wir immer bewusster denken und handeln, immer individueller konsumieren und genießen wollen, und dabei alle immer weniger Zeit zur Verfügung haben. Als LOHAS gehören wir zu denjenigen, die Individualisierung als Fortschritt in der Menschheitsentwicklung sehen. Mit der Vokabel „Individualismus" haben linke und rechte Demagogen im 20. Jahrhundert das Heraufdämmern von modernen, von Tradition und Herkunft befreiten Entwicklungschancen des Einzelnen denunziert. Individualisierung beschreibt für uns eine Entwicklung in der Gesellschaft, ohne die der Lebensstil der LOHAS schlechterdings nicht vorstellbar ist. Durch Individualisierung wurde in der ersten Hälfte des 20. Jahrhunderts eine Entwicklung eingeleitet, die den Einzelnen aus den Zwängen der Pflichtkultur befreit hat. Herkunft, Abstammung, Familie, sexuelle und weltanschauliche Orientierung – alles das bedeutete für den modernen Menschen plötzlich kein unvermeidliches Schicksal mehr. Noch in den 1950er-Jahren wurde man aus der nachkriegsdeutschen Wirklichkeit exkommuniziert, wenn man sich nicht zur Staats-, Sitten- und Religionstreue bekannte. Pflichtkultur statt autonome Lebensentwürfe. In den modernen Gesellschaften der westlichen Welt haben wir uns seit den 1950er-Jahren immer stärker aus dieser Pflichtkultur herausgeschält und sind zu bewussten, denkenden und handelnden Individuen herangereift. Und gerade in den Medien erleben wir momentan einen dramatischen Individualisierungsschub.

Natürlich ist der iPod die unangefochtene Stil-Ikone der individualisierten Medienwelt. Wahrscheinlich hat keine andere technisch-soziale Innovation in den vergangenen rund zehn Jahren den LOHAS-affinen Lebensstil so bereichert, wie das schicke kleine Audiogerät. Jetzt sind wir mit dem Soundtrack unseres Lebens unterwegs. Auf den iPod können wir genau die Musik aufspielen, die wir in bestimmten Stimmungslagen brauchen, die uns auffangen oder pushen. Mehrere Hundert Songs haben Platz auf dem scheckkartengroßen Wunderwerk. Der iPod erzeugt eine beruhigende Inselstimmung als Reisender in der Menge, ein Mood-Manager für jede Alltagssituation.

Mehr oder weniger nebenbei hat die Entwicklung des iPods auch zur Neuerfindung eines Mediums geführt, des sogenannten Podcastings. Seit die MP3-Player zu einem individualisierten Massenmedium geworden sind, bieten Radiostationen, aber auch andere Institutionen und Privatleute kostenlose Podcasts an, die kostenlos heruntergeladen und zeitunabhängig gehört werden können. Auf Musikportalen wie iTunes lassen sich die Podcasts abonnieren, das heißt, immer wenn eine neue Ausgabe einer Sendung vorliegt, wird sie dem Zuhör-Fan auf dem Computer zum Download zur Verfügung gestellt. Zeitunabhängiges Radio, ohne Gedudel, das den eigenen Wünschen und Interessen folgt. Podcasting wurde in Großbritannien im Jahr 2005 zum Wort des Jahres gewählt und überflügelte dabei selbst einen Begriff wie Vogelgrippe. Mit iPod und Podcasting haben wir genießende Individualisten uns die Zeitsouveränität von den Medien zurückgeholt. Nicht zufällig gibt es mittlerweile in England einen sogenannten „Prof. iPod", der mit bürgerlichem Namen Michael Bull heißt und als Kulturforscher an der University of Sussex die Genussrevolution, ausgelöst durch den iPod, erforscht.

Wenn wir uns im Laufe unserer Recherchen über neue Produkte der grünen Sehnsuchtswelt informieren wollten, haben wir insbesondere die neuen Onlinemedien wie Web 2.0 und Podcasts benutzt. Das US-amerikanische Online-Magazin

Treehugger.com berichtet täglich über alles, was Ästhetik und Design mit Natur, Nachhaltigkeit und Ökologie verbindet. Die Beiträge in Weblog-Optik geben einen Überblick über szenige und stylische Ideen, Innovationen und Nachrichten aus der gesamten Welt. Eine eigene Web-TV- Produktion berichtet darüber hinaus in You-Tube-Manier, wie sich die umweltbewusste Welt formiert. Die Beiträge reichen von „Wie gestalte ich eine Öko-Party" bis zu Einblicken in Unternehmen und deren Produktionsstätten. Dank der Webseite von „The Green Office" können Unternehmer ihr Büro repräsentativ, naturnah und ökologisch korrekt einrichten. Da Bürobedarf nicht immer zu 100 Prozent „grün" ist, hat das Unternehmen eine eigene Zertifizierung eingeführt: Jedes Produkt im Shop ist mit Symbolen gekennzeichnet, die Aufschluss über die Umweltverträglichkeit geben. Die Kategorien reichen von „Recycled Content" über „Compostable" bis „No Green Credential". So können die Käufer auf einen Blick den „Green Screen" erkennen. Weitergehend hilft der Shop beim Suchen lokaler Recycling-Stellen und informiert auch im Falle von Business-Reisen über nachhaltige Airlines oder Hotels mit grüner Philosophie. Ganz im Sinne einer vernetzten Öko-Lifestyle-Bewegung hat das Unternehmen Kontakt zu Partnersites und NGOs.

Das Internet ist auch das richtige Medium für „Ideal Bite", einer LOHAS-Seite par excellence. Angesprochen werden genussorientierte Konsumenten, an deren Gemeinschaftsgefühl appelliert wird. Die „Biters" können sich jeden Tag einen Öko-Tipp per E-Mail zusenden lassen, der leicht umzusetzende Maßnahmen zum umweltbewussteren Leben gibt. Der Ratschlag „Mmmmm, Organic Beeeeer!" beispielsweise erklärt, dass jedes Jahr 30 Badewannen voll mit Pestiziden vermieden werden können, wenn 10 653 Biters statt konventionellem Gerstensaft Öko-Bier trinken würden. Und der Tipp „Can you Fry an Egg on Your Reading Lamp?" erläutert, dass 972 Tonnen CO2 vermieden werden könnten, wenn 9 720 Biter ihre Glühbirne durch eine Energiesparlampe ersetzen.

Auch hierzulande gibt es mittlerweile eine ganze Legion an Blogs und Internetseiten, die sich dem LOHAS-Lifestyle verschrieben haben. Allen voran KarmaKonsum von Christoph Harrach, www.lohas-lifestyle.de, www.konsumblog.de, www.mangoomangoo.de oder www.lohas-blog.de sind vor allem das: schnell, kenntnisreich, authentisch, stilvoll und von persönlicher Kompetenz geprägt. Auch hier sehen wir wieder: LOHAS ist kein billiges Synonym für Toskanafraktion oder altneue Ökos. Vieles, was den LOHAS-Lifestyle ausmacht, findet in den Foren der in der Regel jungen Blogger statt.

Meldestelle für Glücksmomente – das lokal-globale Netz

Das Social Web übt auf uns auch deshalb eine so unwiderstehliche Wirkung aus, weil wir damit in die weite Welt schweifen können, gleichzeitig aber auch unsere lokale und regionale Verortung perfektionieren können. Das Internet des 21. Jahrhunderts ist global und lokal. Web 2.0 führt uns nicht immer tiefer in Medienwelten hinein (wie der Seriensuchtimpuls des Fernsehens), sondern treibt uns raus vor die eigene Haustür. Die als Autisten verschrienen Netznomaden werden aus dem Internet in die Fußgängerzone oder den Buchhändler um die Ecke gelotst. Lokale Portale werden deshalb auch insbesondere für ortsansässige Einzelhändler, Restaurants etc. interessant. Nur sechs Prozent derjenigen, die sich im Internet informieren, kaufen auch online ein. 40 Prozent der befragten Internet-Nutzer suchen die Firma, für deren Angebot sie sich online entschieden haben, lieber direkt auf.

Fudder.de ist eines dieser Juwelen, das uns das soziale Internet in der letzten Zeit beschert hat. Fudder bedient sich wunderbar kreativ und spontan des World Wide Web und liefert regionale Informationen für die LOHAS-Metropole Freiburg. Früher galt die Regel: Wer Menschen mit regionalen Themen erreichen möchte, der sollte erst bei Menschen jenseits der 30 Jahre anfangen. Früher beschränkte sich der Bezug auf die Region auf Veranstaltungshinweise. Fudder ist ein regionales Web-Magazin, das wie ein Web-Tagebuch daherkommt und demonstriert, dass auch für jüngere Leser eine regionale Identität etwas Wünschenswertes ist.

Im Jahr 2007 ist Fudder mit dem Grimme-Online-Award ausgezeichnet worden. In der Begründung der Jury heißt es:

> *„Wie schon im Fußball, scheint Freiburg einen Nährboden für den ‚anderen‘, erfolgreichen Ansatz zu bieten – Kreativität, Innovation und Qualität vereinen sich auch bei ‚Fudder‘ und lassen ein lesenswertes Angebot mit einer spannenden Formenvielfalt entstehen.“*

Die Juroren liegen richtig: Auch unter dem Fußball-Intellektuellen Volker Finke war der Freiburger SC mehr als ein Fußballbundesliga-Verein. Finke, in den ersten Jahren immer mit Ohrring und selbst gedrehten Zigaretten unterwegs, verkörperte einen südländischen, aber hochmodernen Entwurf des Fußballs. Die „Breisgau-Brasilianer", wie der plattitüdengesättigte Sportjournalismus schnell formulierte, zelebrierten Fußball als ästhetisches Erlebnis, als eine lupenreine LOHAS-Erfahrung, technisch und taktisch auf höchstem Niveau, offensiv, getragen von Individualisten, die aus dem Spiel trotzdem ein kollektives Kunstwerk machten.

Fudder hat eine ähnliche Leichtigkeit, wenn in der Rubrik „Digitalien" über die „Meldestelle für Glücksmomente" (www.meldestellefuergluecksmomente.at) im Internet berichtet wird. Nur einige Absätze weiter veröffentlicht Meike, offenbar eine junge Fudder-Nutzerin, ihre „Liste der unterbewerteten Dinge": Ringelsocken, TKKG, Schlafen, Spinat mit Kartoffeln und Spiegelei, Pusteblumen, Staudämme im Bach bauen, Drachen steigen lassen, Lächeln, Schuhe mit Klettverschluss, Wahrheit oder Pflicht (Flaschendrehen). Nur einen Klick entfernt befindet sich die einfühlsame Geschichte einer Epileptikerin („Kiras Lücken im Leben"). Fudder wagt diese Nähe zur Realität und zu den Dingen, die in Freiburg (und weit darüber hinaus) der Fall sind. Man glaubt es dem elektronischen Stadtmagazin auf den ersten Blick, dass die Nutzer hier tatsächlich auch in hohem Maße Mitmachende sind. Diese Nähe, ohne zum Intimitätsterror zu werden, ist es, was das Web 2.0 in seinen hellsten Momenten ausmacht.

Unter „Breisgau-Brands" werden lokale Designer und Geschäftsideen vorgestellt. Alles nichts vollkommen Neues, aber in der Blog-Ästhetik bekommt es diese wunderbar unprätentiöse Anmutung. Linda, 20 Jahre, eine Reporterin begleitet drei Jugendliche bei ihrem „Vorglüh"-Ritual. Bevor sie in die Clubs gehen, trinken sie schon zu Hause die ersten harten Sachen, das macht locker und ist außerdem billiger als in der Kneipe. Linda könnte eine junge Journalistin sein, wahrscheinlich ist sie aber eine Fudder-Leserin. Man hätte auch eine Zeigefinger-Story daraus machen können, weil Kampftrinken bei Jugendlichen momentan auf der Agenda der großen Medien steht. Aber Fudder geht es um authentische Einblicke, Nähe zu den Menschen und Dingen; moralische Empörung distanziert von der Realität.

Fudder lässt sich natürlich auch als gewöhnlicher Veranstaltungskalender nutzen. Und natürlich funktioniert es gerade bei den jungen Nutzern über Bildstrecken, die Leute in der Freiburger Party-Szene zeigen. Der Regional-Blog ist informativ bis zur nackten Nutzwertigkeit. Außerdem bedient er den Community-Voyeurismus („Wer feiert wo?"). Regelmäßig werden diese Standards jedoch von klugen und liebevollen Texten oder interessanten Recherche-Funden unterbrochen. Seit es das Web 2.0 gibt müssen klassische Kategorien wie Information vs. Unterhaltung, Bildung vs. Vergnügen neu sortiert werden. Fudder ist ein faszinierendes Beispiel dafür, wie eine neue Authentizität entsteht. Der Fudder-Aufmacher in der Rubrik „Blaulicht" vom 10. Oktober 2007 lautete: „Betrunkener 13-Jähriger ins Wasser gefallen". Zwischen Trash und Comedy, Tratsch und Klatsch, soziologischer Naivität und journalistischem Dilettantismus, zwischen Aufklärung und Schlüssellochblick, Banalem und Klugem entsteht die Medienwelt von morgen.

Bei Fudder gibt es keine letzten Meldungen mehr, wie noch zu Zeiten, als die Medien die Informationsmacht innehatten, sondern „letzte Meinungen".

LOHAS mit ihrer Sehnsucht nach Nachbarschaften und direkten Kontakten werden auch über andere Portale bestens durch das Web 2.0 bedient.

Youtube Nights in Cafés und Kneipen scheinen der neue Hit zu sein. Bei diesen YouTube Nights werden Kurzfilme der beliebten Video-Plattform gezeigt. Manche Gastronomiebetriebe (etwa das Hotel Hollywood in Downunder) haben bereits ein Community aufgebaut, die hier via Abstimmung entscheidet, welche Filme laufen sollen. Das soziale Internet erfindet Nachbarschaftsnetzwerke 2.0. Freunde in Bali haben, aber die eigenen Nachbarn im Kiez nicht kennen: Schicksal der Internetgeneration und globalen Work-Nomaden. Damit ist jetzt zumindest im 17. Arrondissement in Paris dank Peuplade Schluss. Mithilfe des Netzwerks entdecken die Bewohner nicht nur neue Kneipen, Shops und Orte, sie nehmen auch Kontakt zu ihren Nachbarn auf. Oft fällt der erste Kontakt online ja leichter. Empfehlungsplattformen wie der Web 2.0-Ableger www.qype.com bauen eine Brücke zwischen On- und Offline-Welt. Die Mitglieder bewerten die Freizeitangebote ihrer Stadt und reagieren mitunter sehr empfindlich, wenn Betreiber von Restaurants und Kneipen Eigenlob in der Community verbreiten. Qype plant, die Selbstdarstellung von Unternehmen künftig mit erweitertem Umfang kostenpflichtig zu machen.

Natürlich wird das Web 2.0 nicht nur von LOHAS bevölkert. In den nächsten zwei Jahren wird sich zeigen, inwieweit unser Web 2.0-Idealismus aufrechtzuerhalten ist. Die kommunikative Kraft des Web 2.0 ist den Finanzgewaltigen aus der alten Medienwelt natürlich nicht verborgen geblieben. Nicht nur die Jungen, sondern auch die Klugen und Erfahrungshungrigen sind ins Web 2.0 emigriert – und könnten ihre Werbung hier wieder zu einem gewinnträchtigen Geschäft machen. Erfolgreiche Web 2.0-Platformen wie StudiVZ werden aus diesem Grunde gerade von den großen Medienkonzernen für viel Geld aufgekauft. „Wenn es uns gelingt, Werbung einzuführen, ohne dass sich die Nutzer abwenden, kann es ein äußerst profitables Unternehmen werden", sagt Konstantin Urban, Chef der Beteiligungsfirma von Holtzbrinck. Dazu würden bereits 20 bis 30 Millionen Euro Umsatz in einigen Jahren genügen. StudiVZ hatte im ersten Quartal 2008 5,5 Millionen aktive Nutzer und gehört laut Urban zu den Internetseiten mit der höchsten Anziehungskraft. „Die Hälfte der registrierten Mitglieder hat die Seite in den vergangenen 24 Stunden besucht, pro Woche sind es 80 Prozent."

Lokale Verortung in der globalen Welt

Zuerst hat das Internet unseren Wunsch nach globaler und raum- und zeitunabhängiger Kommunikation unterstützt. Jetzt erkennen wir, dass wir mit dem Netz auch unsere Sehnsucht nach lokaler Verortung befriedigen können. Lokalisten.de beispielsweise ist ein Portal, das Kontakte und Kommunikation vor Ort herstellen möchte. Jeder, der etwa in München lebt, kann sich mit einem Lebenslauf und Kontakten zu Freunden und Bekannten bei den Lokalisten einreihen. Auf diese Weise lassen sich alte Bekanntschaften auffrischen, Freunde von Freunden treffen, mit denen man ein gemeinsames Hobby teilt usw. Die digitale Analogisierungsplattform ist gegenwärtig ein Riesenerfolg und verzeichnete im Januar 2009 1,8 Millionen Page Impressions. Selbst populäre News-Seiten wie Spiegel-Online (419,6 Millionen) verzeichnen weniger Zugriffe als das Regional-Portal. Und auch Bild.de (561,1 Millionen) oder Pro Sieben.de (399,5 Millionen) lagen dahinter. Zunächst organisierten die Lokalisten kleine Partys vor Ort in München, bis die Mitglieder irgendwann anfingen, selbst Partys und Events auf Lokalisten.de anzukündigen. Und da man denjenigen, dem man gerade über Lokalisten.de ein Gebrauchtwagen abkauft, über das Portal irgendwie schon kennt, hält sich das Misstrauen in Grenzen. Web 2.0 schafft Vertrautheit und lokale Vertrautheitswelten.

Mittlerweile habe sich die Lokalisten auch auf andere Städte ausgedehnt, in denen ähnliche Freundschafts-Biotope entstehen sollen. Großes Geld wird bislang mit dem Portal noch nicht verdient. Um auf sich aufmerksam zu machen und um die leeren Kassen aufzufüllen, haben die Lokalisten für das Oktoberfest ein Lokalisten-Dirndl entwerfen lassen. Auch im Internet gehen Regionalität bzw. Lokalität und Tradition Hand in Hand.

Das soziale Internet ist auch deshalb eine LOHAS-Wunschmaschine, weil Empfehlungen von Freunden und Bekannten, Mund-Propaganda, typische Wege der Informationsbeschaffung von LOHAS sind. Und die lassen sich im Web 2.0 mittlerweile wunderbar kultivieren. Mehr noch: Das Populärwerden des Internets hat dazu geführt, dass Mund-zu-Mund-Propaganda für die Leute wichtiger denn je ist. Waren es im Jahr 1977 noch 67 Prozent der Befragten, die am liebsten über Mund-Propaganda Informationen und Shopping-Ideen bezogen (Werbung insgesamt: 53 Prozent), so waren es im Jahr 2006 schon gigantische 92 Prozent (Werbung insgesamt: 50 Prozent). Das Web 2.0 befeuert unsere archaische Lust an der Mund-zu-Mund-Propaganda. Die Blogs, unter denen es auch ein ganzes Heer von Schund und Quatsch gibt (doch als Medienroutiniers wissen wir das einzuschätzen), sind ein Tummelplatz für Gerüchte, Tratsch und Klatsch, aber auch für Empfehlungen.

Digital paradox: Die Wiedergeburt des Realzeit-Stars

„Musik will niemand hören, nur noch sehen", heißt es in einem Song der Fehlfarben. Aber das ist lange her, es war in den 1980er- und 1990er-Jahren. Popkultur bzw. populäre Kultur erlebt durch die MP3-Revolution in vielen Aspekten ein interessantes Comeback. Gerade jährte sich die Gründung des Musiksenders MTV – aber das hat niemanden wirklich interessiert. Das Musikfernsehen ist schon seit einigen Jahren mausetot. 2001 zogen MTV und auch Viva die Notbremse und führten ein Sparprogramm nach dem anderen durch. Musikvideos in Endlosschleifen funktionierte plötzlich nicht mehr. Mit der Einstellung des anspruchsvollen Musiksenders Viva Zwei im Jahr 2005 war das Musikfernsehen endgültig gestorben. Jetzt macht sich das ehemalige Kult-Format Musikfernsehen an die mühselige Arbeit und versucht im Internet wie ein Community-Portal auszusehen. Zwischenzeitlich hatte insbesondere Viva versucht, sich als Abspielstation für Klingeltöne zu profilieren und so die ausbleibenden Werbegelder zu kompensieren. Eine medienoptimistische Generation wie die unsere wird Karrieren wie die von Heike Makatsch oder Stefan Raab künftig auf andere Weise in die Wege leiten müssen.

Jetzt verlassen die verbliebenen großen Popstars ihre Plattenlabel. Für viele der Stars bricht damit das Ende einer jahrelangen Gefangenschaft an. Ohne Plattenvertrag keine Präsenz in Radio und anderen Medien, ohne Plattenvertrag keine Live-Auftritte! Das Internet hat diese Abhängigkeit beendet. Im Jahr 2007 verließ Prince seine Plattenfirma und bot seine Musik nur noch als Download an. Für Live-Auftritte schrieb er sich „Sklave" auf das Gesicht und wies so auf die Ohnmacht des Künstlers gegenüber der Tonträgerindustrie hin. Doch während die CD-Verkäufe immer weiter in den Keller gehen, leitet das Internet eine völlig neue Vermarktungsrealität ein. Aus „Platten" werden endgültig frei verfügbare Downloads. Die britische Band Radiohead zum Beispiel stellt ihre Songs nur noch ins Internet und bittet um „Spenden", über deren Höhe die Nutzer selbst entscheiden können. Madonna hat gerade ihre 25-jährige Zusammenarbeit mit Warner beendet. Paul McCartney beendet seine 37-jährige Verbindung mit dem Plattenlabel Capitol und produziert jetzt für die Café-Kette Starbucks.

Stirbt jetzt die Musikindustrie? Was wäre so schlimm daran? Womit verdienen die Pop-Ikonen ihr Geld? Sie verdienen ihr Geld wieder oder endlich mit sich selbst und ihrer Kunst! Der Internet-Vertrieb hat nämlich einen urkommunistischen Kern: Er gestattet die möglichst breitflächige Verbreitung der Musik, die Künstler kommunizieren direkt mit dem Publikum, und sie bestimmen selbst, zu welchem Preis sie ihre Produkte verkaufen. Das eigentliche Produkt ist dabei mehr denn je der Künstler, und vor allem der Künstler als Live-Akteur. Denn seit das Internet den mitunter kostenlosen Musikvertrieb übernimmt, werden Live-Konzerte immer beliebter und für die Stars lukrativer. Madonna hat mit ihrer „Confessions Tour" in 24 Städten sage und schreibe 193,7 Millionen Dollar verdient – Damenweltrekord, wie die „Welt" schrieb.

Um es noch einmal zu sagen: Am Anfang der Musik-Revolution standen die Musikpiraten, die am Ende der 1990er-Jahre die Musik aus dem Internet klauten und damit Künstler und Plattenfirmen beraubten. Danach kamen die legalen Musikportale, der Durchbruch durch Apple und den iPod. Jetzt beginnen die Stars, ihre Musik selbst zu vermarkten. Das Resultat dieser dramatischen Umwälzung sehen wir jetzt. Das Internet führt die Musik wieder zu ihren Wurzeln zurück, dort, wo sie eigentlich herkommt: live von der Bühne und im hautengen Kontakt mit dem Publikum. MP3 in Verbindung mit dem Internet hat zu dieser kuriosen Wiederbelebung der Live-Kultur geführt.

Als ich im Jahr 2001 nach Illmenau im Thüringer Wald fuhr, hatte ich das Gefühl, ich fahre ans Ende der Welt. Doch ich fuhr in das Herz der Zukunftstechnologien. In Illmenau, im oberen Stockwerk eines schmucklosen Plattenbaus denkt und arbeitet Prof. Dr. Karlheinz Brandenburg. Der Informatiker hatte vor Jahren mit einigen Kollegen des Fraunhofer Instituts die MP3-Technologie erfunden. Brandenburg, ein stiller und sympathischer Mann, gleichzeitig ein Gigant, der die Welt verändert hat, saß in diesem heruntergekommenen Büro und prophezeite mir genau das: MP3 könnte bewirken, dass Musik, Kunst und Informationen, eben die schönen und wichtigen Dinge einer möglichst breiten Öffentlichkeit möglichst einfach zugänglich werden.

So stellen wir LOHAS uns die wirklichen technologischen Revolutionen vor: Sie „bereichern" unsere Handys nicht noch um eine weitere überflüssige Funktion – sie gestatten uns maximalen Genuss und Teilhabe an der Welt. Und: Sie rücken die Maßstäbe zurecht, nicht die Plattenindustrie, sondern die Künstler verdienen an der Musik. Wie schwer es indes ist, technologische Revolutionen gerade in Deutschland in den Markt zu bringen, zeigt ebenfalls das MP3-Beispiel. Lange bevor Apple mit dem iPod das Download-Geschäft eroberte, wurde die MP3-Innovation dem deutschen Technologiehersteller, zum Beispiel Grundig angepriesen. Grundig und andere zeigten jedoch wenig Verständnis für das revolutionäre Patent. Die Begründung dafür: Mit MP3 ließen sich keine zukunftsweisenden Geräte herstellen, da MP3 etwas Unsichtbares sei und keine neue Tonträgertechnologie darstelle, worauf sich eine neue Tonträgerindustrie gründen ließe. Der iPod braucht tatsächlich keine Tonträger mehr. Aber genau das ist das Revolutionäre, er ist selbst ein Tonträger, dessen Inhalt vom Nutzer jederzeit neu zusammengestellt und selbst „produziert" werden kann.

Der paradoxe Triumph des Web 2.0: Leben in der Offline-Welt

Das Fernsehen hat den Deutschen nach dem Krieg ein Gefühl der Normalität und des Glaubens an die noch fremde demokratische Grundordnung gegeben. Recht schnell hat es uns dann vor Augen geführt, dass Wohlstand möglich und erstrebenswert ist. Das Web 2.0, aber auch die Segnungen der Digitalisierung, wie sie uns in Form des iPod und der MP3-Technologie immer vertrauter werden, eröffnen uns eine neue Genusskultur. Zur Sehnsucht Grün und zum Lebensstil der LOHAS gehört auch das: Wir sind nicht mehr die Berieselungsmasse der angeberischen Medienapparate, wir lassen uns keine fertigen Weltbilder mehr vorsetzen, die Wirklichkeit findet nicht in der „Tagesschau" statt, Sabine Christiansen ist nicht der Bundestag (und Anne Will auch nicht). Mehr als jemals zuvor besitzen wir die Chance der Teilhabe und Mitgestaltung. Das Fernsehen hat uns, auch wenn das gar nicht seine Absicht gewesen sein mag, zu Zuschauern der Wirklichkeit gemacht. Das soziale Internet macht uns zu den Programmchefs unseres eigenen Lebens, unserer Sehnsüchte und Wünsche.

Der Nutzer, „Wir", sind die Menschen des Jahres. Für uns hierzulande traf das im Jahr 2006 auf ganz besondere Weise zu. Fußballweltmeisterschaft, ein Land liegt sich in den Armen und lässt auch die anderen mitfeiern. Die Medien machten ihren Job, die Quoten stimmten. Aber die Menschen im Lande kümmerte das wenig, sie feierten ihre Party, auf den Straßen und Plätzen, in der analogen Welt. „Public Viewing" war die eigentliche Mediensensation dieser Freudentage. Angetrieben besonders von den jungen Menschen, gab das kollektive Jubeln und Anfeuern eine Vorstellung davon, was die Sehnsucht nach einem neuen Gemeinschaftsgefühl ausmacht. Die Generation, die sich mit Vorliebe über ihre Laptops vernetzt, bildete auf den Straßen ein analoges Netzwerk des lustvollen und friedlichen Zusammenseins. Kaum Zwischenfälle, keine Katastrophenängste, Flugzeug-Terror aus der Luft, alle Befürchtungen waren plötzlich kein Thema mehr.

Noch eine letzte Beobachtung. Stuttgart, Juli 2006. 100 000 Menschen sind auf den Straßen – Deutsche, schwäbelnde Portugiesen, in Deutsch radebrechende Kanadier und viele andere Nationalitäten-Mixturen. Auf den großen Plätzen verfolgten sie gebannt über die Riesenbildschirme die Geschicke der ersten deutschen Multikulti-Nationalmannschaft. Podolski, Klose, Odonkor und Asamoah wurden zu Helden. Und das Vielvölkergemisch auf dem Platz fand seine Entsprechung im friedlichen Miteinander der Fans aus verschiedenen Nationen.

Ortwechsel: München, September 2006. 250 000 haben sich zum Papstgottesdienst auf dem Freigelände der Neuen Messe München versammelt. Die Insignien erinnern stark an die Fußball-WM: Jugendliche in Benedikt-Trikots, das Fahnenmeer aus päpstlichem Weiß-Gelb und die unaufhörlichen „Be-ne-detto"-(Schlacht-)Rufe. Die Schüler im Freistaat Bayern freuen sich, weil die Sommerferien wegen der Pontifex-Show um einen Tag verlängert wurden. Benedikt wird in seiner Heimat wie ein Popstar gefeiert, seine Auftritte sind eine Mischung aus Kirchgang und Woodstock.

Welt, Juli 2007: Acht Millionen Besucher wohnen den von Al Gore veranstalteten Live-Earth-Konzerten bei. Auf allen sieben Kontinenten treten Stars der internationalen Rock und Pop-Szene auf. Sie demonstrieren dabei für die Erhaltung der Umwelt, gegen Global Warming. Zwei Milliarden Zuschauer verfolgen das Spektakel an den Fernsehbildschirmen oder per Live-Stream im Internet und loggen sich auf diese Weise in ein kosmisches Bewusstsein ein, das sich in seiner ekstatischen Vereinigung gegen die Zerstörung der Biosphäre auflehnt. Dass dabei ordentlich gefeiert wird und dass dieses Event irgendwie auch eine Party sein soll, das gehört dazu.

Deutschland wurde auf diese Weise, so oder ähnlich äußerten es viele Kommentatoren, endlich glücksfähig. Wir müssen gar nicht Weltmeister werden, um uns großartig zu fühlen. So werden wir dieser Tage vermehrt Zeugen einer Wiederbelebung, die seit den Großaufmärschen der Nazis hierzulande keiner mehr für möglich gehalten hätte: Deutschland ist süchtig nach dem Massenerlebnis. Ob beim Kirchentag, beim Papstbesuch, bei der WM oder auf Rockfestivals – allenthalben feiern die einst als humorlos abgestempelten Teutonen ihre sympathischen Partys. In diesem lustvollen Miteinander werden wir uns unserer kosmischen Bedeutung bewusst. Der Alltag führt oftmals in die Einsamkeit, in die emotionalen Sackgassen einer fraktalisierten, einer zerstückelten Gesellschaft.

Alljährlich kommen die großen Rock'n Roll-Bands des Planeten durch Deutschland, um sich an einzigartigen Erlebnissen zu beteiligen: den Rockfestivals. Die Festivals – ob auf dem Nürburgring, in Nürnberg, am Bodensee oder auf der Schwäbischen Alb – sind die legitimen Nachfolger von Woodstock. Ein Massenerlebnis der besonderen Art. Wummernde Bässe und kreischende Künstler locken jährlich zwischen Mai und September Hunderttausende Menschen auf Äcker und Provinzflugplätze. Das Geschäft mit der Masse boomt – immer mehr Menschen zieht es zu diesen Veranstaltungen, in denen das Individuum mit einer elektrisierten Masse verschmilzt. Die Kapazität für das Hurricane in Scheeßel ist gerade auf 60 000 Besucher erweitert worden, beim Branchenprimus Rock am Ring feierten am ersten Juniwochenende 2007 gar 82 000 Partygäste auf dem Nürburgring. „Der Aufschwung der Festivals hält seit der Jahrtausendwende an", so ein Branchenkenner.

Kein Wunder also, dass gerade die Rock-Stars sich gern vor den Karren spannen lassen, wenn es um den nachhaltigeren Umgang mit dem Planeten geht. Die Stars der Szene verkörpern immer stärker den Wandel hin zum Grünen, hin zur Orientierung an Nachhaltigkeit und einem geschärften kosmischen Bewusstsein. Black Eyed Peas, Bono, U2 … Eddie Vedder ist der Frontman der legendären Seattler Grunge-Band Pearl Jam. Anfang der 1990er stieg er zusammen mit Kurt Cobain von Nirvana zur Ikone der Null-Bock-Generation auf – Grunge war die Musik wohlstandsverdrossener Gymnasiasten, die ihrem ach so sinnlosen Leben mit langen Haaren, Flanellhemd und Doc Martens Ausdruck verliehen. Cobains Selbstmord mit einem Kopfschuss wurde von seinen Anhängern als heroischer Abschied von diesem Dasein gefeiert. Viele prophezeiten dem in Interviews und auf Konzerten immer recht lebensmüde wirkenden Vedder ein ähnliches Schicksal wie Cobain.

Dann kam die Wende. Mitte der Neunziger wendete sich Vedder hin zum Leben und kämpfte fortan für das Gute: 1996 begab er sich mit dem Sufi-Sänger Nusrat Fateh Ali Khan auf spirituelle Pfade – ihre Filmsongs gaben dem Film „Dead Man Walking" den einzigartigen Sound und lieferten ein Statement gegen die Todesstrafe. Mit seiner Band wurde er nach und nach zum Leuchtturm im Kampf gegen die Umweltverschmutzung. Im Jahr 2003 kaufte die Band 1 400 Quadratmeilen Regenwald – als Ausgleich für das Kohlendioxid, das sie auf ihrer US-Tournee beim Transport verursacht hatten. Auch 2006 spendeten sie 100 000 Dollar an

Umweltprojekte, um für die während einer Welttournee entstandenen Emissionen aufzukommen. Auf ihrer Webseite veröffentlichte das Platten-Label Sony Music kürzlich eine Liste an Vereinigungen und Initiativen, die von Pearl Jam unterstützt werden: Anti-Rassismus, Gleichstellung von Mann und Frau, Ärzte ohne Grenzen, Befreiung Tibets, Unterstützung der Indianer Amerikas. Jan Wigger vom „Spiegel" prophezeite ihrem Frontmann eine messianische Zukunft: „Eddie Vedder ist ein guter Mensch. Er wird irgendwann zu Jesus werden, wenn Bono Vox ihm nicht zuvorkommt." Auf dem Southside-Festival in Neuhausen ob Eck wurde Vedder als der große Star gefeiert. Und er wollte nicht von der Bühne treten, ohne dem Publikum am Ende in einer längeren Ansprache nochmals einzuschärfen: Bedankt euch beim Planeten für diese Musik und schaut danach, diesen Planeten auch zu erhalten.

Werden wir jetzt wieder freiwillig zu archaischen Menschen? Nein. Aber wir ordnen die Bedeutung der Medien und der Technologien neu ein. Live vor Ort und als virtuelle Datei im Internet, digital und lokal – wir gehen moderner mit den Medien um, indem wir sie aktiv in unsere Alltags- und Sehnsuchtswelten einbauen. Sie sind Werkzeuge unserer Bedürfnisse geworden – und nicht mehr die Altare, die uns über den Stand der Dinge unterrichten. Die hochgradig erfolgreichen Musik-Festivals werden auf freien Feldern inmitten der Naturlandschaft abgehalten. Dabei ist es gerade das Kollektiverlebnis (auch bei der WM und beim Papstbesuch), das uns dieses Bewusstsein erlebbar macht. Sehnsucht: Teil eines Ganzen, aber bitte schön nicht als stummes, untergeordnetes Teilchen, sondern als glücksfähiges Subjekt – wie bei der WM.

Zwischen digitaler Präsenz und Wiederverortung im Alltag – so fassen wir dieses Kapitel zusammen. Trotz der hohen Technikaffinität und der aktiven Mitgestaltung der neuen digitalen Welt, so haben wir herausgefunden, suchen die LOHAS durchaus nach bodenständigen, ganz realen Erlebnissen in der Offline-Welt. Doch die Suche nach Verwurzelung und Wiederverortung jenseits des digitalen High-Speed-Alltags kennt noch andere Dimensionen als eine reine Offline-Kultur: Es geht um Sinnsuche und eine zunehmende Sehnsucht nach Spiritualität, die wir im nächsten Kapitel erörtern werden.

8. Die Weisheit des Teebeutels: Spiritualität in einer Zeit, in der wir nicht mehr glauben wollen

Deutschland im Juli 2007, Stadion am Hamburger Rothenbaum, das Wimbledon des deutschen Tennissports. 15 000 Anhänger haben sich dort versammelt, wo schon Boris Becker, Steffi Graf und Andre Agassi dem gelben Filzball hinterherhetzten. Mit angehaltenem Atem blickt die Menge auf den Center Court – betend, hoffend darauf, dass bald der erlösende Moment eintritt. Dann ist es so weit: Ein gelber Vorhang wird zur Seite geschoben. Andächtiger Beifall brandet auf im Rund. Der Star betritt den Platz, kein Boris Becker, keine gelben Bälle, sondern eine orangefarbene Verheißung: Der Dalai Lama ist nach Deutschland gekommen. In Flip-Flops und Mönchskutte schwebt er lässig über das Terrain und setzt sich im Schneidersitz auf einen Ledersessel. Für geistliche Tibeter ist er die 14. Reinkarnation ihres Oberhaupts. Für die westliche Welt ist er die gelungene Synthese von Spiritualität und Moderne. Die Menschen feiern ihn. 45 000 werden seinen Vorträgen im Laufe der kommenden fünf Tage beiwohnen. Doch jetzt lauschen sie seinen Worten und hoffen auf Erleuchtung im Diesseits: Der Dalai Lama spricht darüber, wie man ein glückliches Leben führt.

Die moderne Botschaft des Dalai Lama: Ichkultur ohne Egoismus, Gemeinschaft ohne Sektiererei

Wir schauen uns um, blicken in die Gesichter vieler Menschen. Nur wenige sind gekommen, um nach Trost zu suchen. Der Weg hierher sollte auch kein Bußgang sein. Für die einen ist dies einfach ein Event. Die anderen suchen nach zusätzlicher Aufwertung eines Lebens, in dem das Feld ohnehin schon ganz gut bestellt ist. „Welt Online" wird einige Tage später das Gespräch mit zwei Besucherinnen am Rothenbaum wiedergeben. Es sind zwei Bankkauffrauen aus Hamburg, die mehr als 400 Euro für ihre Tickets bezahlt haben (Einlass in ein Madonna-Konzert gibt es bereits für 190 Euro). Der Normalpreis beträgt 80 Euro, doch die beiden haben sich für eine „Gönnerkarte" entschieden, mit der die Anreise der buddhistischen Nonnen und Mönche finanziert wird, denen es aus Glaubensgründen untersagt ist, Geld zu besitzen. Das Geld, so empfinden es die beiden Blondinen in Jeans und mit Designerbrille im Haar zumindest, sei gut investiert. Schließlich kommt der Heiland nicht alle Tage.

> *„Uns fasziniert die Friedlichkeit des Buddhismus und die Tatsache, dass es keine strikten Bestimmungen gibt, wann man ein Buddhist ist und wann nicht."*

Während an christlichen Kirchentagen alles in einem großen Glaubensbekenntnis kulminiert, mit dem die Gemeinde nochmals auf die (mehr oder minder bedingungslose) Kirchentreue eingeschworen werden soll, zelebriert man hier eine offene Kombinatorik zwischen weltlichem Lifestyle, Philanthropie und konfessioneller Toleranz. „Das Publikum hier ist doch der beste Beweis für ein tolerantes Miteinander", erklärt eine der Bankerinnen mit Blick auf die kahl geschorenen buddhistischen Nonnen hinter ihr.

Der Dalai Lama (Superstar mit Kassengestell, wie der „Spiegel" witzelte) ist in unserer Zeit so etwas wie der Popstar unter den Geistlichen. Auch wenn Papst Benedikt mit seinem Händchen fürs Ritual und seinem würdevoll-starrsinnigen Kampf für Werte in einer zunehmend nach Halt suchenden Welt zu unerwarteter Popularität aufgestiegen ist – dem Dalai Lama kann der Papst selbst in seinem Heimatland nicht ganz das Wasser reichen. Laut einer Umfrage von TNS Forschung halten 44 Prozent der Deutschen den Dalai Lama für ein Vorbild, während lediglich 42 Prozent den Pontifex als solches bezeichnen würden. Unter den Grünen-Wählern sind es sogar 86 Prozent für den Dalai Lama gegen acht Prozent für den ehemaligen Kardinal Ratzinger.

Was hat uns der Dalai Lama heute noch zu sagen, was verkörpert dieser Bote einer uralten Tradition in unserem Zeitalter? Erich Follath vom *Spiegel* berichtete kürzlich über die morgendlichen Rituale des Dalai Lamas, der einst für die Kultmarke Apple warb und auch dem *Playboy* schon ein Interview gegeben hat. Nachdem er die ersten Meditationsübungen hinter sich gebracht hat, liest er in uralten, auf Palmenblättern gedruckten Texten, ehe er sich zum Frühsport auf ein computergesteuertes Laufband schwingt. Danach wird Frühstück gereicht: frisch gemahlener tibetischer Gerstenbrei mit abgepacktem amerikanischen Haselnussmüsli. Nebenbei erfährt der Dalai Lama die ersten News des Tages – bei den Frühnachrichten auf BBC und beim Blättern in einer indischen Tageszeitung. Hätten wir den LOHAS-Lifestyle nicht schon früher entdeckt, wir würden ihn beim Dalai Lama finden, denn er demonstriert, dass Modernsein nicht ohne

Wurzeln und Identität einhergehen muss. Spirituelle Orientierung bedeutet umgekehrt nicht Anachronismus und Absage an die Welt von heute. Was den Dalai Lama so faszinierend macht: Er ist ein pragmatischer Idealist reinsten Wassers. Glück im Hier-und-Jetzt ist ein legitimer Anspruch, Seligkeit ist ein erstrebenswertes Ziel im Diesseits.

Gerade die Promis lieben ihn, von den Schauspielern wie Richard Gere oder Uma Thurman, über den Regisseur Florian Henckel von Donnersmarck und den ehemaligen Fußballprofi und BRAVO-Helden Mehmet Scholl bis zu Party-Göttern wie den Berliner DJ Dr. Motte, dem Erfinder der Love Parade. Dabei ist es gerade die Tatsache, dass der Dalai Lama nicht von uns verlangt, rückständig zu sein, was ihn in der heutigen Welt so attraktiv macht. „Mal M.I.T, mal Mittelalter" so beschreibt Follath das Gebaren des Exilanten. Der Heiland des 21. Jahrhunderts lebt in der Hightech-Kultur des Massachusetts Institutes of Technologie UND in den Texten der mittelalterlichen Philosophie. Gerade hierzulande scheint das gut anzukommen: Deutschland verfügt über die größte buddhistische Gemeinde Europas. Von der Bühne am Hamburger Rothenbaum hören wir Sätze wie: „Jeder Mensch hat ein Recht auf ein glückliches Leben. Aber ob ihm dies gelingt, hängt von seiner inneren Haltung ab." Im Westen gebe es viele Menschen, die trotz ihres materiellen Wohlstandes unglücklich seien. Der Dalai Lama bietet gerade den Erfolgreichen Glücksformeln an, die im irdisches Dasein wirken sollen und nicht auf Einlösung im Jenseits warten lassen.

2005 berichtete der *Focus* unter dem Titel „Erleuchtung nicht ausgeschlossen" über neueste Ergebnisse aus der Hirnforschung, die belegen, dass tibetische Mönche glücklichere Menschen sind. An der University of Wisconsin wurden die Hirnsignale von acht Abgesandten des Dalai Lamas untersucht, die in den vergangenen 15 bis 40 Jahren mehr als 10 000 Stunden meditiert hatten. Die Mönche sollten sich in einen meditativen Zustand des sogenannten bedingungslosen Mitgefühls versetzen. Das Ergebnis: Sie zeigen eine überdurchschnittliche Aktivität der sogenannten Gammawellen, die ein umfassendes Wohlgefühl auslösen können. Manche Messwerte schlugen alle bisher in der Neurophysiologie verbuchten Rekorde. Außerdem feuerten die Neuronen der Würdenträger im Gleichtakt, was von der ausgeprägten Fähigkeit der Mönche zeugte, ihre Aufmerksamkeit zu bündeln. Spirituelle Lebenspraktiken, so lernen wir daraus, ermöglichen es uns, den Alltag intensiver zu genießen und obendrein am Arbeitsplatz effizienter zu sein. Was andere über Drogeneinnahme auf Techno-Parties und Konzerten erfahren, holen die Tibeter aus sich selbst heraus: Die mystische Erfahrung der Einheit alles Seins.

Doch der Buddhismus lamaistischer Prägung steht weder für eine egozentrisch-scheuklappenhafte Methode der Selbstvervollkommnung noch für einen dogmatischen Unfehlbarkeitsanspruch. Der Dalai Lama fährt politisch in den Gewässern der modernen freien Welt. Er kämpft für die Gleichstellung der Frau und ein tolerantes Miteinander zwischen den Völkern und den Religionen. Seine Religion könnte den Stellenwert einer Weltreligion einnehmen, wenn es sie denn geben würde. Der Buddhismus lässt uns viel Spielraum und Freiheit in unserer Lebenspraxis, relativiert dabei aber dennoch das Ego und grenzt sich von schrankenlosem Narzissmus ab. Dazu predigt er Toleranz und erfüllt eine global integrative Funktion. Und selbst die Hoffnung auf ein Leben nach dem Tod stirbt mit dem Buddhismus nicht ab.

Buddhistische Genusstempel als neue sinnliche Diesseitsorientierung

Die Paarung aus Spiritualität, sinnlicher Diesseitsorientierung, pragmatischem Handeln und moralischem Hedonismus prägt auch einen der vielleicht mystischsten Orte der Gegenwart. In Paris, New York, Shanghai und Beirut gibt es sie bereits: Die Buddha Bar. Das „Headquarter" in der Rue Bossy d'Anglais in Paris ist eine Kathedrale der genussvollen Transzendierung des Alltags. Hier trifft sich ein hipper Jet-Set zum Chill-out, am Nachmittag werden bei Lounge-Musik After-Work-Cocktails geschlürft, abends werden die Beats dann schneller und die gestylte Masse räkelt sich tanzend in den Feierabend. Das alles unter einem beeindruckenden Gewölbe, von dem riesige Kerzenständer in den Raum herabhängen und ihn mit einem gedämpft mystischen Flackern erfüllen. Mahagoni-Mobiliar, Khmer-Statuetten und schwere fernöstliche Stoffe in Rot- und Goldtönen gehören zum Designkonzept. Und über allem thront – gehüllt in ewiges Schweigen, entspannt und gelassen – eine riesige Buddha-Statue.

Dionysos wäre hier Stammgast: Die Speisekarte des Gourmettempels bietet allerhand asiatische Leckereien vom Thunfisch-Tartar bis Sushi. Und in diese Genussformel fügt sich sanft das buddhistische Motiv, das eine Ahnung von der zeitgenössischen Melange aus Lebenslust und Spiritualität vermittelt. Man muss nicht fromm sein, um auf spirituelle Suche zu gehen. Gerade der Buddhismus, der für eine gesunde Form der Selbstvervollkommnung und Toleranz gegenüber Lebensstilen jeglicher Art steht, feiert fröhlich Hochzeit mit dem urbanen Hedonismus. Nicht umsonst nennt Claude Challe seinen Genusstempel eine „Religion des Glücks". Die Musik der Lounge-DJs wurde mittlerweile schon auf mehreren

Alben kompiliert und verströmt so ihre Magie in zahlreichen Trend-Bars des Planeten. Dass Buddha-Pop hoch im Kurs steht, zeigt sich auch am Erfolg der nepalesischen Nonne Ani Choying. Fünf Alben hat sie bereits veröffentlicht. Ihr Lied „Phoolko Aankhama", zu Deutsch „Im Auge der Blume", landete auf Platz eins der nepalesischen Hitparade. Inzwischen tourt sie durch Asien, Europa und Amerika. Auch auf der Bühne trägt sie ihr rotes Ordensgewand. Die Auftritte werden von einer Konzertagentur gemanagt. „Mantras für die Massen".

Wie sehr fernöstliche Lebensweisheiten die profanen Genüsse unseres Alltags erfassen, zeigt sich auf bizarre und komische Weise auch an der übersinnlichen Aufladung, mit der Tee-Produkte inzwischen verkauft werden. Der Teehersteller Messmer (www.messmer.de) hat dabei vor gut vier Jahren den Trend zu „spirituellen" Mischungen gesetzt: Es gibt Durga-Tee (Gerstenmalz-Zimt, kraftvoll-würzig), Manana-Tee (Ginkgo-Zitronengras, belebend-frisch) oder Kelten-Tee – jede Tasse Tee mit einem Schluck Lebensweisheit. Wer heute seinen Teebeutel eintaucht, brüht gleichzeitig Sinn und Sinnlichkeit mit auf. Coffeshop-Gigant Starbucks verwendet Mischungen von Tazo-Tees (www.tazo.com) – „Tees mit Geschichte und Mission". McDonald's verkaufte im vergangenen Jahr Yin-und-Yang-Burger. Der österreichische Bio-Anbieter Sonnentor verkauft Christlich-Mystisches in einer ganzen Hildegard-von-Bingen-Linie, u.a. „Hildegard-Fertigsuppen" und „Hildegard-Energiekekse" (www.sonnentor.com). Bei Manufactum gibt es „Gutes aus Klöstern" zu kaufen. Der Supermarktkonzern Edeka informiert seine Kunden über Kochideen nach der chinesischen 5-Elemente-Ernährungslehre usw.

Doch auch diese wunderlichen Botschaften, die uns aus dem Supermarktregal entgegenkommen, erzählen viel über unsere Wirklichkeit: In einer säkularen, von Tatsachenwissen angetriebenen Welt stirbt der Wunsch nach Spiritualität und postmateriellen Werten (auch bei den Wissenseliten) ganz offensichtlich nicht aus. Allerdings ist es nicht mehr die Institution Kirche, die uns zeitgemäße Antworten liefert – willkommen im globalen Supermarkt der religiösen Gefühle und metaphysischen Heilserwartungen! Ob Meditationsreisen nach Indien, Aryuveda-Trips in die Mongolei oder Fasten-Yoga in Tirol – die Reisen navigieren zunehmend entlang der Schnittstelle zwischen Rekreation, Auftanken und Seelsorge. Pilgerreisen erfreuen sich dabei ungebrochener Popularität. Der Jakobsweg in Spanien schreibt Jahr für Jahr neue Rekordzahlen – Anfang der 1990er dümpelten die jährlichen Besucherzahlen konstant unter der 10 000er-Grenze vor sich hin. Danach nahm der Betrieb schlagartig zu. Im Jahr 2004, dem „Año Santo", als der Festtag des heiligen Jakobus auf einen Sonntag fiel, machte sich dann die gewaltige Zahl von 180 000 Pilgern auf den Weg nach Santiago de Compostela, und 2007 begaben sich erstmals mehr als 100 000 von ihnen außerhalb eines Año Santo auf den Weg. Selbst die klassisch-christlichen Marktführer wie die Unternehmen „Biblische Reisen" sowie „Bayerisches Pilgerbüro" profitieren vom Pilger-Hype und bedienen jährlich rund 50 000 Kunden.

Wir leben in einer Zeit, in der wir nicht mehr glauben wollen. Glaube kommt in Form von Predigt, Liturgie und Katechismus viel zu autoritär daher. Dabei ist uns eines völlig klar: Wir wollen selber aktiv werden, wir wollen selbst für unsere Gewissheiten und ein genussvolles Lebensgefühl sorgen. Die Aufwertung unseres Alltags liegt dabei nicht in frommen Heilslehren und Verweisen auf eine bessere Zukunft, sondern in erlebten Momenten. Spiritualität impliziert für uns heute, dass wir uns nicht mehr im bürgerlichen Sinne auf *eine* Religion oder auf *einen* Glauben festlegen können. Spiritualität beinhaltet die Suche nach neuen Erfahrungsbereichen, die bewusstere Wahrnehmung der Welt um uns herum und die Aufwertung menschlicher Beziehungen im Sinne eines untrennbar mit Lebensgenuss verbundenen Wir-Gefühls. Auch auf die Gefahr hin, dass man uns mit dieser Formulierung komplett missversteht: In gewisser Weise sind wir alle „geistlich", indem wir auf der Suche nach transzendenten Erfahrungen und einem (spirituellen) Mehrwert in unserem Dasein sind. Wir haben es uns – um eine berühmte Formulierung Woody Allens aufzugreifen – bisher nur nicht zu sagen getraut.

Klosterurlaub: Die Meister der Askese lehren spirituelle Einkehr und Genuss

Szenenwechsel. Ein Kloster am Rande des Westerwalds. Durch das massive Gemäuer des mittelalterlichen Gebäudes dringen liturgische Gesänge. Im Klosterhof zwitschern Vögel. So klingt die Ewigkeit, denkt man sich. Ein Duft von Akazien schwebt über den Dächern. Wir befinden uns im Kloster Arenberg. Im Tal fließt idyllisch der Rhein. Alles hier atmet Ruhe und Geborgenheit, die Landschaft und das Haus der Ordensleute verschmelzen zu einem ganzheitlichen Eindruck von sinnlicher Harmonie. Was einen immer wieder fasziniert, wenn man direkt aus Alltagskram, Projektarbeit und Multitasking-Anforderung hier „landet": Der Ort hat eine starke Präsenz, er strahlt zeitlose Würde aus und erdet einen innerhalb von nur wenigen Stunden. Keine Spur von der depressiven Stimmung inquisitorisch angehauchter Geistesstätten, wie wir sie seit Umberto Ecos „Name der Rose" mit dem Kloster verbinden. Wir verbringen hier einen Kurzurlaub, modernster Komfort paart sich wunderbar mit kontemplativer Stille und historischer Würde.

Was ist geschehen, dass wir im mittelalterlichen Arenberger Kloster eine körperlich-seelische Wellness-Oase vorfinden? Noch im Jahr 2000 stand das Dominikanerinnenkloster Arenberg vor einem Berg von Problemen: Gebäudetechnik, Ausstattung und Besucherangebote – alles war marode und veraltet, die Einrichtung ließ sich nicht mehr rentabel bewirtschaften. Auch Gottes Segen, so schien es, würde das altehrwürdige Schwesternhaus nicht vor dem Aus bewahren. Doch dann hatten die Nonnen eine himmlische Eingebung: Sie machten aus dem ehemaligen Exerzitienhort einen Wohlfühltempel. Innerhalb von zwei Jahren wurde das baufällige Anwesen umgestaltet, ein neues Gebäude entstand direkt nebenan. 15 Millionen Euro flossen in 99 Gästezimmer mit Dusche, Telefon und Fernsehen sowie eine komfortable Freizeitanlage, die Körper, Geist und Seele in gleichem Maße anspricht. Die „Tagesthemen" berichteten, zahlreiche Nachrichtenblätter stürzten sich auf die Story. Die Schwestern hatten die Zeichen der Zeit richtig gedeutet: Dass Gesundheit für uns zunehmend im Spirituellen (und nicht im Medizinischen) verankert ist.

Ein archaischer Lebensstil in modernem Gewand erobert die Herzen der Sinn- und Erholungssuchenden. Wer hätte das gedacht? Mehr als hundert Jahre nach Nietzsches Vermächtnis („Gott ist tot"), fühlen wir uns unter Hochwürdens väterlicher Aufsicht wieder gut aufgehoben. Der Zeitgeist hat diese Stätten still und heimlich umgedeutet: Das Kloster steht nicht mehr für menschenfeindliche Entsagung und missionarischen Zwang, mit vielseitigem und tolerantem Angebot sind sie zu Oasen der Ruhe und Erholung mutiert. Gerade in einer Medienumwelt, die uns ständig mit Reizen überflutet, gerade in einem Alltag, in dem *Sinn* zu einer knappen Ressource verkommen ist, floriert das Kloster als Ort der Selbstfindung, der Konzentration und der Authentizität. Wir betrachten es dabei nicht als Widerspruch, dass die klassische Religion und dogmatischer Glaube in unserem Alltag keine Rolle mehr spielen. Im Gegenteil, die Tradition der Klöster stellt für uns einen Realitätsbereich dar, vor dem wir uns nicht weiter verschließen wollen. Der Soziologe Paul Ray sprach von „innerem Wachstum" als einem zentralen Bedürfnis der LOHAS – dazu gehört auch, dass religiöse Exerzitien aufs Neue entdeckt werden, die unser Verlangen nach ganzheitlichen Primärerfahrungen befriedigen und sich von den tagtäglichen medialen Sekundärerfahrungen abheben.

Sinn-Produkte aus Klöstern

Anfangs haben wir uns in unserem Sommerdomizil in Arenberg noch verwundert die Augen gerieben: Ordensschwestern kneten mit behutsamen Händen die geschundenen Rücken bürogeplagter Großstädter, eine Nonne koordiniert das Fitnesstraining im modern eingerichteten Kraftraum. Es gibt zahlreiche weitere Angebote wie Nordic Walking, Aqua-Fitness und eine medizinische Rundum-betreuung. Das alles kommt uns recht zeitgemäß und säkular vor. Was hat das mit der Tradition des Klosters zu tun? Wir finden es bei einem Rundgang mit Schwester Josefa durch ihren Kräutergarten heraus. Zwischen Lavendel und Kamille, Schafgarbe und Apfelkraut erklärt sie zuerst, dass sie auf alternative Heilmethoden schwört. Sie erläutert, wie man mit Kräutern die chemische Keule aus dem Apothekerregal ersetzen kann. Im ungezwungenen Miteinander lernen wir schließlich von der christlichen Tradition der Heilverfahren. Schon Jesus von Nazareth heilte die Kranken und lehrte die Pflege der Gesundheit als christlichen Auftrag. Wir erinnern uns an die Lehren des Pfarrers Sebastian Kneipp, an dessen Konzept sich auch die Arenberger Ganzheitstherapie orientiert. Demnach sind Naturheilverfahren wie Wasser-, Bewegungs- und Heilkräuter-Therapie wesentlich für körperliche und seelische Gesundheit. Wem das zu fromm daherkommt, der kann sich von Forschungsprojekten an deutschen Universitäten überzeugen lassen. An der Uni Würzburg gibt es eine „Forschergruppe Klostermedizin", die das medizin-historische Erbe der Klöster aufarbeitet. Systematisch werden die Klosterbibliotheken Europas nach medizinischen Werken durchforstet. Schließlich waren die Klöster bis zum 14. Jahrhundert, als gerade Medizin zum Lehrfach an Universitäten wurde, mit ihrer ganzheitlichen Kräuter- und Geist-Medizin führend im Bereich der Krankenpflege.

Wir dringen immer mehr in die geheimnisvolle Ideen- und Methodenwelt des Klosters vor. Natürlich kommt auch die Seelenmassage in dieser authentisch-archaischen Welt nicht zu kurz. Die Schwestern sind immer für Gespräche mit ihren Gästen bereit – dem biblischen Auftrag der Seelsorge entsprechend. Wir dürfen an den täglichen Meditationen, Gesprächskreisen und Gebeten der Schwestern teilnehmen – müssen aber nicht. „Das Haus zeigt Verständnis für die Bedürfnisse des modernen Menschen", schrieb ein Besucher ins Gästebuch. Dieser Satz hätte auch von einer der Dominikanerinnen stammen können, die mit ihrer Ausgeglichenheit und inneren Ruhe die Aufmerksamkeit ganz dem Wohle ihrer Gäste widmen. Seit jeh steht aktives und realitätsorientiertes Handeln im Mittelpunkt ihres Tuns, anders als bei am Gebet orientierten Orden wie den Benediktinern oder Karmelitern. Das Leben der Ordensgründerin Mutter Cherubine Willimann wird mit dem Motto „heilende Liebe" überschrieben. Zur nach ihr benannten Stiftung zählen heute mehrere (soziale) Einrichtungen.

> *„Wo sind die Räume zu finden, die dafür wie geschaffen sind, den inneren Lebensimpulsen nachzuhorchen und der ureigenen, unverwechselbaren Lebensbestimmung nahezukommen. Wo gibt es sie, jene Wegstrecken, auf denen gesunde Lebensrhythmen neu eingeübt werden können, wo Verlangsamung und Innehalten bedeutsam sind und das Suchen und Fragen des Herzens ...?",*

schrieb Schwester Scholastika in einem Artikel für die Zeitschrift „Wegbereiter". Von „Stimmungen" ist hier die Rede, von „Lebensrhythmen" und „Fragen des Herzens" – Begriffe und Dimensionen, die wir heute wieder zulassen, weil wir merken, dass sie uns helfen, uns selbst besser zu verstehen. Sie zwingen uns nicht zu sektiererischem Glauben, aber sie geben uns Antworten auf persönliche Fragen, die uns Ratgeberliteratur und Gottesdienst nicht zu liefern vermögen. Gespannt warten wir auf die Antworten der Nonne und lesen weiter:

> *„Wo, wenn nicht in einem Kloster sind diese Räume zu finden!"* Aha! *„Solche Tage der Stille laden ein, die Schwingungen der inneren Sehnsucht in einem geschützten Raum wahrzunehmen und das sonst im Alltagsgewühle Unerhörte und Überhörte neu zu erlauschen. Sie sind Lernort, das Vernommene im Herzen zu bewegen, es umzusetzen und zu leben."*

Nun verstehen wir auch, um was es bei diesem Klosteraufenthalt eigentlich geht. Das Kloster lädt uns ein, das Leben in seinen Tiefendimensionen zu erfahren. Der eindimensionale Alltag ist für moralische Hedonisten nicht genug. Bei den lebensklugen Schwestern erfahren wir etwas mehr über unsere Herkunft und unser Gewordensein. Das hilft, viele Dinge gelassener einzuordnen. Für uns moderne Menschen ist der Alltag ein Ritt auf der Rasierklinge, vieles muss sofort passen, just in time, vieles muss Hand in Hand gehen und erstarrt in Routine und in festen Protokollen („Wann holst du die Kinder ab, Schatz?"). Hier erfahren wir uns mit mehr Distanz und in einem erweiterten Kontext, und dieser zusätzliche Rahmen hilft, um die Dinge einzuordnen. „Wir bieten kein schnelles Glück, aber bei uns kann man spirituelle Erfahrungen machen", warnt Schwester Scholastika. Fürs schnelle Glück, möchten wir ihr gerne antworten, sind wir auch nicht gekommen.

Arenberg ist ein prominentes Beispiel für das, was in den Medien in der Zwischenzeit häufiger als „Kloster-Boom" proklamiert wird. In Deutschland laden inzwischen mehr als 300 katholische und evangelische Klöster zur inneren Einkehr ein. Mittlerweile gibt es sogar eine Online-Suchmaschine eigens für Klosterurlauber unter www.orden.de/klosteraz. 2005 zog es eine Viertel Millionen Menschen zum Urlaub in Deutschlands Klöster. Nimmt man Tages- und Seminargäste zusammen, so brachten es allein die niedersächsischen Einrichtungen der Evangelischen Kirche laut einem Bericht des „Spiegels" im vergangenen Jahr auf 200 000 Besucher.

In Österreich haben sich unter dem Namen „Klösterreich" 21 Klöster zu einem Verbund zusammengeschlossen, um der verstärkt kulturtouristischen Orientierung der Klöster gerecht zu werden. Im Stift Heiligenkreuz im idyllischen Wienerwald hat man den Klostergasthof beispielsweise in ein modernes Seminargebäude umfunktioniert. Besucht man hier eine der zahlreichen Business-Tagungen, so vernimmt man surrende Beamer; neben adretten Geschäftsleuten ist das Bild im sakralen Ambiente geprägt durch Laptops und neue Medien. Einmal der gestressten Metropole Wien entkommen, so scheint es, gehen die Manager hier konzentrierter ans Werk, denn dieser Ort bietet eine Synthese aus Beschaulichkeit und Vitalität. Für Urlauber bietet Klösterreich eine Melange aus Wellness-Kuren, Sportangeboten, fernöstlichen Meditationskursen, Kunst- und Kreativunterricht, kulturhistorischen Führungen, Weinproben und familienfreundlichen Unternehmungen für Kinder und Jugendliche – das Kloster präsentiert sich nicht nur als ein Ort der Ruhe und der Einkehr, es gestaltet sich als liberaler und freier Assoziationsraum für alles, was Körper und Geist zugutekommt – und ist dabei noch familienfreundlich. Eigenschaften, die wir uns von Hotels oft wünschen und allzu selten erleben dürfen.

Ein Besuch im Kloster ist also keine Form von Zivilisationsflucht. Das Kloster (und sicherlich noch viele Orte, die ebenfalls „anders" sind) dient vielen Menschen heute als befruchtender Gegenentwurf: Spiritualität und Ruhe sind im „Leben draußen" ein knapper Rohstoff. Hier bekommen wir ihn, und tanken auf, um gestärkt in unser eigentliches Leben zurückzukehren. „Die Menschen kommen zu uns aus unglaublichem Stress, aus Hektik und Belastung", bestätigt Schwester Susanne, 41, „Pilgerpastorin" im Kloster Loccum in einem Bericht des „Spiegels". Viele Lehrer seien unter den Gästen, neuerdings auch Leute aus der Medien- und Werbebranche, die „einfach einmal eine zweckfreie Zeit verbringen wollen". Sie glaubt: „Sinnlich wahrnehmbare Formen der Frömmigkeit gelten eben als attraktiv." Zeit, Eigenzeit, das Erleben von Kontinuität, wobei man selbst aus den unterschiedlichen Rollenanforderungen herauskommt, die Erfahrung von Dauer – alles das hat für uns gesunde Genießer ganz zentral mit Lebensqualität zu tun. Der

Tourismus ist im Großen und Ganzen längst zu einer Branche, einer hochprofitablen Branche geworden. Wir aber suchen nach neuer Zeit- und Gegenwartserfahrung an anderen Orten, die uns andere Zeitmaße vorgeben. Auch hierin sind wir keine Zivilisationsflüchtlinge oder Kulturpessimisten. Aber wir suchen nach dieser „anderen" Erfahrung, um in der komplizierten Alltagswelt handlungsfähig, offen und kreativ zu bleiben.

LOHAS verbinden Spiritualität mit Moderne

Zahlen belegen, dass mit diesem Trend bei den Menschen eine zentrale Sehnsucht angesprochen wird. Woher kommt es, dass laut Europäischer Wertestudie 2003 gerade die Großstädte Europas, die traditionell Hochburgen von Entchristlichung und Hedonismus waren, mit der Zunahme der Religiosität derzeit eine Trendwende erfahren? Die schlichte Einteilung der Bevölkerung in Glaubende und Atheisten – das war vorgestern. Zwar gehören immer noch gut 67 Prozent aller Deutschen einer christlichen Konfession an, doch die Bindung an die christliche Lehre befindet sich in einem Prozess der Aufweichung. So fühlen sich nur noch 45 Prozent der Befragten von den christlichen Kirchen angesprochen. Immer mehr hingegen zählen sich zur Gruppe der „Spirituellen Sinnsucher". Laut einer Studie der Identity Foundation und der Uni Hohenheim lässt sich deren Anteil an der Bevölkerung mittlerweile auf 15 Prozent beziffern. Die „Religiös Kreativen", die weiterhin den großen christlichen Glaubensgemeinschaften angehören, sich dabei aber klar von deren traditioneller Lehrmeinung abgrenzen, machen sogar 35 Prozent aus.

Die Spirituellen Sinnsucher, wie sie in der Studie definiert werden, berühren natürlich vieles, was auch auf die LOHAS zutrifft. Spirituelle Sinnsucher streben nach ganzheitlicher Wahrnehmung der Realität und des eigenen Selbst. Lebensfreude und Genuss sind dabei keine Stolpersteine, sie liegen am Ende des Königswegs zum Glück. Das Leben bietet mehr als die eindimensionale Bewältigung des Alltags, das ist das Credo der spirituellen Sinnsucher. Die eigene Existenz und der Kosmos gehören „irgendwie" zusammen und erscheinen als Geheimnis, das es zu entdecken gilt.

Spiritualität und Modernität sind für sich äußerst sperrige Begriffe, mit deren Hilfe sich zwar vieles in unserer Welt einordnen lässt, deren hoher Allgemeinheitsgrad allerdings auch jede Menge Unschärfe produziert. In der Regel sehen wir den unversöhnlichen Gegensatz, mit dem die beiden Kategorien sich gegenüberstehen: Wer spirituell auf die Welt blickt, so haben wir noch im 20. Jahrhundert gedacht, der gehört nicht zu den Modernen, der gehört nicht in die Gegenwart und schon gar nicht in die Zukunft. Der LOHAS-Lifestyle hingegen verkörpert einen Bewusstseinswandel, an dessen Ende die Auflösung des Gegensatzes von Spiritualität und Modernität steht. Wie lässt es sich sonst erklären, dass in Amerika, dem Land der ständigen Selbsterneuerung und Modernisierung nach einer Umfrage von Gallup 2006 über 80 Prozent der Einwohner religiöses Denken als wichtig erachten?

Viele der Gäste, die wir in Arenberg trafen, bestätigen das. Die meisten von ihnen erzählten uns schon nach wenigen Minuten, dass sie im normalen Leben einen weiten Bogen um jede Kirche machen. Wer also glaubt, beim Klosterurlaub auf den Kirchenchor, auf gebrechliche Urgroßmütter, „erweckte" Jugendliche oder Jesus-Freaks zu treffen, wird eines Besseren belehrt. Eine Untersuchung der Universität Paderborn unterstreicht das. Demnach sind es gerade die Besserverdienenden aus der Großstadt, die es zu den Ordensleuten zieht. Laut Untersuchung zum Besucherprofil an den Einrichtungen des Verbunds „Klösterreich" entscheiden sich insbesondere die Betuchteren aus der Altersgruppe der 40- bis 49-Jährigen für einen Urlaub im Stift. Sie sind urlaubserfahren und gut gebildet: Im Durchschnitt unternehmen sie jährlich drei Urlaubsreisen, fast die Hälfte von ihnen verfügt über einen Hochschulabschluss. Im Jahr 2004 lagen ihre Reiseausgaben mit 1 755 Euro deutlich über dem Bundesdurchschnitt (1 088 Euro). Im Kloster finden sie das Leben in einer anderen Dimension, weitab der tagtäglichen Schnelligkeit: einmal innehalten, bleiben und zu sich finden. Und wenn sie einmal da waren, kehren sie auch wieder zurück: 66 Prozent von ihnen haben bereits mehrfach ihren Urlaub in einem Kloster verbracht.

Das Kloster Arenberg gehört mit 76 Prozent Auslastung hierzulande zu den Spitzenreitern und arbeitet zwar kostendeckend, aber nicht gewinnorientiert. Dass Profitgier nicht zur Philosophie des Hauses passen würde, ist den Betreibern klar. Um den Haushalt zu konsolidieren, feilt man lieber an neuen Konzepten und treibt Spenden ein, anstatt (wie in der Hotelbranche üblich) bei Personal und Service einzusparen. Es ist auch dieser nachhaltige Ansatz, der uns neben dem Bedürfnis nach spiritueller Erfahrung ins Kloster lockt und unserem Streben nach ethischem Konsum entspricht. „Die Ordensleute laden Menschen ein, zu kommen und zu sehen", sagt Gernot Grammer, Tourismusverantwortlicher bei der Vereinigung „Klösterreich".

„Das ist nicht nur ein touristisches Massenangebot. Das ist eine Einladung, Freizeit in einer authentischen, aber für viele Menschen von heute, andersartigen, fremden Welt zu verbringen."

Exkurs: Warum das spirituelle Secondlife nicht funktioniert

Es ist kein Zufall, dass jetzt auch schon die Spaß- und Amüsiergesellschaft nach der LOHAS-Erfahrung greift. Im Europapark Rust eröffnete in diesem Jahr das Hotel „Santa Isabel". Schon die Grundsteinlegung für die 4-Sterne-Unterkunft im Stile eines portugiesischen Klosters fand 2006 unter großem Brimborium und der Anwesenheit von Eisprinzessin Katarina Witt statt. Überboten wurde das Spektakel nur noch von der Eröffnung, zu der man eigens den „Fußball-Heiligen" Eusebio aus Portugal eingeflogen hatte. Seit Jahren haben die Luna Park-Betreiber im Badischen nun schon Probleme, Besucher anzulocken. Mit Zuckerwatte, Achterbahn und Schießbudenremmidemmi lässt sich bei Familien eben kein Blumentopf mehr gewinnen. In Anbetracht dieser Entwicklung dachte man wohl, man könne die anspruchsvoller gewordene Klientel mit gefaked-historischem Ambiente auf die Bauernfängermethode zurückgewinnen.

Im „Santa Isabel" gibt es einen Kräutergarten, Gemüse wird frisch geerntet und beim Blick in den „Klosterkeller" kann man den Angestellten beim Bierbrauen zusehen. Es gibt natürlich die hotelüblichen Komforteinrichtungen wie Swimmingpool und Wellness-Bereich, die man vonseiten des Hotels als Hommage an das Kloster als Ort der „Entspannung in friedlicher Atmosphäre … fernab von Alltagsstress und Hektik" zurechtinterpretiert. Das Fakte-Hotel vereint all die Dinge, die wir auch im modernen Kloster finden. Dem Besucher wird allerdings schnell klar, dass es sich hier um nicht mehr als eine naiv dreiste Kopie handelt. „Santa Isabel" wird als Simulacrum seinen Disney-Land-Charakter niemals abschütteln. Was laut Walter Benjamin für die Kunst im Zeitalter ihrer technischen Reproduzierbarkeit galt, muss schließlich auch für das Kloster zutreffen: Die Kopie eines Originals, das durch seine tausendjährige Tradition besticht, besitzt keinerlei Aura mehr.

Die „andere Ökonomie" im vermeintlichen Spannungsfeld von Markt und Religion

Der Platzregen hat uns schnell wieder auf den Parkplatz und in die Autos gespült. Andechs ist eine Enttäuschung. Dass sich die planierten Parkplätze um das erhabene Kloster herumwinden und so den Pilgerort zu einem von vielen Event-Orten machen, kann man dem Kloster nicht anlasten. Doch auch sonst lädt Andechs nicht zum Verweilen ein. Zu sehr hat sich das oberbayrische Kloster von der bajuwarisch-jovialen Biergarten-Seligkeit einlullen lassen. Dabei ist Andechs, aus einer anderen Perspektive betrachtet, ein Sinnbild par excellence für LOHAS-Lebensstil und den neuen Umgang mit Spiritualität in unserer Gesellschaft. Die Marke Andechs steht nämlich schon seit längerer Zeit für das Vordringen des spirituellen oder neo-religiösen Trends in die Strategieabteilungen der deutschen Politik und Wirtschaft.

Kein Zweifel, unsere vermeintlich so gottlose Gesellschaft befindet sich in einer Rückkopplungsschleife, die die Grenzen des Kirchlich-Religiösen neu definiert und Spiritualität immer stärker in die Mitte unseres Alltagslebens holt. Und irgendwie, so spüren wir, ist der Unterschied zwischen dem Heiligen Geist und der „unsichtbaren Hand" der globalen Märkte gar nicht so groß. Klöster definieren sich inzwischen zunehmend über ihre Geschäftszweige, die evangelische Kirche fördert – in bester puritanischer Tradition – offen die ökonomische Ausschlachtung des spirituellen Tourismus-Trends, während laut einer aktuellen Umfrage von Sinus Sociovision für 86 Prozent aller Vorstandsmitglieder der börsennotierten Unternehmen in Deutschland christliche Werte eine wichtige Rolle spielen.

Ein Mann, der diesen Wandel in sich verkörpert, war einst das Aushängeschild der Marke Andechs: Pater Anselm Bilgri. Nachdem der Sohn eines Münchner Gasthausbetreibers dem Benediktinerorden beigetreten war, stieg er in Andechs rasch zum Cellularen auf. Als „CEO" („Spiegel Online") kümmerte er sich um die wirtschaftlichen Belange der Gemeinschaft. Unter seiner Ägide eröffnete die Wirthauskette „Andechser" zahlreiche Filialen im Land, das Kloster verkaufte Käse, Brot und Schnupftabak, und das bekömmliche Bier machte das „Andechser" zu einer der ersten Qualitätslabels, die den neo-religiösen Trend erfolgreich in bare Münze umsetzte. 200 Mitarbeiter, ein Jahresumsatz von über 20 Millionen Euro – so funktioniert christlich-spirituelles Change-Management. Bilgri „positionierte" das Kloster zu einem florierenden Wirtschaftsunternehmen um und talkte bald regelmäßig im Fernsehen. Selbst Verona Feldbusch zog in Erwägung, sich von Bilgri im Kloster trauen zu lassen. 2004 kam es jedoch zum Zerwürfnis mit den konservativeren Kräften, und Bilgri verließ das Kloster. Ein Skandal, der auch die Boulevardblätter beschäftigte und die Gastronomieabteilung des Klosters in der Folge in eine schwere Krise stürzte.

Bilgri, der schon zu seinen Andechser Zeiten Manager-Seminare veranstaltete, gründete darauf hin 2004 eine eigene Unternehmensberatung „Anselm Bilgri & Partner, Zentrum für Unternehmenskultur" in München, in der er bis 2008 lehrte wie man wertorientierte Unternehmensphilosophien in die Tat umsetzt. Nachahmer ließen nicht lange auf sich warten. Pater Tobias vom Orden der Prämonstratenser beispielsweise ist der Gründer des „Instituts für werteorientierte Menschen und Unternehmensführung" an der Abtei Hamborn. Im Rahmen seiner dreitägigen „Change-Seminare" berät er Führungskräfte dabei, wie sie sich fit für den Alltag machen können und stößt damit auf breiten Zuspruch. Und auch im Kloster Andechs ist man nach Bilgris Abschied immer noch weit davon entfernt, die Segel der Weltlichkeit zu streichen. Der derzeitige Abt heißt Johannes Eckert und war ehemaliger Werksstudent bei BMW, wo er über „Wertorientierte Unternehmenskultur. Anregungen aus der benediktinischen Spiritualität" eine Doktorarbeit verfasste. Und obwohl er momentan eher als Krisenmanager fungiert, lernen wir: Spirituelle Themen finden in vielen Lebensbereichen verstärkt Gehör – selbst dort, wo es um rationale Gewinnkalkulation geht.

Wie geschickt die Klöster mittlerweile zeitgemäße Bedürfnisse ansprechen und einen grünen Kapitalismus für sich erfinden, zeigt auch dieses Beispiel. Weltweit gibt es rund 12 000 Biere, allein in Belgien 500 verschiedene Gebräue, darunter sieben Trappistenbiere plus einige, zwar nicht mehr direkt von den Mönchen, aber nach deren Rezepten gebrauten Sorten. Doch egal, wie gut oder schlecht diese sein mögen, die beliebteste Brauerei des Landes, wenn nicht sogar weltweit, ist definitiv St. Sixtus Westvleteren. Das Geheimnis der Abtei aus Flandern ist ihre Exklusivität und ihre Aura: Die Mönche brauen nur dann, wenn sie müssen, sprich, wenn sie Geld zum Leben benötigen. Die jährliche Menge liegt bei gerade einmal 450 Litern. Zu festen Terminen wird dann das Bier in begrenzten Mengen verkauft – ausschließlich an Privatpersonen, Wiederverkauf ist ausdrücklich verboten.

Vor der Verkaufsstelle bilden sich im Vorfeld riesige Menschentrauben, die das Bier wie eine Hostie in Empfang nehmen. Durch den riesigen Ansturm muss sich die Trappisten-Gemeinde mittlerweile sogar im Vorfeld anmelden, um in den Genuss etwa einer 24er Kiste „Abt 12" für 30 Euro zu kommen. Über eine Hotline („Please consider the fact that our telephone lines can have very long queues and that you can therefore get the busy tone.") können Interessierte in Erfahrung bringen, wann der nächste Verkaufstermin ist, welches Bier gebraut wird und vor allem, in welchen Mengen es abgegeben wird. Denn: Das Bier wird pro Person nur in limitierten Mengen abgegeben. Wer hier wartet, kauft nicht nur Bier, sondern bekommt eine Portion Spiritualität gratis dazu. Die Flaschen werden ohne Etikett ausgeliefert, allein an der Farbe des Kronkorkens erkennt der Auserwählte, dass es sich um ein Westvleteren handelt. Und während der eine Genießer den einzigartigen und immer wieder unterschiedlichen Geschmack des Bieres anpreist, hebt der andere die gesundheitsfördernde Wirkung der Hefe hervor.

Sehnsucht im 21. Jahrhundert: Entwicklung statt Bekenntnis

In Anbetracht dieses Comebacks des Religiös-Spirituellen fragt man sich: Sind wir am Ende gar nicht so modern, wie wir immer dachten? Oder haben wir vielleicht unser Fortschritts- und Zukunftskonzept endgültig gegen die Wand gefahren? Weder noch. Nach dem Zeitalter der Ideologien halten wir gesunden Genießer vieles für möglich. Götz Werner, Gründer und Chef der höchst erfolgreichen Drogeriekette dm und in Fachkreisen als Handels-Philosoph ein gefragter Denker und Redner, huldigt selbst dem LOHAS-Lifestyle (und hat seine Läden konsequent danach ausgerichtet). Als wir mit ihm über Spiritualität und Modernität, Werte und Kapitalismus reden, weist er uns auf Folgendes hin: „Entwicklung entsteht nur zwischen zwei Polen, zwischen zwei Extremen." Das Zeitalter der Ideologien, das grausame 20. Jahrhundert, und die Entweder-oder-Logik des Blockdenkens hat keine wirkliche Entwicklung zugelassen, sondern von uns Bekenntnisse für die eine oder andere Seite verlangt. Götz Werner reüssierte, weil er sich mit seiner gesamten Unternehmensphilosophie dem Entweder-oder entzogen hat: dm ist Discount UND LOHAS-Eldorado, Handel ist für ihn Kapitalismus UND Dienst am Menschen. In dieser Form müssen wir Menschen des 21. Jahrhunderts auch die bislang ungekannte Liaison von Spiritualität und Moderne begreifen.

Mit dem Beginn des 20. Jahrhunderts trat das ein, was uns die Aufklärung verheißen hatte: Gott, so schien es, war ein für alle Mal von der Weltbühne abgetreten. Religiöses Leben stand für Starrsinn, Rückständigkeit und mitunter für Brutalität – denken wir nur an die Grausamkeiten, mit denen Europa während des Dreißigjährigen Krieges überzogen wurde. Hin zur Weltlichkeit schien der Trend zu gehen. Doch anstatt, dass jetzt die Ära von Freiheit, Gleichheit und Brüderlichkeit heraufziehen würde, entpuppte sich das 20. Jahrhundert als die Epoche der großen weltlichen Ersatzreligionen: politische, soziale und rassistische Ideologien. Mit verheerenden Konsequenzen: Rassenlehre und Faschismus sowie ein entarteter Kommunismus mit stalinistischem Gepräge führten Europa in den Untergang. Doch selbst die radikalen Vertreter der Umweltbewegung, die sich Ende der 1970er-Jahre in Westeuropa und Nordamerika bildete, erwiesen sich als zu sehr im eigenen System- und Ideologiezwang verwurzelt; mit Birkenstock, Körnermühle und zivilisationskritischen Schlagworten im Rucksack ließ sich letzten Endes kein Staat machen. Und erst mit dem Fall der Mauer war die Gefahr weiterer blutiger Konflikte im Herzen Europas fürs Erste gebannt.

Aus heutiger Sicht war das 20. Jahrhundert (das Zeitalter des unversöhnlichen Entweder-oder) ein blutiges Intermezzo. Im 21. Jahrhundert wird scheinbar Widersprüchliches aufgelöst. Unter den Schlagwörtern Spiritualität und Lebensfreude statt Frömmigkeit und Askese entdecken wir neue Formen des Zugangs, auch zur Kirche und ihren alten Ritualen. Norbert Bolz, der große Soziologe der Gegenwartskultur, erläutert: „Das Heilsversprechen der Religion liegt darin, uns den Preis der Modernität zu ersparen." Faschismus, Sozialismus und die Ökobewegung verlangten von uns einen Lebensstil der Entsagung, des Entweder-oder und des Bekenntnisses. Als Belohnung dafür wurde uns in der Regel immer nur ein irdisches beziehungsweise geistiges oder sphärisches Nirvana versprochen. Wir aber wollen kein Nirvana, keine Utopie, denn U-topien (gr. ou topos) sind Nicht-Orte. Wir sehnen uns nach Orten, nach Räumen der Identität und nach der Schwere des Wirklichen. Die Religion als Lebenspraxis kommt heutzutage ohne den Allmachtsanspruch auf Seligkeit aus. Kirche sehen viele heutzutage als Dienstleistung, als ein Service-Unternehmen, das wir in Sinnfragen neuerdings gerne wieder zurate ziehen. So gibt sie uns Halt, eröffnet einen Raum für spirituelle Erfahrungen *und* gestattet uns, das Leben zu genießen. Sie funktioniert mitunter wie ein Brennglas, die sich über unseren Alltag legt und die Erfahrungen, die wir in ihm sammeln, in einen größeren Sinnkontext bündelt.

Dabei stellt sich auch die Kirche zunehmend auf moderne Bedürfnisse ein. Sowohl die katholische als auch die evangelische Kirche haben sich hierzulande schon von McKinsey beraten lassen. Menschen wie Pater Bilgri oder Schwester Scholastika werden in den Medien für ihre Management-Qualitäten gefeiert. Auch das katholische Kirchenoberhaupt weiß, wie man im verweltlichten Europa noch für Aufsehen sorgt: Papst Benedikt gehört laut „Esquire" zu den bestangezogenen Männern der Welt. Das US-Magazin führte den Pontifex in seinem Stil-Ranking noch vor David Beckham. Für seine roten Prada-Schuhe wurde ihm eine ganz besondere Ehre zuteil: Benedetto erhielt den Sonderpreis für den „Accessoire-Träger des Jahres".

Kirchenhäuser verwandeln sich zu Erlebnistempeln. Jüngst wurde im Kölner Dom ein neues Fenster enthüllt, das sich die katholische Kirche von Gerhard Richter, einem Megastar der Kunstszene, entwerfen ließ. Wie eine Collage aus vergrößerten Farbpixel sieht das Südhausquerfenster aus und erfüllt die Kathedrale mit einem digital anmutenden Flimmern. Dass Kirche als Erlebnis empfunden wird, ist uns auch in High Point, North Carolina begegnet. Die riesige Westchester Mall wurde kürzlich geschlossen, weil eine größere und neuere Shoppingmall dem älteren Modell den Garaus machte. Anschließend wurde die funktionslose Mall von der First Wesleyan Church aufgekauft und bildet jetzt einen „religiösen Komplex", bestehend aus Chorraum, Einkaufsläden, Restaurants, Schwesternwohnheim und Seniorenapartments. Der neue Name: Providence Place, Ort der göttlichen Vorsehung. Im ostböhmischen Chodovice wurde einer altertümlichen Dorfkirche vom Designerstudio Qubus jüngst ein neues Antlitz verpasst. Die kargen, schon beim Anblick Schmerz hervorrufenden Kirchenbänke haben die Designer durch ultramoderne Verner Panton Stühle ersetzt, auf deren Rückenlehne ein elegantes Kruzifix ausgestanzt ist. In diesen Stühlen lässt es sich einfach gut sitzen. Von den Decken hängen ungeschliffene Kristallleuchter, das moderne Interieur fügt sich perfekt in die archaischen Wände. In der Architektur finden wir die Entwicklungen wieder, die wir schon in unserer eigenen Lebenswelt ausgemacht haben: die Hochzeit von Kirche und Modernität.

Sicherlich hat auch die größere Offenheit, mit der Glaube heute auch von den braveren Zeitgenossen praktiziert wird, dazu beigetragen, dass der öffentliche Diskurs inzwischen einen gelassenen Umgang mit der Möglichkeit des Übersinnlichen zulässt. Fast überall, wo wir sie antreffen, macht Kirche heute Spaß. Ob bei der Papstwahl oder beim Kirchentag, sie inszeniert sich medienaffin als Spektakel. Fragt sich allerdings, wie sehr die immer bizarrer anmutenden Versuche der großen Kirchen, „auf locker" zu machen, den Bogen überspannen werden. Beim Evangelischen Kirchentag 2007 wurden die Besucher Zeugen eines Erotik-Gottesdiensts. „Herzlich willkommen im Weinberg der Liebe" – so stand auf einem Banner am Eingang der Kartäuserkirche in der Kölner Südstadt zu lesen. Innen predigte Pfarrer Armin Beuscher über den Zusammenhang zwischen Liebe, Lust und Liturgie. „Lust will ausgelebt werden", dozierte er und forderte die Besucher auf, ihren Sitznachbarn im Rahmen eines Salbungsrituals Stirn und Hände zu massieren. Eine aufreizend gekleidete Tänzerin räkelte sich während des Gottesdienstes um den Altar. Yoga-Kurse in der lokalen Kirchengemeinde, Party-Aufenthalte beim Kirchentag – keine Tabus mehr, wenn es um den Weg zu uns selbst geht. Und Promis leben uns vor, dass wir mehr vom Leben haben, wenn wir uns den Geistespraktiken zuwenden …

Unser Körper als Schnittpunkt von Spiritualität und Sportlichkeit

Seit vielen Jahren wirbt Red Bull nun schon mit (B)Engeln, die auf Flügeln dem irdischen Dasein entschweben. Die Referenz an die Gottesboten werden dabei eher als ironisches Zitat eingesetzt – schließlich ist Red Bull das Getränk der Spaßgesellschaft des späten 20. Jahrhunderts. Die Firma Wild aus Heidelberg hingegen meint es durchaus ernst, wenn sie mit dem Erfrischungsdrink „ANGEL Natural Energy" spirituellen Nährwert auf den Markt bringt. ANGEL besteht zu 100 Prozent aus natürlichen Inhaltsstoffen. Es fließen keinerlei Konservierungsstoffe oder künstliche Aromen in die Herstellung, die marketing-technisch geschickt mit einem Mysterium umrankt werden. Der Körper scheint hier als Heiligtum auf, wobei der Schlüssel zu seiner nachhaltigen Bewirtschaftung in einer komplexen Balance liegt. Dabei bleibt ANGEL gleichzeitig in der Sphäre des nuanciert Urbanen: Der Drink verspricht leistungssteigernde Wirkung besonders am Arbeitsplatz, und für den Feierabendgenuss lässt er sich mit Prosecco mixen. Das Design der Flasche ist puristisch und passt bequem in jede Handtasche. An diesem Produkt lässt sich symbolisch ablesen, wie Gesundheit, hedonistischer Lifestyle und Spiritualität eine neue Allianz eingehen.

Ohnehin entdecken wir mehr und mehr die spirituelle Komponente, wenn es um unser ganzheitliches Verständnis von Gesundheit geht. Energie heißt das Zauberwort, mit dem sich unserem Leben immer neue Einheiten an Lebenswert entlocken lassen. Um Energie aus unserem Körper schöpfen zu können, müssen wir uns zu allererst wohlfühlen. Den Zustand dauerhaften Wohlbefindens erreichen wir nur über einen Lebensstil, der körperliche *und* geistige Hygiene in gleichem Maße vorne anstellt. Somit gewinnt spirituelle Erfahrung einen ganz pragmatischen und lebensnahen Wert.

Auch Barbara Becker trainierte sich nach ihrer Trennung von Ehemann Boris erst einmal mit Pilates. In der Rückeroberung ihres Körpers fand Babs auch ihr Seelenheil wieder. Beim ganzheitlichen Körpertraining lernte sie, wie man Körper und Geist in die richtigen Bahnen lenkt, um genügend Energie und Power für den Alltag zu haben. Diethard G., unser malender Medizin-Professor im Unruhestand, zeitlebens als Langstreckenläufer aktiv und ein LOHAS-Vertreter par excellence, erklärt uns, wie dieses ganzheitliche Modell vom Kosmos Körper im Zusammenhang mit dem Ausdauersport funktioniert:

„Als Mediziner weiß man, dass das Herz-Kreislauf-System gefördert werden muss. Der Mensch sollte eigentlich fünf- bis sechsmal die Woche an seine Leistungsgrenze gehen. Dabei geht es nicht nur um den körperlichen Aspekt, sondern auch um den Zusammenhang zwischen Körper, Seele und Geist. Vielleicht nicht sosehr, während sie Sport treiben, gewiss aber danach fühlen sie sich stundenlang ausgesprochen wohl und ausgeglichen."

Spiritualität suchen wir nicht nur im Zurückziehen, in der Bewegungslosigkeit, im Eingedenken und Innehalten, sondern auch indem wir uns körperlich herausfordern. Spiritualität vermischt sich dabei mit Vorstellungswelten, die wir mit „Bewegung" verbinden – Unterwegssein, Aufbrechen, Welt erobern, Grenzen ausloten und verschieben etc.

Während Joschka Fischer durch den Laufsport vom wandelnden Brunello-Fass zu Deutschlands bekanntestem Marathon-Läufer wurde und dabei auch „zu sich selbst" fand, fungierte der tägliche Auslauf für Diethard G. ganz nebenbei als Erweiterung des kognitiven Raums, in dem auch wissenschaftlich-schöpferische Prozesse stattfinden:

„Eine Sache, die ich immer wieder beobachtet habe: Wenn man läuft, kriegt man gute Ideen. Früher habe ich ganze wissenschaftliche Arbeiten beim Laufen entworfen. Ich bin auch nie mit meinem Walkman oder meinem iPod gelaufen, weil ich mich gerade beim Laufen ganz auf mich selbst und meine Gedanken beziehen wollte."

Sport macht unser Leben in allen Bereichen produktiver und ermöglicht uns eine intensivere Auseinandersetzung mit der Umwelt und uns selbst. Dass es Diethard G. in Beruf und Freizeit gleichzeitig auch darum geht, „Grenzen auszuloten" und in neue Erfahrungsbereiche vorzudringen passt in diesen Zeitgeist, in dem Spiritualität und Sport mehr und mehr in ein komplementäres Verhältnis zueinander gesetzt werden.

Auch aktuelle Fitnesskurse in der europäischen Trendmetropole London zeugen von dieser Entwicklung. Dort, wo man früher noch zeitverschwenderisch fürs Yoga und den Fitnesssport zwei verschiedene Termine wahrnehmen musste, trifft man heutzutage auf sogenannte „Hybrid Classes", die die Möglichkeit eröffnen, Körper und Geist auszuprobieren, ohne das gesellschaftliche Leben aufgeben zu müssen. Heraus kommen so kuriose Mischformen wie Yo-Chi (eine Kombination von Tai-Chi und Yoga), Yogaboxen, Ballettpilates, Yogalates (ein Mix von Yoga und Pilates) oder Aquakombat (Kickboxen und Karate im Wasser).

Nachwort:
Mit den LOHAS ins nächste Jahrzehnt

Was wir mit den LOHAS beschrieben haben, zielt auf einen Lebensentwurf ab, der sich in den 1990er-Jahren allmählich in den westlichen Ländern herausgebildet hat, und dabei lange Zeit „nur" als progressiver, lustbetonter und zeitgeistiger Lebensstil daherkam. Uns ist es wichtig, klarzustellen, dass sich viele Aspekte der LOHAS tatsächlich auf den Einfluss des postmodernen Denkens und der postindustriellen Konsumdemokratien zurückführen lässt – anything goes!, alles ist möglich, nichts ist mehr grundsätzlich nötig, alles ist ironisierbar und in seine zeichenhaften Bestandteil zerlegbar, selbst die Wirklichkeit selbst, wie verzweifelte Modephilosophen uns in den 1980er- und 1990er-Jahren weismachen wollten. Das postmoderne Erbe der LOHAS besteht jedoch nicht im *anything goes*. Ganz im Gegenteil. Es besteht in einem durchaus abgeklärten Misstrauen gegenüber fest zementierten Weltbildern, gegenüber ideologischen Scheuklappen und der daraus resultierenden Blindheit gegenüber Differenzierungen und den feinen Unterschieden. Das postmoderne Erbe der LOHAS besteht in der Fähigkeit, alte ideologische Festlegungen zu unterlaufen und bisher Unvereinbares in einem Lebensentwurf zusammenzubringen. Deswegen treibt die LOHAS ein tief greifendes Bedürfnis nach Natur an, dabei will es ihnen nicht einleuchten, weshalb man als Naturliebhaber nicht auch ein Technikfreak sein kann. Als Menschen, die Ideologien verabscheuen (und die Orthodoxien und Wahrheitsbehauptungen schlicht langweilen), streben sie in politischen Fragen einen eher abgeklärten Pragmatismus an, gleichzeitig lassen sie es sich nicht nehmen, als Pragmatiker idealistische Vorstellungen zu kultivieren: Eine intakte Nachbarschaft und ein gelungenes Abendessen mit den Freunden ist dabei genau so wichtig wie der Wunsch nach anderen Formen der Teilhabe im politischen Prozess. Die Skepsis gegenüber ideologischer Simplifizierung und einfachen Wahrheiten – und die Gewissheit, dass damit neue Lebensqualitäten zu erreichen sind –, das ist das Programm der LOHAS für das nächste Jahrzehnt.

„Yes, we can"!, sagen die LOHAS und sagt Barrack Obama, die Lichtgestalt des 21. Jahrhunderts. Obama wurde in der amerikanischen Öffentlichkeit schnell zum LOHAS-Präsidenten und zur neogrünen Lichtgestalt ausgerufen. Aber für was wurde er nicht schon alles instrumentalisiert, rekrutiert und engagiert?! „Yes, we can!", sagt mittlerweile auch die „Bild"-Zeitung, sodass der mediale Hype um den neuen US-Präsidenten auf Spießer-Niveau angekommen ist. Vieles, was Obama in seinem Programm angekündigt und in Aussicht gestellt hat, passt tatsächlich zu dem Lebensstil, den wir Ihnen hier vorgestellt haben. Überall ist momentan viel von Veränderung und „Change" die Rede. Worthülsen wie „Innovation" oder „Krisen sind Chancen" haben sich aus den Strategiezirkeln des Topmanagements in das Alltagsvokabular von Berufsfußballern und Industrie- und Handelskammern eingenistet. Die Frage, die wir angesichts der krisenhaften Weltwirtschaft und nicht zu leugnendem Klimawandel beantworten müssen, lautet: Was sind die neuen Werkzeuge in dieser Situation. Und wichtiger noch: Wie können wir wieder Vertrauen in unsere Wirtschaft und in unsere Institutionen aufbauen? Es sind dies genau die Fragen, die die LOHAS, so wie wir sie Ihnen vorgestellt haben, umtreiben. Die Sehnsucht nach Authentizität im gegenseitigen Umgang, ohne in den „Terror der Intimität" (Richard Sennett) und inzestuöse Vereinsmeierei zu verfallen. Der Wunsch nach einer neuen globalen Identitätspolitik, ohne in nationalstaatlichen Chauvinismus oder regionalen Separatismus zurückgeworfen zu werden. Eine neue Aufmerksamkeit für das Lokale und die Nähe, ohne in Archaik und rückwärtsgewandten Irrationalismus zu verfallen.

Was fasziniert die ganze Welt an Obama, an Mr. Change? Das intellektuell hochgerüstete deutsche Feuilleton hat sofort wieder eine Sehnsucht nach einem „Führer in schlechten Zeiten" ausgemacht. Mittlerweile, so denke ich, haben diese Vergleiche etwas Abgegriffenes. Und auch das psychologische Muster, das hinter der Obama-Mania vermutet wird, passt nicht. Denn, was die Weltöffentlichkeit an Obama erkennt, ist tatsächlich ein Basisparameter der LOHAS-Kultur: Glaubwürdigkeit und authentische Situationen. „Dieser Mann kann reden", und er meint auch das, was er sagt, er braucht das nicht abzulesen, es sind SEINE Ansichten, die er uns mitteilt – Politik als Ausdruck von persönlicher Erfahrung. Obama gibt seinen Zuhörern das Gefühl, dass er verkörpert, was er sagt. Die drei Is: Ich, Intention und Inszenierung bilden eine Einheit. Wissen und – nicht nur – die gegoogelte Redenschreibergelehrsamkeit, Handlungsbereitschaft und nicht nur vorgetäuschter, aber medienkompatibler Aktionismus, Wertebewusstsein und kein routiniertbetroffenes Sonntagsrednertum, Volksnähe, ohne sich als suggestiver Volkstribun und Populist anzubiedern. „Yes, we can!" ist keine schiere Kraftmeierei. Dahinter verbirgt sich die Vision einer neuen Weltordnung, die die Globalisierung managt und den Menschen dabei eine neue Identitätspolitik in Aussicht stellt. „Yes, WE can!", nicht „I did it" – das macht den Unterschied: Wenn es gut geht, werden wir in der Ära Obama die Verwirklichung eines globalen Gemeinsinns erleben. Die

LOHAS mit ihrem moralischen Hedonismus sind die bestmöglichen Adressaten, die diesen Wandel tragen und kultivieren werden. Keine Frage, vieles in der Wahrnehmung des neuen US-Präsidenten wird von momentaner Euphorie und dem Wunsch überlagert, endlich einmal wieder – und gerade in den USA – bessere Zeiten zu erleben. Doch das meiste, was wir als besonders kennzeichnend für die LOHAS beschrieben haben, könnte tatsächlich in der Ära Obama Realität werden – von einem neuen Partizipationsmodell in der Politik über einen neuen individualisierten Umgang mit den Medien bis zu einer weltwirtschaftlichen Vision, die Ökologie und Ökonomie versöhnt und den Aufbruch in eine grüne Ökonomie vollzieht: Greenomics.

Halten wir es mit Obama und machen wir uns klar, dass nicht Angst und Verzagtheit, sondern Hoffnung und Zukunftsgewissheit die besten Berater in der Welt von morgen sind. Mit den LOHAS, das stand im Zentrum der Diskussionen vor der Finanzkrise und vor Obamas Amtseintritt, könnte das zarte Pflänzlein einer neogrünen Konsumkultur möglicherweise an clevere Marketeers verkauft werden. Gleichzeitig mit dem Hype um LOHAS, ethischen Konsum und Biowirtschaft (von Food bis Automobil) machte das entlarvende Wort vom Greenwashing die Rede. Die LOHAS, so die Befürchtung, möchten sich über ihren gesunden Konsum ein gutes Gewissen erkaufen – Ablasshandel angesichts der drohenden Klimakatastrophe, die LOHAS als diejenigen, die Opportunismus („Wir waren es nicht, die die Welt in den klimatologischen Abgrund gestoßen haben") mit moralischer Überlegenheit bemänteln. Grün getünchte Weltverbesserer, die so naiv sind zu glauben, dass man mit dem richtigen Konsum die Welt verändern könnte.

Ich denke, wir haben mit dem vorliegenden Buch ausreichend Argumente dafür geliefert, dass die LOHAS im Zusammenhang mit der Greenwashing-Problematik von vielen Beobachtern falsch eingeschätzt werden. Es lohnt sich, in den Kernpunkten noch einmal darauf einzugehen:

➤ Wir beschreiben die LOHAS nicht als eine nach Marktforschungsgesichtspunkten eingrenzbare Zielgruppe, sondern als eine gesellschaftliche Veränderungsbewegung. Und das heißt: Mit den LOHAS beschreiben wir keinen vorübergehenden modischen Hype, keine kurzfristige Konsumlaune, sondern einen lang anhaltenden gesellschaftlichen Wertewandelprozess, der unsere Wirklichkeit (und natürlich auch unsere Konsumrealitäten) substanziell verändert.

➤ Die LOHAS, so wie wir sie in unseren Recherchen kennengelernt haben, hängen nicht dem Glauben an, dass man nur genügend gesunde und ethisch korrekte Produkte kaufen müsste, damit wir eine bessere Welt schaffen. Umgekehrt: LOHAS sind eine neue Werte-Elite, ohne elitäre Ansprüche zu verfolgen. Weil die LOHAS „the whole picture" im Blick haben, legen sie an die Qualität des Konsums die gleichen Maßstäbe an wie an andere Praktiken (Kultur, Erziehung, Bildung etc.).

➤ Die LOHAS würden auch grundsätzlich falsch verstanden, wenn man sie nur als die „neuen Ökos" bzw. „Neo-Ökos" bezeichnet. Es ist unbestritten so, dass Biokonsum und nachhaltiges Genießen für die LOHAS wichtige Lebensqualitätsaspekte sind. Allerdings versteht nur derjenige die LOHAS richtig, der darüber hinaus auch ihren spezifischen Umgang mit Spiritualität, Medien, Kunst und Kultur, Partnerschaft usw. ebenfalls zur Kenntnis nimmt. Noch einmal: LOHAS sind NICHT die Wiederkehr der Müslis und Körneresser im 21. Jahrhundert. Sie sind eine Bewusstseinselite, bei der Werte, Verantwortung und Nachhaltigkeit eine besondere Rolle spielen. Und weil das so ist, haben sie ein Technologieverständnis entwickelt, das auf eine postfossile Energiewelt hinausläuft. Technologie im 21. Jahrhundert wird unweigerlich grüne Technologie, wird LOHAS-Technologie sein.

Blicken wir nach vorn. Welche Bedeutung haben die LOHAS für die Gesellschaft der Zukunft, was wird aus den LOHAS zu Beginn der nächsten Dekade. Werden wir die 20er-Jahre des 21. Jahrhunderts als grüne Dekade erleben? Ohne Zweifel! Und selbstredend stellt Obama die Greenomics in den Mittelpunkt seiner Wirtschafts-Strategie. Ein grünes 100-Milliarden-Investmentprogramm staatlicherseits soll in den USA an folgenden Punkten ansetzen:

1. *Grüne Transformationswirtschaft*: Eine grüne Wende der Wirtschaftspolitik wird in den USA neue Arbeitsplätze schaffen. Vom Dachdecker bis zum Hochschulprofessor sollen viele Branchen profitieren. In der neuen grünen Wirtschaft, so die Hoffnung der Obama-Administration – wird vor allem die Durchlässigkeit von Niedriglohn-Jobs zu Spitzengehältern für den Einzelnen erhöht und wieder eine stärkere soziale Mobilität ermöglicht.

2. *Jobmotor Greenomics*: Die Implementierung der grünen Technologie- und Wirtschaftswende in der ersten Jahreshälfte 2009 soll die Zahl der Arbeitslosen US-weit von 8,8 Millionen auf 6,8 Millionen reduzieren, das entspricht einer prozentualen Senkung der Arbeitslosigkeit von 5,7 Prozent auf 4,4 Prozent.

3. *Mehr grüne Jobs im Baugewerbe*: Speziell die Arbeitsplatzverluste im Bauge-werbe (2006: 8 Millionen Jobs, Juli 2008: 7,2 Millionen Jobs) sollen in den nächsten zwei Jahren durch die Öko- und Nachhaltigkeitsinitiative zumindest aufgewogen werden.

4. *Fokus auf Energie-Effizienz*: Effizienter Umgang mit Energie gerade in öffent-lichen Einrichtungen, so die Berechnung des PERI-Report, schafft neue Ka-pazitäten für Lehrerstellen, Bibliotheken etc. Energieeffizienz in Krankenhäu-sern ermöglicht zusätzliche Investments beim Pflegepersonal. Und im priva-ten Bereich soll der sorgsame Umgang mit Energie natürlich neuen Spielraum für Konsum schaffen.

Zum gegenwärtigen Zeitpunkt lässt sich bereits sagen, dass die Finanzkrise noch für einige Zeit den Großteil der medialen Aufmerksamkeit auf sich ziehen wird. Was die Weltwirtschaftskrise jedoch nicht von der globalen Agenda vertreiben wird, ist die ökologische Herausforderung, ist der Lebensentwurf der LOHAS und der Me-gatrend Neo-Ökologie. Change happens, Zukunft passiert: Die spinnerten Wind-energie-Freaks der 1980er-Jahre sind die Millionäre von morgen. Ein Solarzellen-hersteller wie Solarworld kündigt ernsthaft an, die Automarke Opel zu kaufen und zeitgemäße Fahrzeuge herzustellen. Unter Großbritanniens Handelskonzernen Tesco und Marks & Spencer findet zurzeit ein regelrechter Wettlauf um das CO2-neutralste Unternehmen statt. Beide Firmen setzen mittlerweile LKWs mit Elektro-antrieb ein. Marks & Spencer möchten bis 2012 vollkommen CO2-emmissionsfrei sein, schon seit 2007 hat der Einzelhändler alle künstlichen Aromen- und Zusatz-stoffe aus seinem Sortiment verbannt. Marks & Spencer hat in sein groß angeleg-tes Umweltprogramm „Plan A" bislang 290 Millionen Euro investiert und dadurch einen Gewinnschub ausgelöst. Die deutsche Biolebensmittelbranche wächst wei-terhin zweistellig, trotz Finanzkrise. Anfang des Jahres 2009 werden in Deutsch-land mehr als 500 Bio-Fach-/-Supermärkte mit Verkaufsflächen von über 200 m^2 gezählt. Allein im Jahr 2008 wurden insgesamt 71 Bio-Supermärkte neu eröffnet. Die Biotechfirma Brain AG aus dem südhessischen Zwingenberg hat zusammen mit Henkel ein Waschmittelenzym entwickelt, das in vielen Fällen die 60° C-Wä-sche von Bekleidung überflüssig macht und dabei allein in Deutschland jährlich mehr als eine Million Tonnen CO2 einsparen hilft. Der Walt Disney-Konzern hat durch Umweltinitiativen innerhalb der vergangenen zehn Jahre 60 Millionen Eu-ro gespart. Shai Agassi („Ich bin das Ende des Öls"), Ex-SAP-Chef und Auto-Opti-mist, kündigt an, dass die Autowelt in 15 Jahren elektrisch unterwegs ist.

Ja, wir können!

Über die Autoren

Anja Kirig ist diplomierte Politologin mit dem Schwerpunkt Gender Studies. Sie arbeitet als Autorin und Redakteurin für das Zukunftsinstitut, unter anderem für den „Zukunftsletters" und mehrerer Studien („Green Markets", „Pleasure Markets", „Gesundheitstrends 2010", „Lifestyle-Report" und „Food-Styles"). Als freie Journalistin schreibt sie außerdem regelmäßig zu Freizeit-, Konsum- und Gastro-Themen für die *Frankfurter Rundschau* sowie für diverse Sonderpublikationen des *Journal Frankfurts*.

Dr. Eike Wenzel ist Trend- und Zukunftsforscher sowie Chefredakteur und Mitglied der Geschäftsleitung im Zukunftsinstitut von Matthias Horx. Seine Beratungs- und Vortragstätigkeit umfasst die Gebiete Medien, Konsum, Lebensstile, Zielgruppen, dazu kommen Lehraufträge im In- und Ausland. Zuvor arbeitete er journalistisch und publizistisch für Print, TV und Hörfunk mit dem Schwerpunkt in Media und Marketing (*Kress-Report, Horizont, Wirtschaftswoche, Hessischer Rundfunk, Frankfurter Rundschau*).

Im Redline Verlag haben sie, zusammen mit Christian Rauch, 2008 das Buch *Greenomics. Wie der grüne Lifestyle Märkte und Konsumenten verändert* veröffentlicht.

Stichwortverzeichnis